Spiralling Conflict: Analyzing the Misperceptions between the U.S. and China

OYANE Satoshi
大矢根聡 [編著]

佐々木卓也
西山隆行
杉之原真子
青山瑠妙
渡邉真理子
李彦銘
服部龍二
小尾美千代
和田洋典
藤田泰昌

共振する不安、
連鎖する米中対立

千倉書房

はじめに

　米中対立は、2国間の関係悪化にとどまらない。また、一時的な不協和音にとどまらない。両国は軍事予算でも、またGDP（国内総生産）でも世界第1・2位であり、その大国間に生じた対立は他の国々に複雑な影を投げかけている。しかもそれが長期化している。すなわち米中対立は、今や国際構造そのものになりつつある。

　それほどの米中対立が、なぜ発生し、激化しているのか。両国が国際的覇権を争っているからだ、という議論が目立つ。すなわち、両国が争奪しているのは、国際的な指導的役割という巨大な権限であり、その役割を通じて追及しているのは異なる国際秩序である。したがって両国は、一歩も譲れず厳しく対峙している、という解釈であろう。こうした覇権対立は、歴史的に繰り返されており、それに基づく覇権安定論、覇権循環論など、有力な国際関係理論もある。それらによる分析が広くみられるのである。

　ただし、この議論は極めて巨視的であり、厳しい対立（もしくは戦争）の可能性を大枠で示すにとどまる。その対立が具体的にどのような状況において、どのような形態で発生するのか、何を契機として激化するか、語ってはくれない。そうだとすれば、現在、我々が目にしている現象は、本当に覇権争いの表れなのか、そうではない別の何なのか、それらを見極めるのは難しい。

　今日、アメリカの産業や技術の相対的衰退と、これと対照をなすかのような中国産業・技術の向上は、両国のパワーの接近を示していよう。それは、覇権競合が発生している可能性を示唆するかのようである。また、今日の米中関係は、激しい非難と経済制裁の応酬、経済関係そのものの見直しとデカップリング（切り離し）に至るなど、確かに過去に前例がないほど対立的である。ただし、具体的に個別分野でみると、覇権をめぐる動向と実際の対立

激化のタイミングには意外なズレがある。

　例えば米中半導体紛争は、中国の半導体生産・技術力がなおもアメリカに遅れをとっている段階で発生し、瞬く間に高度に激化した。その背景では、中国の産業政策『中国製造2025』が、その発表の直後からアメリカの強い警戒感を招き、批判の的になった。ただし、中国の産業政策は従来から成功率が高くなく、この産業政策の達成目標も10年後であった。

　目前の対立状況からすれば、米中対立は、かつて日米間でも発生した経済摩擦の発展型、あるいは異型の経済摩擦と考えられても不思議はない。もちろん米中間では、南シナ海や台湾海峡をめぐる安全保障上の対立、中国国内の人権侵害をめぐる軋轢なども、無視できない。そうだとしても、対立が連続的に発生し、またエスカレートしたのは、やはり経済分野であろう。その対立が貿易不均衡、中国による産業政策、知的財産権の侵害などに始まり、ひいてはサイバーテロや技術の軍事転用など、安全保障分野へと拡張しているのである。

　とはいえ米中対立は、従来型の経済摩擦とは大きく異なる。経済摩擦は、1970年代から90年代の日米間の摩擦を典型として、経済問題が経済次元で解消せず、政治問題化した現象にほかならない。すなわち経済摩擦は、まず産業界や労働組合が不利益や不満の叫び声をあげ、相手国に輸出の規制や輸入の拡大を要求して始まった。その際、アメリカ経済界が日本の産業政策を批判した場合もあった。それらを政治家が代弁して政治レヴェルの対立に発展し、政府が対応に乗り出した。そして両国政府が緊迫した交渉を展開し、どうにか妥結したのである。

　しかし米中間では、産業界は互いの行動に不満を滲ませても、多くの場合は経済関係の継続や安定化を望んだ。激化した米中半導体紛争でも、アメリカ政府が対中貿易規制を検討した際、アメリカ半導体産業は抵抗した。しかも規制措置が決定した直後、米中の半導体産業団体は今後の協力強化に合意したのである。また経済摩擦は、あらかじめ実施期間を区切った貿易規制・拡大措置で妥結した。米中間のように経済制裁の応酬が続き、デカップリングのような経済関係の部分的断絶が検討され、実施に移される事態は稀で

あった。

　では、米中対立は何なのか。その特徴として、2点を見逃してはならないだろう。第一に、両国の政策決定者の声に耳を傾けると、批判の激しさに加えて、その対象の多様性に驚かされる。経済分野のさまざまな争点を中心に、国内政治体制や安全保障、さらにはアジア地域のあり方や国際秩序の行方に至るまで、実に多くの対象をめぐって両国は批判しあっている。

　第二に、同時に、両国に共通する背景にも気づかされる。国内社会における不安である。両国の国内で経済格差が広がり、雇用が不安定化している。アメリカでは移民の流入や、白人層の人口減少も社会を揺さぶっている。それらが社会的な亀裂を招き、政治的な分断を刺激している。

　この2点は、一見乖離しているが、水面下でつながっているのではないだろか。そこに米中対立が発生し、激化するメカニズムが潜んでいるのではないか。すなわち、米中に共通する不安は、両国独自の要因もさることながら、ともに国際レベルからの作用を要因として生じている。1989年の冷戦終結後、国際連合やG7サミット（主要国首脳会議）などの国際制度が機能を高め、それを背景にして経済的自由化や政治的民主化が進み、国際的趨勢となった。それは、特に経済的グローバル化を後押しし、米中を含む多くの国で経済成長や産業構造の転換が実現した。しかし同時に、それは国内で経済格差や雇用不安などを引き起こしたのである（上記の第2点）。

　米中を含む各国政府は、こうした国際的・国内的変化のもとで難しい対応を余儀なくされた。一方ではグローバル化に適応する必要があるが、他方ではその悪影響を緩和しなければならない。そのため、適切な国内産業の支援や産業構造転換の促進、自国経済の自律性強化などを進めたのである。権威主義的体制の国や政治基盤の脆弱な発展途上国は、海外からの文化的影響や民主化への刺激を抑えようと、統制や情報規制を強化する場合もあった。中国も、グローバル化の波に乗り、顕著な経済発展を達成したとはいえ、やはり産業政策や国内統制の強化、ナショナリズムの喚起に踏み切った。それらは、アメリカからみると過剰な経済介入、期待した民主化への逆行にほかならず、失望せざるをえなかった。しかもアメリカでは、グローバル化に伴っ

はじめに　v

て中国からの製品輸入が増加しており、実際にはオートメーション化やIT（情報技術）化を主因とする失業拡大や企業倒産も、対中貿易による被害だと認識されがちであった。そうだと主張する政治家も少なくなく、ドナルド・トランプ大統領はその典型にほかならない。

　そのため、アメリカ政府が中国に対する批判や経済制裁、また自国産業の支援などに乗り出すと、今度は中国側が反発した。中国の台頭と自立を封じ込め、国際的立場の向上を阻止しようとしている、といった論拠であった。しかもこうした両国の措置は、社会的不安定や政治的分断の渦中で検討されたため、その過程で過激な主張や攻撃的な言説を喚起した。こうして、米中双方が神経を尖らせ、相手国の言動に不信感を募らせ、互いに疑念や懸念を高めたのである。そうであるからこそ、対立が本来の領域を越えて、多様な争点へと膨張したのだと考えられる（上記の第1点）。

　すなわち、国際的・国内的変化を背景として、国内の不安が両国間で共振していた。その共振空間において「安全保障のジレンマ」が発生したのではないか、というのが本書を貫く仮説である。各国は当然の行動として自国の安全を保とうとするが、相互信頼の稀薄な国際関係のもとでは、他国はその真意を正確に把握できない。むしろ、その真意は攻撃的なものではないかと、疑念を抱きがちになる。このため、その他国も安全保障上の対応をとろうとするが、その真意もまた誤読を免れるのは難しい。こうして両国は、互いの意図を誤読し、過剰に反応し合い、対立の連鎖に陥る。

　ここでは、両国とも自国の安全を追求したものの、結果的に不安全しか獲得できない、という逆説が生じている。今日の米中間では、この安全保障のジレンマが軍事力ではなく、経済・技術競争力をめぐって生じ、脅威認識が他の分野にも波及しているのではないだろうか。

　本書は、このような米中対立が具体的にどのように生じ、高まったのか、その連鎖の実態を解明する。そのため本書では、基本的な視点を提示した上で（序章）、まず中長期的な国際的変化のもとで両国が国内政治に対応し、どのような対中・対米政策を展開したのか、歴史的に概観する（第1・4章）。そ

の上で、両国政府が国内経済・社会の動揺に対応し、また国内政治上の分断や論争を経験しているのか。その際、米中間で最初に問題化した産業政策をめぐって、どのような展開があったのか、両国国内の動きを明確化する（第2・3章、第5・6章）。

このような米中対立は、本来は両国や他の国々が協調しようとしていた領域にも、影を落とした。その波及効果の様相を、米中が協力を試みた地球環境分野（第8章）、また日米が同盟や価値共有の観点から協調すると見込まれた対アジア外交（対ミャンマー外交）について、考察する（第7章）。その上で、これまでの議論を踏まえつつも、理論的にどのような捉え方が可能なのかを摸索する（第9・10章）。最後に、以上の分析をまとめて本書を閉じたい（終章）。

以上の分析を実施するために、国際関係論の研究者でありながらも、それぞれの分析課題に対応できる、最適の方々に執筆をお願いできた。すなわち、歴史的な概観や外交史料に基づく緻密な考察のために外交史研究者に（佐々木卓也、青山瑠妙、服部龍二の各氏）、国内の社会不安やその影響を受けた政治力学を把握するために、アメリカ政治や中国政治、国際政治経済の研究者に執筆をお願いした（西山隆行、杉之原真子、李彦銘、小尾美千代の各氏）。

また理論的分析においても、アメリカの理論だけでなく中国の理論研究を視野に入れられる方、また国際関係だけでなく国内社会をも新たな手法で分析できる方に、研究を依頼した（和田洋典、藤田泰昌の各氏）。なお中国の産業政策は、米中対立の多くの争点に関わっており、特段の重要性をもっているが、その実態と経済的効用を適切に分析できる方は、国際関係研究者には見当たらない。そこで、中国産業・経済に精通している経済学者に手助けをお願いした（渡邉真理子氏）。こうして執筆された各章は、従来の研究とは異なる事実関係を明確化し、あるいは従来は盲点だった側面に光をあてている。なお、本書の各章では、基本的な用語の統一化を図っているものの、研究分野ごと、研究者ごとにしばしば用語の使用法に相違があり、それを尊重している場合がある。

本書は、日本学術振興会による科学研究費助成事業「米中経済紛争に関す

る国際制度・国内社会共振／理論・歴史交差分析の摸索」（2022～2024年度）の成果の一部である。執筆者の佐々木、西山、杉之原、青山、渡邉、和田、藤田（執筆順）、そして大矢根は、その研究メンバーである。また、その研究会で報告してくださった李、服部、小尾（執筆順）の各氏も、本書に優れた考察を寄稿してくださった。研究会では、他にも多くの研究者に報告していただき、また各研究メンバーが国内外の研究者や官庁、産業界の方々から貴重な情報・知見の提供を受けた。協力してくださったすべての方々に、お礼を申し上げたい。

　本書に刊行にあたっては、千倉書房の編集者、神谷竜介氏に大変お世話になり、多くの助言や卓越した編集作業を通じて、執筆者を誘導していただいた。執筆者を代表して感謝申し上げたい。

　　　　2024年11月1日

　　　　　　　　　　　　　　　　　　　　　　編者　大矢根 聡

共振する不安、連鎖する米中対立

目次

はじめに　iii

序章　米中対立をどう捉えるか
――覇権競合・体制異質論か錯誤連鎖論か ——— 001

1 ▸ 対立の構図――原型としての経済対立　001
2 ▸ 対立の要因――国際的な覇権競合、国内的な異質性　003
3 ▸ 対立の捉え方　005
4 ▸ 「安全保障のジレンマ」の経済次元　009
5 ▸ 半導体紛争の事例分析　013
6 ▸ 対立の実像――将来の影をめぐる脅威と一方的措置の応酬　023

第 I 部

アメリカの対中政策とその文脈

第 1 章　バイデン政権の中国政策とその歴史的位相 — 033

1 ▸ バイデン政権の外交・安保チーム　033
2 ▸ 封じ込めから関与へ　034
3 ▸ 中国の台頭と対中関与の終結　040
4 ▸ バイデン政権の新たな中国政策　044
5 ▸ バイデン政権の中国政策の歴史的位相　050

第2章 アメリカにおける対中強硬論と自由貿易不信 ── 055
―― その社会的背景と政党政治

1 ▸ アメリカにおける対中強硬論と自由貿易不信　055
2 ▸ アメリカの政党政治の現状　059
3 ▸ グローバル化の進展とアメリカ　069

第3章 アメリカの産業政策 ── 075
―― 米中対立下の政策決定と連邦議会

1 ▸ アメリカの産業政策と半導体産業　075
2 ▸ アメリカ半導体産業のジレンマ　080
3 ▸ CHIPS・科学法の成立過程　083
4 ▸ 米中対立下の産業政策の展望　090

第II部

中国の対アメリカ政策とその文脈

第4章 中国のグローバル化 ── 097
―― 経済発展と党の指導との葛藤

1 ▸ グローバル化の最大の受益者は
　　なぜ内向きの政策をとったのか　097
2 ▸ グローバル化をめぐる議論と中国のWTO加盟　098
3 ▸ WTO加盟とその後の「国進民退」の流れ　103
4 ▸ 改革開放路線に逆行する習近平政権　109
5 ▸ 終わりなき「経済発展と党の指導」の葛藤　112

第**5**章 日米摩擦と米中摩擦 ——————————— 119
　　　——産業政策の経済分析から評価する

1 ▸ 問題設定——経済摩擦の経済的原因を理解する　119
2 ▸ 経済摩擦の経済的原因
　　　——産業政策と国際的な市場の失敗　120
3 ▸ 日本と中国の経済摩擦の比較　124
4 ▸ 「国際的な市場の失敗」にどう向き合うか　140

第**6**章 「一帯一路」における
　　　インフラ輸出と米中関係 ——————————— 145
　　　——産業政策の視点から読み解く

1 ▸ 「一帯一路」と産業政策　145
2 ▸ 装備製造業の推進　151
3 ▸ 一帯一路に対する批判と米中の争点　156
4 ▸ 産業政策は高度成長の「秘訣」？　160

第**III**部

米中対立の波及

第**7**章 日本のミャンマー政策と米中対立 ————— 171
　　　——「自由で開かれたインド太平洋」の同床異夢

1 ▸ 米中対立をめぐる安全保障概念の多様化　171
2 ▸ 「人間の安全保障」とネガティブ・リンケージ　173
3 ▸ クーデター直後の反応　175
4 ▸ 継続されるODA　176

5 ▸「太いパイプ」──日本財団と日本ミャンマー協会 178

6 ▸ 深まる欧米との溝 179

7 ▸ 米中対立下での
「自由で開かれたインド太平洋」という同床異夢 182

第8章 気候変動問題をめぐる米中協力と米中経済摩擦 ───── 191
── 脱炭素化のジレンマに直面するアメリカ

1 ▸ 気候変動問題をめぐる米中協力と脱炭素化の推進 191

2 ▸ 多国間レベルでの気候変動をめぐる
米中協力と2国間レベルでの科学技術協力 192

3 ▸ バイデン政権が直面する脱炭素化のジレンマ 198

4 ▸ 気候変動に関する米中協力と
日本の気候変動外交への含意 205

─── 第IV部 ───

米 中 対 立 の 理 論 的 分 析

第9章 自由主義的相互依存の蹉跌 ───── 213
── 米中対立の構成的側面に着目して

1 ▸ 自由主義的相互依存の限界 213

2 ▸ アメリカのリアリズム転回 215

3 ▸ 中国の対米観の調整 220

4 ▸ 共有認識空間の成立 222

5 ▸ 対立緩和に向けて 224

第10章 米中対立スパイラルの背景
—— 質的比較分析（QCA）からのアプローチ ——— 231

1 ▸ 米中対立のスパイラルはなぜ生じたのかという問い 231

2 ▸ 既存研究と問題の所在 233

3 ▸ 本章のアプローチ —— 質的比較分析とプロセスの叙述 237

4 ▸ 「対中対抗法案」の背景
—— QCAによる連邦上院議員の投票行動の分析 240

5 ▸ 米中経済紛争が安全保障面に拡張したプロセス
—— 質的叙述 249

6 ▸ 「安全保障のジレンマ」の背景からみえてきたこと 252

終章 共振する不安の間 ——————— 259
—— 米中の対策と錯誤の連鎖

1 ▸ 国際構造の変化、国内社会の不安 259

2 ▸ 各章の議論 261

3 ▸ 分析の方法
—— 「安全保障のジレンマ」の重層的構成、
アメリカと日本のIR 270

主要事項索引 277

主要人名索引 279

序章

米中対立をどう捉えるか
──覇権競合・体制異質論か錯誤連鎖論か

大矢根聡　OYANE Satoshi

1 ▶ 対立の構図──原型としての経済対立

　なぜ、アメリカ合衆国と中華人民共和国は近年、鋭く対立しているのか。なぜ、その対立は長引き、しかもエスカレートしているのか。米中対立は2010年代半ば、経済摩擦として発生した。それが経済制裁の応酬へと激化してゆき、さらに安全保障や国内政治体制、人権など、多様な争点をめぐって対立が展開している。しかも米中対立は、ウクライナ戦争や中東情勢、またグローバル経済の行方などにも影を落とし、その影響は広範かつ長期に及ぶ様相をみせつつある。本書は、こうした米中対立について、原点となった経済分野に照準をあわせ、その実像と激化・長期化の要因を探ってゆく[1]。

　米中関係は、2010年代半ばまでの約30年間、緊張の生じた場面もあったものの、相対的に安定的であった。両国は1979年、冷戦下で異なる陣営に属し、厳しく対峙していたものの、画期的な国交正常化を実現した。そしてその後、貿易や投資を始めとする経済の繋がりが、両国の関係性を支えた。例えば2国間の貿易は、1980年から2010年までの間に、実に100倍を越える伸びを示している。

　経済関係がこれほど緊密化した契機は、中国が1986年に国際貿易制度のGATT（関税と貿易に関する一般協定）に加盟し、2001年にはGATTの後継制度、

WTO（世界貿易機関）に加盟したことにある。加盟を後押ししたのは、他ならぬアメリカであった。アメリカはエンゲージメント（関与）政策を採用し、経済分野で自由主義が中国国内に定着してゆけば、ひいては政治的な民主主義が浸透しうると展望したのである。しかし、中国は経済成長に成功したものの、期待した自由化・民主化は進まなかった。経済成長は確かに顕著であり、WTO加盟時、中国のGDP（国内総生産）は日本の約3分の1にすぎなかったが、20年後の2021年には日本の3倍を越えた。

　その経済成長の過程は、米中相互依存の深化の過程でもあった。米中間の貿易や投資、技術交流、留学などは拡大し、両国間には切っても切れないほどの繋がりが生れた。相互依存が深まると、両国に一層の経済的利益を望む勢力が生まれ、政治・外交上の関係強化を図る力学が作用する。しかし同時に、両国のいわば接触面が拡大すると、やはり軋轢の種も増す。中国の対米輸出が増大すると、アメリカ企業の経営悪化や倒産、失業の拡大など、負の作用も顕在化した。日米関係においても、やはり相互依存が深まった1980年代半ばから90年代半ば、経済摩擦が頻発した。2000年前後からの米中関係も、やはり経済摩擦を伴い始める[2]。

　2018年に入ると、米中両国は経済制裁を発動しあい、経済摩擦を越える厳しい対立局面に入った。それを反映して、米中両国では今や「貿易戦争」「経済戦争」などの表現が、雑誌・新聞記事の扇情的な見出しだけでなく、学術的な論文・書籍のタイトルにも多くみられる。その経済対立は、相互依存そのものを見直す動きに帰結している。すでに両国は、「デカップリング（引き離し）」もしくは「デリスキング（リスク軽減）」と称される措置を構想し、実施に移しているのである。

　それと並行して、対立は経済から他分野へと横断的に拡散している。アメリカでは、中国がアメリカに輸出した通信設備や電子機器を通じて、安全保障に関わる情報を盗用していると、懸念をサイバー・セキュリティにも向けた。またアメリカでは、中国政府が強引なまでに自国企業を支援し、経済・技術発展の道を突き進んでいると、批判の声が高まった。他方の中国では、アメリカが筋違いの安全保障の議論をもちだし、中国の封じ込めを正当化し

ていると、不満を隠さない。両国の非難と対抗措置は、激化するとともに分野を拡張しているのである。

すでに明らかであろう。経済分野は米中対立の原点であり、それが激化し、他分野へと拡散する原点になったと考えられる。もちろん、軍事的安全保障をめぐる対立は、一層深刻な地域的・国際的な波紋を及ぼしかねないが、この分野の構図はシンプルな米中の直接的対峙ではない。南シナ海や台湾海峡などを始め、多様な問題に米中が間接的に関与し、他のさまざまな国と複雑で流動的な関係を形成している。米中対立の基本的な構図とその要因にダイレクトに迫るには、経済分野が対象として適切であろう。その経済対立の様相を、貿易や投資だけでなく、研究開発（R&D）や技術、発展途上国に対する援助、地球環境の保護なども視野に入れて検討する。これが本書の第一の特徴である。

2▶ 対立の要因——国際的な覇権競合、国内的な異質性

本書のもう1つの特徴は、その対立の捉え方、対立要因の考え方にある。米中対立に関する分析や解説は各国で溢れているが、アメリカで有力説と目されているのは、ジョン・ミアシャイマーやアーロン・L・フリードバーグ、グレアム・アリソンなどによる研究であろう。さらにあげるなら、トーマス・J・クリステンセン、ランドール・L・シュウェラー、チャールズ・グレーザーなどの研究であろうか[3]。それらの見解に近い議論は、ジャーナリズムにも散見される。これらは日本でも、広く受け入れられているようである。

それらの有力説は、ほぼ共通して2つの観点をとっている。それをここでは、仮に覇権競合論と体制異質論と呼んでおこう。第一の観点は国際構造、すなわち国際関係の全体的な仕組み、とりわけ軍事的・経済的パワーの配置状況に向けられている。それが大きく変化し、アメリカの1極構造から中国を伴う2極構造へと推移している。あるいは、グローバルな覇権がアメリカから中国へと移行しかねない局面に入っている、と捉えている。第二の観点

は国内体制にあり、中国の政治経済体制がアメリカを典型とする自由主義・民主主義体制から逸脱している。独自の権威主義的・独裁主義的体制を維持し、むしろ強化していると、その異質性を強調している。

この2点が重複している点に、米中対立の発生と激化の要因を有力説は見出しているのである。国際構造上の変化が、アメリカの国際的主導権の相対的低下と中国の影響力増大をもたらし、アメリカの焦りや苛立ち、中国の傲慢を刺激して、緊張を引き起こす。本来であれば、両国が緊張の緩和を試み、関係を適切に運営する必要があるが、国内体制のあまりの違いが壁になり、むしろ対立が激化している、という論理構成である。その延長線上で、対立の必然性や不可避性が示唆され、しばしば強調されている。

本書では、有力説の覇権競合論と体制異質論に対して、いわば錯誤連鎖論とでもいうべき立場をとる[4]。米中のパワーが相対的に接近しても、妥協や共存の余地が消失するわけではない。一方の国が圧倒的な覇権を握り、他方がすべてを失うわけでもない。後にみるように、有力性が前提にしている国際関係理論も、実は2極の安定化傾向を指摘していた。また、国内体制が異質であっても、一定の協調を実現している国家間関係の例は多い。1979年に米中の関係正常化が成立したのも、国内体制の異質性がそれを阻害しはしなかった好例であろう。

本書の錯誤連鎖論は、米中が互いに相手の真意を誤認し、互いの言動に過剰反応しあい、負のスパイラルに陥る様相とその要因を明確化する。この立場も国際関係理論に依拠しており、興味深いことに近年、米中双方の研究者がしばしば援用している。

本書の各章は、この錯誤連鎖論を基本的に是認しているものの、それを明示しているわけではなく、依拠している程度も異なる。そこでこの序章において、その基本的な観点を示しておきたい。以下では、第一にアメリカの有力説を概観して、その理論構成を確認し、問題点を指摘する。第二に、それに代わる本書の観点とその理論的前提を示す。その上で第三に、本書の観点から現象がどのように捉えられるのか、米中対立の典型と目されている半導体紛争を事例にとりあげ、分析してみたい。

3▸ 対立の捉え方

◆有力説と理論的前提

　中国の台頭をめぐる近年の研究について、エミリアン・カヴァルスキら
は、大半の研究が新たな理論でなく、従来の理論を踏襲していると批判的
に指摘している[5]。米中対立の分析でも、多用されているのは既存の理論で
あり、先に述べた有力説が援用しているのもオフェンシヴ・リアリズム (攻
撃的リアリズム)、ネオ・クラシカル・リアリズム (新古典的現実主義) など、ネ
オ・リアリズム (新現実主義) の系譜に位置する理論である。有力説に対峙す
る議論も、やはり既存のネオ・リベラル制度論 (新自由主義制度論)、コンスト
ラクティヴィズム (構成主義) などに基づいている[6]。

　それらは「理論的パラダイム」と称される包括的理論であり、国際関係
の基本的パターンを提示して、多様な現象を統一的に説明し、ひいては現
象の行方を予測しようとする。しかし、こうした理論的パラダイムの企図
は2010年代に痛烈な反論を受け、「理論的パラダイム終焉論」が論争になっ
た[7]。いずれの理論的パラダイムも適合しない例外的現象を多く抱え、国際
関係の予測にも失敗している。多様性に富む国際関係を対象にして、過度に
簡潔な説明を提供するのは不適切ではないか、などと問い質されたのであ
る。この終焉論争の後、多くの研究者は従来通りに理論を用いるのを躊躇
し、独自の使用法を模索し、あるいは何らかの保留を設けて限定的に援用し
ている。とはいえ、米中対立をめぐる有力説は、特段の前提なく理論を踏襲
している場合が多い。その一因は、その論者が終焉論を否定している点にあ
り、ジョン・ミアシャイマーはその典型であろう[8]。

　本書が有力説を留保するのは、理論的パラダイムに依拠しているためのみ
ではない。それらが現象の特定の側面を決定論的に強調し、それらの理論的
前提が備えているはずの他の視点を外すなど、自己矛盾を示しているからで
ある。ここで有力と目され、多くの機会に参照されている研究として、ミア
シャイマーやフリードバーグ、アリソン、クリステンセンらの議論を概観し

序章◆米中対立をどう捉えるか　005

てみよう。これらの議論は、先に言及したように、ほぼ共通して国際構造に関するいわば覇権競合論と、国内に関する体制異質論に基づいている[9]。

　まずミアシャイマーの議論は、国際構造がアナーキー（無政府的）であるため、各国が頼りにしうる存在はなく、また各国は、自国の安全保障に必要なパワーの規模を把握できないと想定している。したがって各国は、他国がパワーを極大化し、覇権を握る事態を回避しようと自国のパワーを最大化する、という前提に立っている。米中両国も例外でなく、しかも中国のパワー拡大が顕著であるため、双方の対立は不可避的だとミアシャイマーは論じる。この中国の脅威に直面して、アメリカは中国の近隣諸国とともにパワーの対中均衡化を図るだろうと、彼は指摘している。

　ミアシャイマーは、こうした国際構造上の作用が各国の行動に共通して及ぶと判断しているため、国内要因が作用する余地は想定していない。その結果、彼の議論は先行するネオ・リアリズムの理論と同じく、各国の行動に実質的な同質性を想定している。

　このようにミアシャイマーの議論は、各国のパワー最大化傾向を典型として、オフェンシヴ・リアリズムの特徴を示しており、他の有力説とやや立場を異にしている。他の有力説の多くはディフェンシヴ・リアリズム（防御的現実主義）、とりわけネオ・クラシカル・リアリズムに依拠している。前者は、各国がパワーを最大化すれば、他国も同様の対抗的行動をとり、結果的に自国の安全が脅かされるとし、各国は過度に攻撃的なパワー拡大を望まないと想定する。ネオ・クラシカル・リアリストの多くも同様の考えをとるが、国際構造が各国の対外政策を共通化するほどは作用せず、その作用は各国の国内要因に媒介されると仮定している[10]。

　すなわちフリードバーグは、国際構造の点で中国が台頭し、米中の格差が縮小して、両国間に緊張が生じたとした。同時に彼は、両国間の相互不信の要因として、国内体制の相違に目を向けている。アメリカでは自由民主主義が制度化しているが、対する中国では共産党独裁体制が存続し、ナショナリズムを喚起していると指摘したのである。

　アメリカで特に注目されたのは、アリソンの議論であろう。彼は特定の国

際関係理論ではなく、「応用歴史学」と称する独自の方法を用いた。アリソンは、覇権国に新興国が挑戦して戦争に陥るパターンをペロポネソス戦争（紀元前431〜404年）になぞらえ、その戦記の著者名に基づいて「トゥキディデスの罠」と呼んだ。このパターンの対立として、彼は15世紀のポルトガルとスペイン、16世紀のフランスとハプスブルク、あるいは20世紀初頭のアメリカとイギリス、冷戦下のアメリカとソビエト連邦など、16件の2国間対立の歴史的事例を検討している。そして、そのうち12件が戦争に発展したとし、その過程や危機管理状況を論じている。

　アリソンやミアシャイマーの覇権競合観は、ネオ・リアリズムに属する覇権安定論や覇権循環論、古典的な覇権交替論とほぼ共通しており、斬新なものではない[11]。またアリソンも国内体制に着目し、特に中国における中華文明の作用などを根拠に、国際的な地位向上や地域的覇権への願望を指摘している。その際、アリソンは彼自身のかつての政策決定論や地域研究の今日的成果ではなく、意外にもジョン・フェアバンクのような以前の地域研究者、実務家などの見解を参照している。

　それ以外のクリステンセン、シュウェーラーなども、ネオ・クラシカル・リアリストに分類される。クリステンセンは、国際構造要因として多用されるパワー比較に異論を示しており、興味深い。パワーを直接比較するのは妥当でなく、例えばアメリカ軍は世界的規模で展開しているが、中国はそうではない。また両国は、地理的に乖離していると論じたのである。彼は、むしろ各国が他国から受ける脅威に重きを置き、アジア地域で中国がアメリカに挑戦する可能性を指摘した。またクリステンセンも、国内要因に関心を向け、人的・物質的資源の動員能力に着目した。国際構造要因が作用しても、その動員能力によって、各国の政策選択に相違が生じると想定したのである。他方のシュウェーラーは、国際構造に関して米中2極化の可能性を論じたが、それ以上に国内要因を強調した。その際にとりあげたのはナショナリズムであり、中国でナショナリズムが強まり、強硬な対外行動を支えているとした。

◆2極の安定性と関係性

　以上のように、有力説は国際関係理論のリアリズム、とりわけネオ・クラシカル・リアリズムを踏襲している場合が多い。それらは国際構造の作用を規定要因とし、特に米中間のパワーの接近と競合に着目していた。また、それ以上に国内体制の作用を強調し、特に中国におけるナショナリズムやそれに支えられた共産党独裁、その強硬姿勢をクローズアップしていた。この2つの要素の関数として、米中の協調や妥協は困難だとし、有力説は基本的に対立とその激化を予想している。

　それらの有力説は、前提とした理論的パラダイムの視点や仮説に疑問を挟んだり、修正論を提起してはいない。元来ネオ・クラシカル・リアリズムは、先行するネオ・リアリズムの国際構造観を受容し、それの問い直しはほとんど試みていないが、それを踏襲する格好になっている。

　ここに奇妙な矛盾がある。第一に、ネオ・リアリズムは2極対立ではなく、逆の2極安定を主張しているからである。有力説に米中の2極安定論が見当たらないのは、意外である。ネオ・リアリズムを提起したケネス・N・ウォルツは、冷戦が米ソ2極の緊張状態にありながら、長期にわたって安定している点に関心を向け、その力学を明確化した。

　ウォルツが喝破したのは、次の点であった。2極が対峙している場合、それぞれにとっての最大の脅威は他方の大国にほかならず、そのパワーの増減が自国を標的にしているのは自明である。したがって、2極は互いの真意を推し量りやすく、錯誤が生じにくい。しかも、2極の対立が国際システム全体を動揺させることも、自明である。このため2極関係は安定化すると、ウォルツは論じたのである[12]。

　第二に、有力説の多くは、そのネオ・リアリズムとは対照的に国内体制に着目し、特に中国の異質性を問題視した。しかし、国内体制の相違が必然的に対立に帰結するとはいいがたく、例外はあまりに多い。その例外を可能にしているのは、国家間の関係性であり、それに対する視線が有力説の多くに欠落している。

　確かに国内の政治経済体制、政策決定システムなどが異なれば、互いの言

動によるメッセージが誤解、曲解され、関係が動揺する恐れもある[13]。しかし各国は、相手国の言動のパターンを捉え、交渉や多元的関係の構築を通じて妥協や共存の可能な範囲を見定めうる。この異質な国家間の関係性こそは、実は戦後日本が対外関係上の課題とし、また国際関係研究者が関心を抱き、研究成果を蓄積してきた領域でもある[14]。米中関係の分析でも、その知見は活用できよう。

本書では、米中間の関係性に直接的にアプローチするため、「安全保障のジレンマ」論を手がかりにする。その要点は、次節で論じるように錯誤連鎖論とも呼べるものである。米中が互いにどのように錯誤に陥り、他方の言動に過剰に反応するのか。どのような要因が、この負のスパイラルを刺激し、それを緩和しうる動きを阻害するのか。そこに現われる関係性のあり方と変動を、安全保障のジレンマ論は照らし出すことができる。とはいえ、この議論は、その名が示すように安全保障分野を対象とし、経済分野ではほとんど用いられなかった。

次節では、それを敢えて援用する必要性と妥当性を確認したい。

4 ▶ 「安全保障のジレンマ」の経済次元

◆安全保障のジレンマ論の構図

各国は、自国の安全保障のために軍事力をもち、他国と同盟を組む。この行動は自国にとっては当然でも、他国にとっては必然的に脅威の増大、安全の低下を意味し、相手国の意図に疑念を抱くことになる。この意図の錯誤が互いに繰り返され、対立が高まる現象を、「安全保障のジレンマ」と呼ぶ。各国が安全を追求したものの、結果的に不安を獲得してしまうのである。ここでは、各国が自国の動機は防御的であるものの、他国は攻撃的動機を秘めていると想定するという「属性の非対称性 (attribution asymmetries)」が表れている。その結果、ロバート・ジャーヴィスが「スパイラル・モデル」と呼んだ、意図の誤認の悪循環が生じるのである[15]。この悪循環は、どこかの国の戦略や悪意ではなく、他国の真意の把握がどうにも難しく、互いの錯誤が避

序章◆米中対立をどう捉えるか 009

けがたいという、国際関係の構造自体によって生じている。

　米中両国もそれを免れられない。そのため、ジョシュア・カーツァーとカイ・クウェクによれば、アメリカは自らが寛大な覇権国だとし、自国の覇権を他国は脅威とみなすべきではないと語りがちである。しかし中国は、こうしたアメリカ主張について、実際には支配を望んでいると受けとり、アメリカが巨大なパワーをもつこと自体を脅威とみなしがちなのである[16]。

　安全保障のジレンマ論の起源は古く、1950年にジョン・ハーツが提起した。ただし安全保障のジレンマ論は、その重要性とは対称的に、研究に恵まれてきたといい難い[17]。また近年、少なからぬ研究者がこの理論に基づいて米中経済対立を分析しているが、日本では佐橋亮の論文以外、管見の限り見当たらない[18]。しかも、それらの研究の多くは、米中関係が安全保障のジレンマの構図に合致しているという、現象論にとどまっている。なぜ、経済分野でも安全保障のジレンマが発生するのか。米中という2極間では、どのようなジレンマがみられ、それを左右している要因は何か、十分に解明されているわけではない。本書の各章は、それらを解明してゆくものとなろう。その具体的な分析の前に、まず次節において、経済分野でも安全保障のジレンマが生じる背景について概念的に確認しておきたい。

◆「経済」安全保障のジレンマ

　安全保障のジレンマは、どのような場合に発生しやすいのか。ジャーヴィスは、その条件を提示している。彼によれば、各国のパワーが防御的でなく攻撃的な場合に、他国は脅威を感じやすく、安全保障のジレンマが発生しやすい。ジャーヴィスの議論で興味深いのは、そのパワーが防御的か攻撃的かを識別できる場合とそうでない場合、また安全保障上、攻撃が有利な場合とそうでない場合を指摘した点である。この2点を組み合わせ、防御的か攻撃的かの識別ができず、攻撃が有利な場合に安全保障のジレンマが深刻化すると、ジャーヴィスは論じた。また、その識別ができ、防御が有利な場合には、安全保障のジレンマは発生せず、各国は協調しうると主張したのである[19]。

この条件はいずれも、経済分野では認めがたい。各国は、防御性や攻撃性さなどとは関係なく、国際市場で当然のように競争し、しかも競争を通じて相互利益を獲得できるからである。しかも、その競争を公正、公平に保つため、自由貿易主義や相互主義を中心とする国際規範が成立し、それに基づく国際制度がWTOや各種のFTA（自由貿易協定）など、重層的に成立している。

　とはいえ、同時に市場競争は厳しいものになりやすく、人々の不安感を喚起する。また国際的な市場競争は、しばしば雇用や食の安全、地方経済の安定性を脅かす。どこまでが市場競争の範疇であり、どこから一線を越えて広義の安全保障の領域になるのか、判然としない。バリー・ブザンは、安全保障の枠外にある問題について、人々が存亡に関わる危機を認識し、特例的な緊急対応を採用する事態を「安全保障化」として概念化した。そのブザンも、上記のような経済と安全保障の関係の曖昧さから、経済安全保障の把握の困難を指摘している[20]。他方で、経済成長や技術向上などは、中長期的に軍事的パワーに転換しうると考えられてきた。従来の国際関係理論も、国家間の貿易上の相対利得が後の安全保障を左右し、また経済成長率が覇権国の安定性を左右する、などと論じてきた[21]。

　このように、経済分野における安全保障のジレンマは、発生の可能性とその形態、要因が明確ではない。ただし近年、発生の可能性を高める変化が生じており、安全保障のジレンマの一形態として経済安全保障のジレンマを分析する必要性が増している。

　その変化の第一は、両用（dual use）技術の普及である。両用技術とは、民生用にも軍事用にも使用される高度技術であり、一方ではパソコンやスマートフォンなどの電子機器、情報処理装置を通じて、生活の利便性を大幅に向上させる。しかし他方で、同じ技術が軍事兵器の高度な操作、その開発などを可能にするのである[22]。今日注目されている両用技術は、先端的な半導体やコンピュータ・プログラム、それらを用いたAI（人工知能）やデータセンターなどであろう。

　第二に、そのような両用技術が、各国政府の産業政策を通じて人為的に推進されている。先端的半導体やデータセンターなどの研究開発は、巨額の資

金を必要とし、ほとんどの民間企業では手に負えず、政府の支援策や助成措置が効果を発揮しうる。経済安全保障のジレンマは、1990年代初期に日米経済摩擦に関連して若干議論されたが、その際に関心を集めたのも日本の産業政策であった[23]。

第三に、それに関連して、「貿易の安全保障外部性」が各国で意識されている[24]。ある主体の経済活動が、その活動とは直接完成しない副次的な影響を他の主体に及ぼす状況を、外部性と呼ぶ。すなわち、産業政策を通じて技術的優位を確立できれば、それを搭載した製品の貿易を通じて国際市場で収益を獲得しうる。そこで得られる資金は、さらなる研究開発を支え、軍事利用の可能な両用技術の向上を可能にするのである。

第四に、このような両用技術とそれを促す産業政策、その延長線上の貿易・投資行動について、国際制度や国際規範が未確立である。1990年代半ば以降、それまで頻発していた日米経済摩擦は、WTOの国際制度・国際規範によって抑制された[25]。しかし、先端的な両用技術やそのための産業政策については、十分な国際制度・国際規範が未成立なのである。その制度・規範形成の場となるはずのWTOやFTAも、これまでの高度化によって各国で主権や国内制度を脅かしていると批判されており、それらの国際交渉を前進させるのは難しい[26]。

この国際制度・国際規範の空白領域において、米中を始めとする経済大国は、自ら望む理念や行動をデ・ファクト（事実上）の規範にし始めている。すなわち第五に、幾つかの国が独自の経済安全保障の概念を提起しているのである。先に述べたように、経済活動も他国の不安を刺激しかねず、その成果としての経済成長や研究開発は、安全保障上の効果をもつ可能性を秘めている。そのようななかで、アメリカの第1次ドナルド・トランプ政権において「経済安全保障は国家安全保障（economic security is national security）」という言説が浮上した。それが政策アイディアとして定着し、具体的な政策や措置に反映しているのである。しかも、それに対応する政策アイディアが、中国を含む幾つかの国で提起されている。それらは、新たな認識空間の成立を促している[27]。

今日、以上の5点の作用が交差するなかで、経済安全保障のジレンマが米中間で発生する可能性は増している。その様相を、具体的な事例の分析を通じて確認したい。ここでは典型的な事例として半導体紛争をとりあげる。この半導体紛争は、先端的な両用技術をめぐって発生し、多様な争点のなかでも特に対立が先鋭化した。しかも、最初に本格的な貿易・投資規制措置の採用に至ったのである。

5 ▶ 半導体紛争の事例分析[28]

◆中国産業政策への懸念から

　米中間の半導体問題は、日米経済摩擦のように、中国の対米貿易拡大を契機に発生したのではない。確かに対米半導体貿易は拡大基調であったが、その大半は、アメリカ企業の中国工場から輸出したものであった。世界の半導体生産に占める中国産業のシェアも、2020年には約20%に達するものの2010年には10%前後であり（ファウンドリ分野）、より高度なロジック半導体部門では1%に過ぎなかった。半導体をめぐる米中対立の契機は、2010年代半ば、習近平政権が打ち出した産業政策に他ならない。これに対して、アメリカの半導体企業やSIA（アメリカ半導体産業協会）が懸念を抱き始めたのである。

　すなわち2014年、中国の国務院が国家集積回路産業発展推進要綱を発表し、それを支える資金源として、大規模な国家集積回路産業発展投資基金を創設した。翌2015年には、国務院が多様な先端技術産業を対象にした産業政策、『中国製造2025』を発表した。それは、中国を先進国型の「製造強国」に転換する目標を掲げ、重点部門の1つに次世代情報通信技術を指定していた。半導体は、その主要な支援対象になっていた[29]。

　とはいえ、中国政府が『中国製造2025』において特に市場介入的な措置を導入したとはいいがたい。丸川知雄は、その措置がビジョンや努力目標にとどまり、政策手段はむしろ限定的であり、目標達成の可能性も高くないと指摘している[30]。いずれにしても、その産業政策が具体的成果に結実しうる

序章◆米中対立をどう捉えるか　｜　013

のは10年後であり、しかも成功が保証されていたわけではなかった。とはいえ『中国製造2025』は各国、とりわけアメリカで広く関心を集め、懸念の対象となる。

　その産業政策が成果を示し始める前に、あるいは所期の成果をあげていなかったからこそ、別の対中懸念も浮上した。中国企業が成果を急ぎ、国家集積回路産業発展投資基金の資金を利用して、アメリカ企業の買収に乗り出したのである。2010年代半ば以降、Omni Vison、ISSI（インテグレーテッド・シリコン・ソリューション）、アイクストロンなどが、次々と買収の対象になった。その一部の買収は成立したが、アメリカの対米外国投資委員会が審査を延期したり、アメリカ政府が投資の承認を拒否する場合もあった。

　バラク・オバマ政権は、それ以上の対応に踏み出すのに慎重であった。中国企業が知的財産権の侵害を始め、不公正貿易慣行によってアメリカ企業に被害を及ぼしたとみた際も、選択したのはWTO提訴という、国際制度に基づく対応であった[31]。政権内の大勢は、むしろ対中貿易によるアメリカ産業の利益拡大に関心を向けていたのである。その中核に位置していた商務省が、新たな対応に踏み出すのは2016年2月であった。

　ペニー・プリツカー商務長官が、半導体に関して対中批判演説をおこなったのである。プリツカーは中国の産業政策、アメリカ企業の買収、技術の不正取得などを批判し、それらが中国政府主導であり、国際市場を攪乱していると厳しく批判した。その上で、技術的リーダーシップはあくまでアメリカが握るとし、大統領科学技術諮問委員会に対応策の検討を要請したのである[32]。2017年1月、その委員会の報告書が公表されたが、すでに第1次トランプ政権の発足が迫っていた。報告書は中国の産業政策について、アメリカの国家安全保障にリスクをもたらすと踏み込んだ指摘をしたが、対応策はなおも従来型であった。WTOや2国間のフォーラムを通じて中国政府に政策の透明性を求めるにとどめ、アメリカ自身が国内投資と研究開発を強化すべきだと勧告したのである[33]。

　このように、中国が産業政策を打ち出し、それを契機として、アメリカ政府は対中半導体問題に関心を抱き始めた。商務長官の批判演説は安全保障上

の懸念に言及したものの、政府内の脅威認識は限定的であった。経済安全保障のジレンマは、まだ発生に至っていないのである。

◆「経済安全保障は国家安全保障」——脅威の認識基盤としての政策アイディア

　2017年1月、第1次トランプ政権が誕生した。彼は大統領選挙中から中国の対米貿易黒字を批判し、政権誕生後も自身や閣僚が対中批判を展開した。その対象は、対米輸出による産業や雇用への打撃、対中輸出の非関税障壁、知的財産権の侵害、サイバー・セキュリティ、そして『中国製造2025』を典型とする産業政策など、多岐にわたった。

　それと並行して、政権内で新たな政策アイディアが浮上し、議論を起こしていた。その主唱者はピーター・ナヴァロ通商製造業政策局長であった。彼は、従来から経済学者として独自の対中批判を展開していたが、政権に入ると「経済安全保障は国家安全保障」という政策アイディアを提起したのである。アメリカの国家安全保障は、伝統的に軍事的・政治的分野で想定され、経済は安全保障の枠外で、市場競争の論理に基づいて考慮されがちであった。しかしナヴァロ局長は着任早々、対米貿易赤字も国家安全保障を脅かすと論じるなど、安全保障の概念を拡張した主張を展開した[34]。彼はその後、防衛産業の調査を主導し、それがサプライチェーンを通じて対外依存を強め、中国産業に浸食されていると問題提起した。ただし、ナヴァロの政策アイディアは正統派経済学から逸脱しており、さすがに政権内でも議論になった[35]。

　トランプ政権の閣僚の多くは、保護貿易主義や対中強硬策を容認しており、ナヴァロやロバート・ライトハイザーUSTR（合衆国通商代表）、マイク・ポンペオ国務長官、ジョン・ボルトン国家安全保障担当大統領補佐官らはその典型であった。しかしより慎重な閣僚も存在し、スティーヴン・ムニューシン財務長官、ゲーリー・コーンNEC（国家経済会議）委員長などがそうだったのである。とはいえ、国防総省やNSC（国家安全保障会議）の担当者が、次第に中国の経済力・技術力とその安全保障上の影響に懸念を強めていった。彼らは、ナヴァロの政策アイディアも受け入れ、対中貿易の利益を重視する

序章◆米中対立をどう捉えるか　015

経済官庁の閣僚・官僚を説得していったという[36]。

　その結果、2017年10月に公表された『国家安全保障戦略』報告書は、よく知られているように、中国を現状変更勢力と規定しただけではなかった。「経済安全保障は国家安全保障」であると記したのである[37]。さらに12月、トランプは統合参謀本部で安全保障戦略について演説し、戦略の第2の柱として経済をあげ、「合衆国の戦略は初めて経済安全保障が国家安全保障であると認識した」と語った[38]。

　この政策アイディアは、2018年3月、鉄鋼とアルミニウムの対米輸入制限を導入した際にも適用された。トランプ政権は、輸入制限の根拠として安全保障を掲げ、その範疇に輸入拡大やそれによる工場閉鎖、雇用減少なども含めたのである[39]。中国政府はこの措置をWTOに提訴し、2020年になってWTOのパネルが裁定を下した。パネルの審議において、アメリカ政府は自らの立場がGATT規約第21条（安全保障による貿易規制）のもとで国際規範上、正当化されると主張した。しかしWTOパネルは、第21条の対象は戦争や大恐慌か、それに匹敵する事象だとし、アメリカ政府の主張を退けた。ただしアメリカ政府は、安全保障は自国が決めるとし、WTO裁定の受け入れを拒んだ[40]。

　しかもトランプ政権は、WTO自体に否定的であり、その紛争解決メカニズムが国家主権を侵害しているとした。そのためアメリカ政府は、WTO上級委員会の新たな委員の任命を拒否し、委員を補充できなくなった上級委員会は2019年12月、事実上の機能停止状態に陥る。

　対する中国の習近平政権も、アメリカの『国家安全保障戦略』や鉄鋼・アルミニウム輸入規制などを批判しながらも、独自の経済安全保障アイディアを打ち出していた。習近平政権はすでに2015年、国家安全保障法を制定し、その第19条で経済安全保障を規定し、第20条では金融の安定性も国家の保護対象に定めていたのである。その背景では、中国がWTO加盟に伴う経済自由化を一応達成した後、外需の落ち込みや国際金融危機などに直面し、国際的な相互依存による中国経済の脆弱化に懸念を強めていた。また、欧米諸国による中国の産業政策批判、中国企業に対する買収なども、習近平政権の

警戒感を刺激していた[41]。

このように両国で成立した経済安全保障の概念は、米中の政府関係者がその観点から半導体産業の技術力や成長を捉え、敏感に反応する認識空間を醸成していった。それらの政策アイディアによって、次にみるような両国の行動が、本来の意図を越えて脅威と受けとめられることになる。

◆ 意図せざる脅威に基づく対応 ── 経済安全保障のジレンマの発生

2018年5月になると、米中両国は一連の経済問題に対処するために政府間交渉に乗り出したが、難航を重ねた。トランプ大統領は交渉を「ディール（取引）」と位置づけ、進展を促す梃子として経済制裁による圧力を利用しようとし、交渉を担当したUSTRもこれに従った[42]。7月、トランプ政権は818品目、340億ドル分の対中輸入に関税25%を賦課したのである。翌8月には、今度は先端技術品目を標的にして、284品目に160億ドル分の関税25%を賦課した。この時、半導体が主要な対象品目の1つになった[43]。

中国側も対抗措置を辞さず、同額の対米関税を賦課した。経済制裁の応酬は第3弾、第4弾とつづいたが、この厳しい状況の中で、政府間交渉はどうにか一応の妥結を迎える。2019年12月、両国は第1次合意に達したのである。しかしその合意は、産業政策や半導体、経済安全保障などに関する項目を含んでいなかった。習近平政権は各国の批判を意識してか『中国製造2025』に言及しなくなっていたが、対米政府間交渉において産業政策に関する議論に前向きに応じはしなかった。

こうした展開と前後して、半導体紛争が本格化し始める。トランプ政権がEL（エンティティ・リスト）を利用し、半導体の対中輸入制限を導入していったのである。ELとは、商務省の産業安全保障局がアメリカの安全保障・外交上の利益を阻害する外国企業をリストに掲載し、アメリカ企業との取引を許可制にするものであった。まず2018年8月、商務省は中国の半導体企業、JHICC（晋華集成電路）をELに掲載し、その後もスーパー・コンピュータ・メーカーのスゴン（曙光）、THATIC（天津海光先端技術投資有限公司）、大手半導体ファウンドリのSMIC（中芯国際集成電路製造）と関連企業も、中国人民解放

軍の防衛インフラに関与したなどとして、リストに掲載されていった。それに先行して、商務省は6月、取引禁止顧客リストに中国の通信機器メーカーZTE（中興通信）を掲載し、アメリカ企業との半導体取引を禁じていた。

　トランプ政権が、ELへの掲載を検討する際、経済安全保障の政策アイディアに議論に作用した。政権内で特に議論になったのは、2019年5月の中国の通信機器企業、ファーウェイ（華為技術）のリスト掲載であった[44]。ファーウェイは世界最大規模の企業であり、アメリカにも通信インフラも提供していた。その通信インフラが中国政府による機密情報の収集装置になっていると、サイバー・セキュリティ上の懸念がNSC（国家安全保障会議）で議論になったのである。その際、NSCのスタッフの指摘を受けて、ファーウェイの技術力が1社を越えた、中国産業全体の台頭の象徴として受けとめられた[45]。閣僚や高官が、半導体や通信機器の安全保障上の脅威と中国政府の攻撃性に刮目する機会になったのである。アメリカ政府において、中国に対する経済安全保障のジレンマが生じたのだといえる。

　この頃には、すでにトランプ政権の閣僚が、中国の脅威について過激なまでの表現で語るようになっていた。2018年10月にはマイク・ペンス副大統領が中国の脅威を語り、その経済的・技術的側面に時間を割いた。彼は、中国政府が世界の先端産業の90％を支配しようと企図し、合衆国の知的財産を入手するよう自国企業に指示していると主張したのである。マイク・ポンペオ国務長官は、対中貿易を「普通の国との貿易とは違っている」とし、中国は国際合意をも覇権の獲得手段として利用していると断じた[46]。

　こうして、中国の半導体企業は次々とELへの掲載対象となったが、特にファーウェイへの規制はその後も強化された。2020年8月、同社の系列半導体メーカー、ハイシリコン（海思半導体）やファーウェイ・クラウド・テクノロジーなどが、アメリカの先端的半導体やその技術の入手を図り、アメリカの安全保障を侵害しているとして、リストに掲載したのである。その際、取引制限の対象は、半導体のみならず、その技術や開発ソフトウェアの利用などに及び、また米中以外の国々での取引も含んでいた[47]。

　他方の習近平政権も、アメリカに対する経済安全保障上の懸念を強め、対

応措置に乗り出した。その契機は、トランプ政権によるEL掲載よりもむしろ早く、先行する2018年6月の取引禁止顧客リスト掲載であった。その対象となったZTEは、中国第2の通信機器メーカーであり、対米半導体輸入の減少によって生産停止に追い込まれた。習政権は、同様の事態が繰り返され、中国の半導体・通信産業が打撃を受ければ、安全保障上の影響も免れられないと警戒したのである[48]。

　そのため習政権は、半導体のサプライチェーンについて本格的な調査を実施し、対外依存に伴う脆弱性を確認し、対処し始めた。必要な半導体・半導体製造装置の輸入を拡大し、アメリカとの取引縮小を予想して備蓄したのである。習政権はまた、国内企業の生産や研究開発を促進し、中国半導体産業の自立を追求するため、先に述べた国家集積回路産業発展投資基金を増額するなどした[49]。

　その後も、アメリカ政府が中国企業のEL掲載を繰り返すと、中国は正当な経済・技術発展を封じ込める、悪意ある戦略だと受けとめた[50]。中国商工部も、ELに対抗する「信頼できないエンティティ・リスト」を創設し、中国企業に対する差別、中国の主権や安全、発展の利益に危険を及ぼす外国企業を指定することにした。また2023年になると、中国政府は対外制裁法を創設した。

　このように米中の政府は、当初は明白な脅威を与えようと意図せず、防御的ともいえる対応を試みたが、その段階において、他方がそれを脅威と受け取った。この時点では、かつての日米半導体摩擦のように、両国の半導体産業が深刻な打撃を受ける状況には至っていない。両国が被った影響は限定的であり、しかし今後の打撃を予想して、米中がそれぞれ単独で対応している。その意味において、米中対立は直接的衝突ではなく、むしろすれ違いの形になっている。経済安全保障のジレンマが引き金だったため、奇妙な形態の対立が発生したのである。

◆バイデン政権期の経済安全保障のジレンマ──トランプ政権からの移転

　2021年1月に成立したジョー・バイデン政権は、前政権と対照的に国際

協調へと舵を切ると観測されていた。しかし、その対中政策は前政権と同様か、それ以上に強硬化する。この政権も、前政権の導入した制裁関税やELによる取引規制を継続し、強化もしたのである。またバイデン政権は、より包括的な対中規制に乗り出す。

バイデン政権が最初に取り組んだ半導体問題は、世界的な供給不足であった。2021年2月、バイデンは大統領令を発出し、半導体をめぐるグローバル・サプライチェーンの実態を調査し、改善策を報告するよう要請した。その際に大統領令は、この経済問題が安全保障に関わることにも言及していた[51]。報告書は6月に公表され、半導体不足の背景としてアメリカ産業の相対的衰退を指摘し、サプライチェーンの問題状況を指摘した。すなわちグローバル・サプライチェーンが進展し、アメリカ産業が台湾、韓国など、東アジア地域の半導体企業に大きく依存し、脆弱性を抱えている。しかも中国の台頭によって、その地域に地政学的リスクが生じていると、報告書は指摘したのである[52]。

バイデン政権は、サプライチェーンの強靭化策の検討を進めるが、その作業は、同時進行していた対中貿易の見直しと交錯した[53]。その結果、検討の力点は、中国の経済的・技術的パワーの向上を阻止するため、貿易規制を利用する方向へと推移していった。

その背景では、政権移行に伴う官僚機構の引継ぎ作業を通じて、トランプ政権の蓄積した情報とそれに基づく対中認識が伝わっていた[54]。その際、経済安全保障の政策アイディアも、前政権から移転した可能性が高い。それに伴って、経済安全保障のジレンマとしての半導体紛争が、政権を跨いで継続したのである。

バイデン政権は半導体問題について、対中安全保障のための経済的・技術的対応を最優先し、2022年10月、本格的な半導体・半導体製造装置の対中規制措置を発表した。それに至る過程において、関連する技術政策や安全保障政策も表明していった。

すなわち、9月にはジェイク・サリバン大統領補佐官が技術政策の転換を示し、その対象分野として高度なロジック半導体に言及した。サリバンによ

れば、かつてアメリカは競合国に対して相対的な技術的優位を維持する政策をとっていたが、今日の戦略的環境のもとでは変更が必要であった。その新たな政策とは、可能な限り大きな技術的リードを確保するというものであった[55]。また10月に入ると、恒例の『国家安全保障戦略』報告書が公表された。それは、前政権のように中国を現状変更勢力と表現しはしなかったが、「国際秩序を変える意思と能力を備えた唯一の競合国」に位置づけた。同時にこの報告書は、中国の経済的・技術的パワーの増大を指摘し、また半導体のサプライチェーンにも言及して、産業競争力とその安全保障上の重要性を指摘していたのである[56]。

　これらは、半導体をめぐる経済安全保障上の中国の脅威と対応方針を示唆しており、それが、10月の半導体・半導体製造装置の対中規制措置に具体化したのである。この新たな対中規制は、形式上はトランプ政権期と同様のELに基づいていたが、その実質は大きく変わっていた。従来の措置は個別企業を対象とし、安全保障問題の発生の確認後に事後的に採択された。しかし今回の措置は、関連する中国企業をすべて包括的に対象とし、また今後生じうる安全保障問題に事前に対処するため、予防的に実施したのである。

　ただし、半導体の両用技術としての性格から、軍事利用の想定される先端的領域に照準を絞り、民生用半導体は規制対象から外そうと企図した。その先端的領域については、規制は厳格であり、アメリカ製品のみならず、アメリカ原産の技術や製品などを使用した海外企業の製品も対象とした。またアメリカ人（国籍保有者、合法的居住者など）が中国企業で開発、製造を支援する行為も、規制対象に含めたのである[57]。

　軍事用と民生用を区分するため、バイデン政権は産業団体のSIAから協力を得て検討を進めたが、SIAや半導体企業は区分が可能なのか懐疑的であった[58]。実際、規制の導入後、一方では産業界から規制が厳格に過ぎると、不満の声があがった。しかし他方では、中国政府・産業が抜け道を見出し、なおも半導体・半導体製造装置を輸入していると、連邦議会の強硬派議員が批判を強めた。実際、ファーウェイが予想以上に高性能のスマートフォンを開発するなどしたため、バイデン政権は規制対象を拡大していった。

SIAや半導体企業は、安全保障の観点から一定の規制はやむをえないと判断したものの、規制の悪影響への懸念は拭えなかった。中国市場はアメリカ市場に次ぐ規模であり、そこで収益が減少すれば研究開発投資も減少し、技術の遅れに繋がる。したがってSIAやSEMI（半導体製造装置材料協会）は、対中規制を実施すれば、逆に安全保障に負の作用があるのではないかと疑念を抱いていた。SIAは報告書を作成し、仮に対中貿易を禁止するなら、収益の損失が約40％に及び、長期的には中国産業がリーダーシップを握ると警告していた[59]。

　この点についてバイデン政権は、研究開発・工場投資の政府支援によって対処した。連邦議会が「半導体製造を支援するインセンティヴの創出法案（通称CHIPS法案）」を審議していたため、その成立を促したのである。審議は難航したが、2022年6月と7月に上院と下院で法案が成立したため、8月、大統領が「CHIPS・科学法」に署名した。これによって、527億ドルの政府支援と25％の投資減税が決定した。バイデンは一般教書演説で同法に言及し、「アメリカのイノベーション、未来を規定する産業、そして中国政府が支配しようとしている産業に投資する」と語った[60]。

　バイデン政権の措置に対して、習近平政権は不快感を隠さず、外交部の毛寧報道官は、アメリカが覇権を維持しようとし、悪意をもって中国企業を封じ込め、抑圧していると批判した[61]。同時に習近平政権は、中国の経済安全保障と国家安全保障を守る観点から、自立的で自ら制御でき、信頼しうるサプライチェーンを構築する方針を示した。そのサプライチェーンを通じて、各国の対中依存を高め、それを今後の対抗措置や抑止力に利用する意向も示した。デヴィド・J・ブルマンらは中国の行動について、国際秩序変更のための長期戦略などではなく、中国がアメリカの行動を侵略的とみて、主権と安全保障上の利益を守るために反応した結果であると指摘している[62]。

022

対立の実像
6 ▶ ──将来の影をめぐる脅威と一方的措置の応酬

　米中半導体紛争は、経済安全保障のジレンマによる現象として整合的に説明できた。この紛争は、一方の国の言動が意図せずして、あるいは自覚していた以上に他方に脅威を与え、ひいては攻撃的動機があるものと認識させ、また他方の国も一方的に対応をとる、というパターンで展開した。この相互錯誤とそれに基づく一方的措置の応酬を通じて、対立が発生し、激化したのである。すなわち、対立は経済的な実害に基づく衝突ではなく、今後の打撃を予想し、事前に備える動きの結果であった。有力説が強調した国際的な覇権競合は、半導体分野ではまだ本格化しておらず、また国内的な異質性も、対立の直接的原因とはいいがたい。

　覇権競合に関して、確かにアメリカ半導体産業の競争力、技術力は相対的に低下しており、それはバイデン政権の調査でも確認された。しかし、台頭したのは台湾、韓国の産業であり、中国産業の発展は今後に予想される段階であった。その今後の発展が、今後の安全保障に打撃を与えるとアメリカで懸念され、今日の対立に帰結したのである。また、その懸念に基づく対中貿易規制が、中国でも今後の打撃を予想させた。もちろん、経済の全般に視野を広げると、米中の覇権競合を思わせる動きもあるが、最初に米中対立が特定の分野で激化し、本格的な貿易規制措置の導入に至ったのは半導体分野であった。

　また国内体制の相違は、中国の産業政策がアメリカで懸念を喚起した背景として作用していよう。ただし、産業政策は他の国々にも広くみられ。約30年前のアメリカは同じ自由民主主義体制の日本、韓国などの産業政策にも批判の目を向けており、産業政策の問題は中国の国内体制に特有だとはいえない。また、米中の国内体制の相違が、両国間の錯誤に特に作用し、対立を刺激した事実は、事例には認められなかった。

　米中対立の契機は、むしろ断片的、偶発的な事象であり、アメリカにとっては中国の産業政策、ファーウェイの躍進、世界的な半導体不足などであっ

序章●米中対立をどう捉えるか　023

た。それらが、その時点でアメリカに重大な被害を与えたのではなく、将来の悪影響を予感させ、対中脅威感を刺激した。中国にとって、脅威の契機はアメリカによるZTEへの取引規制やエンティティ・リストによる規制であった。それが、やはり今後の一層の被害を予感させ、中国経済の自立の必要性を認識させた。

　このような事象が懸念を喚起する際、国際的な制度的・規範的空間は無視できない意味をもった。半導体は両用技術の典型であり、既存の国際制度・規範では問題に対応できなかった。しかもWTOの過去の経緯を通じて、アメリカがWTOに不信感を抱き、中国もWTOに基づく経済自由化と対外依存に負担感を覚えていた。このような状況であったからこそ、米中の政府内で経済安全保障の政策アイディアが定着し、経済問題の安全保障上の側面に敏感になった可能性は高い。しかも、アメリカ政府・連邦議会では、保護貿易や対中強硬姿勢を容認する閣僚、議員らが増加しており、自由貿易主義や国際協調の復元力はみられなかった。それは、元来一体性が強い中国政府でも、同様であった。

　本章の事例分析では、半導体分野の狭い問題を扱ったため、米中両国で生じている社会的・経済的変化やその政治的作用を十分に視野に入れられていない。それらは、本書の各章が他の分野の分析でとりあげ、あるいは分野横断的な政治的変動の考察を通じて検討することになる。それらは、経済安全保障のジレンマの作用をどのように刺激しているのだろうか。

注

1——経済分野の米中対立に関する先行研究として、例えば、村上裕三編『米中の経済安全保障戦略』芙蓉書房出版、2021年。中本悟・松村博行編『米中経済摩擦の政治経済学——大国間の対立と国際秩序』晃洋書房、2022年。大橋英夫『チャイナ・ショックの経済学——米中貿易戦争の検証』勁草書房、2020年。C. Fred Bergsten, *The United States vs. China; The Quest for Global Economic Leadership*, Polity Press, 2022; Shiping Hua, *The Political Logic of the US-China Trade War*, Lexington Books, 2022; Ka Zeng and Wei Liang, *Research Handbook on Trade Wars*, Edward Elgar, 2022; Cuoyong Liang and Haoyuan Ding, *The China-US Trade War*, Routledge, 2021; Altug Gunar, ed., *The Trade Wars of the*

USA, China, and the EU: The Global Economy in the Age of Populism, Lexington Books, 2021.

2——大橋英夫『米中経済摩擦——中国経済の国際展開』勁草書房、1998年。同、前掲、2020年。

3——John J. Mearsheimer, *The Tragedy of Great Power Politics*, W.W. Norton & Co., 2014（奥山真司訳『大国政治の悲劇 (改訂版)』五月書房、2014年）; Mearsheimer, "The Inevitable Rivalry: America, China, and the Tragedy of Great-Power Politics.," *Foreign Affairs*, November/December 2021; Mearsheimer, "The Gathering Storm: China's Challenge to US Power in Asia," *The Chinese Journal of International Politics*, Vol. 3, No. 4, 2010; Aaron L. Friedberg, *A Contest of Supremacy: China, America and Struggle for Mastery in Asia*, W.W. Norton & Company, 2011（佐橋亮監訳『支配への競争——米中対立の構図とアジアの将来』日本評論社、2013年）; Friedberg, "Competing with China," *Survival*, Vol. 3, No. 3. 2018; Friedberg, *Getting China Wrong*, Polity, 2022; Graham Allison, *Destined for War, Can America and China escape Thucydides' Trap*, 2017, Scribe Publications（藤原朝子訳『米中戦争前夜——新旧大国を衝突させる歴史の法則と回避のシナリオ』ダイヤモンド社、2017年）。Thomas Christensen, *The China Challenge: Shaping the Choice of Rising Power*, 2015, W. W. Norton; Randol Schweller, "Opposite but Compatible Nationalism: A Neoclassical Realist Approach to the Future US-China Relations," *The China Journal of International Politics*, Vol. 11, No. 1, 2018など。

4——ここでは錯誤連鎖論と呼んでいるが、「安全保障のジレンマ」論を分析枠組みとして援用する。本章4節を参照。

5——Chengxin Pan and Emilian Kavalski, "Introduction: The Rise of China and the Challenges to International Relations Theory," in Pan and Kavalski, eds., *China's Rise and Rethinking International Relations Theory*, Bristol University Press, 2022.

6——注3にあげた研究者のうち、ミアーシャイマーはオフェンシヴ・リアリズム、フリードバーグ、クリステンセン、シュウェーラー、グレーザーはネオ・クラシカル・リアリズムの立場を示している。また、これらに対峙する議論の好例として、G. John Ikenberry, "The Rise of China and the Future of the West: Can the Liberal System Survive ?" *Foreign Affairs*, Vol. 87, 2008; Ikenberry, "The Future of the Liberal World Order: Internationalism After America," *Foreign Affairs*, May/ June, 2011; Joseph S. Nye, "America Should Aim for Competitive Coexistence with China," *Financial Times*, 17 November, 2023; Alastair Iain Johnston, "The Failures of the 'Failure of Engagement' with China," *The Washington Quarterly*, Vol.42, No. 2, 2019; Johnston, "Is China a Status Quo Power ?," *International Security*, Vol.27, No. 4, 2003. アイケンベリーは国際関係理論のネオ・リベラル制度論（新自由主義制度論）、ジョンストンはコンストラクティヴィズム（構成主義）に立脚している。

7——David Lake, "Why 'ism' Are Evil: Theory. Epistemology, and Academic Sects as Impediments to Understanding and Progress," *International Studies Quarterly*, Vol. 55, No. 2, 2011; Tim Dunne, Lene Hansen and Colin Wight, "The End of International Relations Theory," *European Journal of International Relations*, Vol. 19, No. 3, 2013. *European Journal of International Relations*, Vol. 19, No. 3, 2013の所収論文を参照。

8——John J. Mearsheimer and Stephen M. Walt, "Leaving Theory Behind: Why Simplistic

Hypothesis Testing is Bad for International Relations," *European Journal of International Relations*, Vol. 19, No. 3, 2013, pp. 427-457.

9──以下の議論については、注3の文献を参照。

10──Gideon Rose, "Neoclassical Realism and Theories of Foreign Policy," *World Politics*, Vol. 51, p.146. この点に関連して、ジェフリー・レグロとアンドリュー・モラヴティックは、ネオ・クラシカル・リアリズムがリアリズム以外の要素を付加したと、批判的に指摘している。Jeffrey W. Legro and Andrew Moravcsik, "Is Anybody Still a Realist?," *International Security*, Vol. 24, No. 2, Fall 1999. なお、ディフェンシヴ・リアリズムにも国内要因を扱う研究があり、それらとネオ・クラシカル・リアリズムとの区別は明確ではない。

11──覇権安定論や覇権循環論、古典的な覇権交替論については、Stephen D. Krasner, "State Power and the Structure of International Trade," *World Politics*, Vol.28, No. 3, 1976; Robert Gilpin, *The Political Economy of International Relations*, Princeton University Press, 1989; George Modelski, *Long Cycles in World Politics*, University of Washington Press, 1987, A.F.K Organski, *World Politics*, Knopf, 1958.

12──Kenneth N. Waltz, *Theory of International Relations*, Addison-Wesley, 1979.

13──この問題について、日本では細谷千博が先駆的な研究を展開し、その研究は海外でも多数引用された。Chihiro Hosoya, "Miscalculations in Deterrence Policy: Japanese-U. S. Relations, 1938-1941," *Journal of Peace Research*, Vol. 5, No. 2, 1968; Chihiro Hosoya, "Characteristics of the Foreign Policy Decision-Making System in Japan," *World Politics*, Vol. 26, No. 3, 1974. また、Robert Jervis, *How Statesmen Think: The Psychology of International Politics*, Princeton University Press, 2017 も参照。

14──Satoshi Oyane, "Relationships Based on Heterogeneity: IR Studies in Japan" IR Studies in Japan, JAIR (The Japan Association of International Relations) website, <https://jair.or.jp/en/about.html>.

15──Robert Jervis, "Cooperation under the Security Dilemma," *World Politics*, Vol. 30, No. 2, 1978; Joshua D. Kertzer, Ryan Brutger, and Kai Quek, "Perspective Taking and Security Dilemma Thinking: Experimental Evidence from China and the United States," *World Politics*, Vol. 76, No. 2, 2024.

16──Kertzer, Brutger, and Quek, Ibid., p.365.

17──John H. Herz, "Idealist Internationalism and the Security Dilemma," *World Politics*, Vol.2, No. 2, 1950.; Robert Jervis, op. cit., 1978; Charles L. Glaser, "The Security Dilemma Revisited," *World Politics,* Vol. 50, No. 1, 1997; Ken Booth and Nicholas J. Wheeler, eds., *The Security Dilemma: Fear, Cooperation and Trust in World Politics*, Palgrave, 2007.

18──David J. Bulman, "The Economic Security Dilemma in US-China Relations," *Asian Perspective*, vo.45, no. 1, 2021; Margaret Pearson, Meg Rithmire, and Kellee Tsai, "China's Political Economy and International Backlash: From Interdependence to Security Dilemma Dynamics," *International Security*, Fall 2022; Darren Lim and Victor Ferguson, "Conscious Decoupling: The Technology Security Dilemma," in Jane Golley, Linda Jaivin, and Ben Hillman, eds., *China Dream*, Australian National University Press, 2020; 佐橋亮「米中関係において深まる安全保障のジレンマ」『安全保障研究』5巻3号、2023年。

19——Jervis, op. cit., 1978.

20——Barry Buzan, *People, States, and Fear: An Agenda for International Security Studies in the Post-Cold War Era*, 2nd ed., Harvester Wheatsheaf, 1991, p.26.

21——Joseph M. Grieco, *Cooperation Among Nations: Europe, America, and Non-tariff Barriers to Trade*, Cornell University Press; Gilpin, *op. cit.*, 1989.

22——元来は、冷戦終結後、アメリカ政府が軍事予算の減少に直面しながら軍事技術の研究開発を維持するため、軍事的利用の可能な民生用技術を推進する政策を展開し、それを両用技術と称した。

23——Eric Heginbortham, and Richard Samuels, "Mercantile Realism and Japanese Foreign Policy," *International Security*, Vol. 22, No. 4, 1998; Samuel P. Huntington, "Why International Primacy Matters," *International Security*, Vol. 17, No. 4, 1993.

24——Yuleng Zeng, "Microchips and Sneakers: Bilateral Trade, Shifting Power, and Interstate Conflict," *Journal of Peace Research*, Vol.61, No. 4, 2023.

25——Saadia M. Pekkanen, *Japan's Aggressive Legalism: Law and Foreign Trade Politics Beyond the WTO*, Stanford University Press, 2008; 大矢根聡『日米韓半導体摩擦——通商交渉の政治経済学』有信堂高文社、2001年。

26——Kent Jones, *The Doha Blues: International Crises and Reform in the WTO*, Oxford University Press, 2010; Thomas Hale, David Held, and Kevin Young, *Gridlock: Why Global Cooperation is Failing When We Need It Most*, Polity, 2013.

27——政策アイディアによる認識空間(規範的空間)については、大矢根聡「地域統合——東アジア地域レジーム間の規範的空間と日中関係」大矢根聡編『コンストラクティヴィズムの国際関係論』有斐閣、2013年。ただし本章の事例では、その認識空間が国家間の協調ではなく、対立を刺激するように作用する。

28——本節の事例分析は、次の拙稿と同じ現象を対象にしているため、内容が一部重複している。Satoshi Oyane, "US-China Conflicts as an Economic "Security Dilemma": Causes and Development of Semiconductor Disputes," *International Economic Law Review*, No.3, 2024; 大矢根聡「トランプ・バイデン政権の対中半導体紛争——相互依存の武器化と粘着性」『国際政治』213号、2024年。

29——『中国製造2025』の英訳として、State Council, *Made in China 2025*, Center for Security and Merging Technology, 2015.

30——丸川知雄「中国の産業政策の展開と『中国製造2025』」『比較経済研究』57巻1号、2020年。しかしマーガレット・ピアソンらは、この頃の中国において、共産党の主導で国家と企業が融合し、独自の「党国家資本主義」体制が成立したと指摘している。Pearson, Rithmire, and Tsai, op. cit., pp.15-17.

31——渡邉真理子「米中は何を対立しているのか——多国間自由貿易体制の紛争解決ルールと場外乱闘」『比較経済研究』58巻2号、2021年、33〜39頁。

32——U.S. Department of Commerce, "U.S. Secretary of Commerce Penny Pritzker Delivers Major Policy Address on Semiconductor at Center for Commerce," November 2, 2016.

33——President's Council of Advisors on Science and Technology, *Ensuring Long-Term U.S. Leadership in Semiconductors, Report to the President, President's Council of Advisors on Science and Technology*, 2017.

34 —— "Trump Advisor Peter Navarro: Trade Deficits Endanger U.S. National Security," *The Wall Street Journal*, March 6, 2017.

35 —— Peter Navarro, "Why Economic Security Is National Security," *Real Clear Politics*, 2018; Navarro and Andrew Phillip Hunter, "Economic Security as National Security: A Discussion with Dr. Peter Navarro," Center for Strategic and International Studies, 2018; Gavin Bade, "'A Sea Change': Biden Reverses Decades of Chinese Trade Policy," *Politico*, December 26, 2022.

36 —— Bade, Ibid., 2022; David Bulman, "Instinctive Commercial Peace Theorists ?: Interpreting American View of the US-China Trade War," *Business and Politics*, Vol. 24, No. 4, 2022, pp.435-436.

37 —— The White House, *National Security Strategy of the United States of America*, 2017, p.7.

38 —— U.S. Joint Chiefs of State, "Trump Announce New Whole-of-Government National Security Strategy," *Department of Defense News*, 2017.

39 —— "Adjusting Import of Steel into the United States," Proclamation 9705 of March 8, 2018, Presidential Documents, *Federal Register*, 83 (51), March 15, 2018.

40 —— Panel Report, United States − Certain Measures on Steel and Aluminum Products, WT/DS544/R, December 9, 2022; "Why America is Getting Tough on Trade," *The New York Times*, December 12, 2022.

41 —— Pearson, Rithmire, and Tsai, op. cit., pp.20-31.

42 —— U.S. Trade Representative, *The President's 2017 Trade Policy Agenda*, 2016, pp.1-6.

43 —— U.S. Trade Representative, "Findings of the Investigation into China's Acts, Policies, and Practices Related to Technology Transfer, Intellectual Property, and Innovation under Section 301 of the Trade Act of 1974," March 22, 2018.

44 —— Addition of Entities to the Entity List, A Rules by the Industry and Security Bureau on 05/21/2019, *Federal Register*, 2019.

45 —— Chris Miller, *Chip War; The Fight for the World's Most Critical Technology*, Simon & Schuster, Inc., 2022, pp. 372-374（千葉敏生訳『半導体戦争――世界最重要テクノロジーをめぐる国家間の攻防』ダイヤモンド社、2023年、424〜426頁）.

46 —— "Remarks by Vice President Pence on the Administration's Policy toward China," The White House, 2018; Michael R. Pompeo, "Communist China and the Free World's Future," Speech delivered at the Richard Nixon President Library, U.S. Department of State, July 23, 2020.

47 —— U.S. Department of Commerce, "Commerce Department Further Restricts Huawei Access to U.S. Technology and Adds another 38 Affiliates to the Entity List," August 17, 2020.

48 —— Gregory C. Allen, "China's New Strategy for Waging the Microchip Tech War," Center for Strategic & International Studies, 2023, p.3; 丸川知雄「中国は米中貿易戦争を乗り越えられるのか」『世界経済評論』2020年5・6月号、9頁。

49 —— Be Muephy, "Chokepoints: China's Self-Identified Strategic Technology Import

Dependencies," *Issue Brief,* 2022, pp.1-30; Allen, Ibid, pp.4-5.

50 —— Lim and Ferguson, op. cit. pp.4-5.

51 —— Joseph R. Biden, Jr., "Executive Order on Semiconductor's Supply Chains," The White House, February 24, 2021.

52 —— "Building Resilient Supply Chains, Revitalizing American Manufacturing and Fostering Broad Based Growth: 100 day Reviews under Executive Order 14017," The White House, 2021.

53 —— "FACT SHEET, Biden-Harris Administration Announces Supply Chain Disruption, Task Force to Address Short-Term Supply Chains Discontinuites, Final Report, The White House, June 8, 2021.

54 —— Bade, op. it., 2022.

55 —— "Remarks by National Security Advisor Jack Sullivan at the Special Competitive Studies Project Global Emerging Technologies Summit," The White House, September 16, 2022.

56 —— The White House, *National Security Strategy*, 2022, pp.15, 23.

57 —— "Implementation of Additional Export Controls: Certain Advanced Computing and Semiconductor Manufacturing Items: Supercomputer and Semiconductor End Use; Entity List Modification," *Federal Register*, vol.87, no.197, October 13, 2022. アメリカ商務省関係者に対するインタビュー。

58 —— SIA (Semiconductor Industry Association), "Comments: Export Controls should Protect National Security without Undermining Innovation," January 26, 2023; SIA, Boston Consulting Group, *How Restricting Trade with China could end US Semiconductor Leadership*, 2020; SEMI (Semiconductor Equipment and Materials International), "SEMI Comments Biden Administration's Efforts to Strengthen Semiconductor Supply Chains," June 10, 2021.

59 —— SIA, Ibid, 2020 and 2023; SEMI, Ibid, 2021.

60 —— "Remarks of President Joe Biden- State of the Union Address as Prepared for Delivery," The White House, February 7, 2023.

61 —— "China Lashes Out at Latest U.S. Export Controls on Chips," AP, October 8, 2022.

62 —— Bulman, op. cit., 2021; Tiong Wei Jie and Lim Mingjiang, "The US-China Security Dilemma: The Need for Constant Mitigation," *IDSS Paper*, The Institute of Defence and Strategic Studies, No.082, 2023, pp.2-3.

第 I 部

アメリカの対中政策とその文脈

第**1**章

バイデン政権の中国政策と
その歴史的位相

佐々木卓也 SASAKI Takuya

1 ▸ バイデン政権の外交・安保チーム

　本章は、2021年1月に発足したジョー・バイデン政権（民主党）が進めた過去4年近くの中国政策を検討するとともに、その歴史的位相をアメリカの第2次世界大戦後の中国政策史に置いて考察する試みである。

　2020年11月の大統領選挙で現職のドナルド・トランプ大統領（共和党）に勝利を収めたバイデン前副大統領は上院議員を36年、副大統領を8年務めた外交通のベテラン政治家である。彼は国務長官にアントニー・ブリンケン、国防長官にロイド・オースティン（退役）陸軍大将（元中央軍司令官）、国家安全保障担当大統領補佐官にジェイク・サリバン、NSC（国家安全保障会議）インド太平洋調整官にカート・キャンベルを起用した。いずれもバラク・オバマ政権（民主党）で外交・安保政策を担った人物であるが、バイデン政権のアジア政策、中国政策を検討するうえで、過去の民主党政権でアジア政策の要職に就いたキャンベルの役割が鍵であろう。事実、キャンベルがNSC調整官に就くとの報道が流れると、メディアはすぐに彼をバイデン政権の「アジア政策の最高責任者（Asia czar）」と目したのである[1]。

　本章ではまた議論の過程で、合衆国憲法によって重要な外交権限を与えられている連邦議会の独自の役割についても分析を加える。憲法によって、上下両院は外交・安保政策に決定的な意味を持つ予算編成で重要な役割を与え

られているほか、とくに上院は条約批准案や高級官職の任免の同意する権限
を有しており、行政府が進める政策に独自の影響を与えるからである。

2▶ 封じ込めから関与へ

◆中国政策の伝統

　アメリカは19世紀末以降、中国における商業上の機会均等と中国の行政
的・領土的保全を求める門戸開放を基本原則とする中国政策を標榜した。門
戸開放政策には、当時中国の分割を進めていた日本やヨーロッパの帝国主義
諸国家とは異なり、自らを中国の独立と統一を守る国家とみなす自己イメー
ジが投影されており、中国に対するこのある種の保護者的意識は、アメリカ
人宣教師による活発な布教活動によってさらに強まった。

　やがて門戸開放原則をめぐってアメリカは日本との対立が深刻化し、
1941年12月に対日戦争に入り、そして第2次世界大戦に参戦した。フラン
クリン・ローズヴェルト政権（民主党）は中国に対する本格的な軍事・経済支
援、さらには東アジア太平洋国際秩序の全面的な再編成に踏み切り、第1次
世界大戦時のウッドロー・ウィルソン大統領（民主党）のリベラルな外交理念
を継承し、アメリカ主導の自由で開放的な国際秩序の建設を進めた。戦後東
アジア太平洋については、安定勢力としての親米的な国民党中国、日本の民
主化と非軍事化、植民地主義の清算を軸に、この地域に軍事力をコミットす
る用意があった。国内ではクリスチャンの蒋介石総統を、アメリカ的民主主
義を体現する政治家として称賛し、蒋率いる中国がアメリカに協力して戦後
東アジアの平和に貢献することを楽観視する向きが大勢であった。そのよう
な蒋介石像の創出に誰よりも貢献したのが、中国のアメリカ人宣教師の家庭
に生まれ、長じて週刊誌『タイム』を創刊し、メディア界で絶大の影響力を
振るうヘンリー・ルースであった。

◆米中対立の時代

　だが大戦の終結後まもなくして国際情勢は暗転した。ヨーロッパで冷戦が

034 │ 第Ⅰ部●アメリカの対中政策とその文脈

始まり、中国大陸では、1930年代後半以降日本の侵略に対抗するために協力していた国民党と共産党の間で再び内戦が勃発し、共産党軍が優位にたつからである。ハリー・トルーマン政権（民主党）は内戦の悪化にともない、中国に対するコミットメントを縮減し、日本をアジアの反共陣営の拠点として、再建する方針に転じた。1949年に蒋政権が台湾に逃れ、本土で中華人民共和国が成立した時、トルーマン政権はこれを冷静に受け止め、中国・ソビエト連邦（ソ連）離間の生起を期待し、中国による台湾占領を黙認することで、新たな米中関係の構築をめざした。

　しかし世論と議会の反応は全く別であった、中国の"喪失"に加え、予想より早いソ連の原爆開発（1949年8月）、英米で相次ぐ原爆スパイの摘発、さらには中ソ一枚岩を印象づけた中ソ同盟条約の締結（1950年2月）を背景に、トルーマン政権の外交に対する批判が高まった。この政治状況を巧みに利用したのが、ジョセフ・マッカーシー共和党上院議員である。彼は1950年2月以来、国務省に共産党のスパイがいると主張し、民主党政権の失態がソ連の原爆製造、中国の共産化を招いたと決めつけ、その外交政策を徹底的に批判していた。

　1950年6月に勃発した朝鮮戦争、そして11月末の中国人民義勇軍の参戦と米中の軍事衝突はマッカーシーの主張に勢いを与えた。すでに国務省の優秀な中国問題の専門家は政治的迫害にあい、国務省から追放されつつあった。彼らは蒋政権の腐敗と無能を告発し、共産党政権の誕生を予期したに過ぎなかったが、蒋政権を熱烈に擁護するチャイナ・ロビー──マッカーシーとルースがその中心にいた──の逆鱗に触れたのである。

　トルーマン政権は中国軍の朝鮮戦争介入を契機に、中国に対する軍事的封じ込めに乗り出すとともに、朝鮮戦争を朝鮮半島に限定する方針をとった。これに不満であったのが、共和党の領袖のロバート・タフト上院議員であり、ダグラス・マッカーサー国際連合軍最高司令官であった。彼らはしばしば孤立主義者と目されるが、むしろアジア第一主義者であり、中国本土に対する攻撃を含む、戦火の拡大を唱えたのである。政府の方針に公然と異を唱えたマッカーサー将軍は1951年4月に罷免されたものの、彼は帰国後、上

下両院合同会議演説でアジアの戦略的重要性を訴え、朝鮮戦争の限定化を「敗北主義」「宥和」に等しいと決めつけ、中国東北部に対する攻撃、中国沿岸の海上封鎖、中華民国軍の中国本土攻撃に対する制限の解除をワシントンに求めたが却下されたと弁明した。そしてマッカーサーは「戦争において勝利に代わるものはない」と言い切り、中国を「宥和」する勢力を糾弾したのである[2]。

　アメリカは東アジア太平洋で、中ソと対立する反共諸国の経済復興・再建を助け、2国間の安全保障条約を軸とする「ハブ・アンド・スポークス」型の同盟体制を基盤に、サンフランシスコ体制と呼称すべき国際秩序を設立した。1950年代の二度の台湾海峡危機ではドワイト・アイゼンハワー政権（共和党）は中国本土に対する核攻撃を、1960年代前半のジョン・ケネディ政権（民主党）とリンドン・ジョンソン政権（民主党）は原爆開発を進めていた中国に対する軍事攻撃を検討した。アメリカが1960年代半ば以降、ベトナム戦争に軍事介入を始めたのは、中国が北ベトナムの背後に控えており、北ベトナムの軍事行動を中国の膨張の一環であると誤って警戒したからである。ベトナム戦争の主要責任者であったロバート・マクナマラ国防長官が述懐するように、マッカーシズムの影響で政府内に中国に精通する専門家が不在であったことがアメリカの失態の背景にあった[3]。

◆中国政策の転換

　1960年代末までに明らかになったベトナム戦争介入の失敗が、アメリカの中国政策の転換を促した。おりからソ連が核戦力でアメリカにほぼ追いつき、日本と西ヨーロッパの経済的追い上げは急であった。一方、社会主義陣営は分裂しており、イデオロギー論争から始まった中ソ対立は国境紛争に発展していた。1969年に大統領に就いたリチャード・ニクソン（共和党）はかつてマッカーシーの盟友であったが、決して硬直した反共主義者ではなかった。彼は対中政策を抜本的に見直すことで、対ソ・デタント、ベトナム戦争の早期終結を進め、アメリカに有利な国際環境の創出をはかる大胆な外交に打って出た。その試みは成功し、1972年のニクソンの訪中によって米中接

近が実現し、新たな国際環境が生まれた。中国が日米安保条約を事実上容認し、アメリカ主導の東アジア太平洋秩序を受け入れたことは——台湾問題を棚上げしたうえで——重要である。アメリカは中国を西側陣営に引き寄せることに成功し、ソ連に対して戦略的優位にたった。

　パワー・ポリティクス的発想にたつニクソンは中国の政治体制をとくに問題にしなかった。彼が毛沢東主席に初めて会った時に、「重要なのは、その国が世界に対して、我々に対してどんな政策を採るかということ」であると語ったように、専ら重視したのは中国の対外政策と対外行動であった[4]。

　ジミー・カーター政権（民主党）による米中関係正常化（1979年1月）[5]、最恵国待遇を盛り込んだ米中貿易協定の締結、さらにソ連のアフガニスタン侵攻は米中関係を進展させた。日本は中国と1978年に平和条約を結んでおり、この頃までにソ連に対抗する日米中の「協商」が成立した感があった。一方連邦議会はカーター政権が米中国交樹立と台湾との断交にあたり事前に十分な協議をしなかったことに怒り、超党派で台湾関係法を可決し、アメリカの台湾に対する武器売却、台湾問題の平和的解決への期待を表明した。議会はこの法律を通じて台湾政策、そして中国政策に独自の発言権を有することを誇示したのである。

　米中関係は皮肉にもロナルド・レーガン政権（共和党）時代に「黄金時代」を迎えた。政界きっての親台湾派の政治家として知られるレーガンは選挙戦中に台湾の外交承認を提案し、大統領就任後は台湾に対する武器売却を大幅に増やすなど、北京政府を憤慨させた。しかし1982年8月までに米中間で妥協が成立し、関係は修復した。レーガンは1984年に初訪中を果たし、防衛協力を強化した。レーガン政権も対ソ冷戦の枠組みで中国政策を形成したのである。

　この間アメリカは市場を開放することで、東アジアの国々の経済発展を牽引した。中国が1970年代後半に経済の全面的発展をめざす改革・開放路線を打ち出すや、日米をはじめ西側諸国は積極的に協力した。中国を西側諸国に外交的・経済的に取り込むことに成功したことが、対ソ冷戦の勝利につながった。つまり対ソ冷戦の勝利の代償が、西側の支援による中国の経済成長

であり、中国の台頭であった。

◆ポスト冷戦と中国関与政策

　1989年春に起きた天安門事件はアメリカに対中政策の再検討を迫る機会であった。米ソ冷戦は終結過程に入り、ソ連圏のハンガリー、そしてポーランドでは非共産党政権が誕生しつつあった。中国の戦略的意義は明らかに変わっていた。中国政府の過酷な人権弾圧に衝撃を受けた議会、世論は中国に対する厳しい経済制裁を要求したが、ジョージ・H・W・ブッシュ（父）大統領（共和党）はこれに反対した。彼は対中政策の基調を変えることなく、中国との経済・人的関係を維持することで、共産党体制がやがて変質することを期待した。彼は天安門で目撃した「民主主義の息吹は1972年以来わが国が発展させてきた関係に多くを拠っている」と評価し、「関与」を続けることが「積極的な変化」をもたらすと説いたのである。中国に対する最恵国待遇は対中関与の一環であった。ジム・ベーカー国務長官もアメリカは建国以来アジア太平洋地域で「門戸開放」を追求してきたと述べ、対中「関与」政策について、「政治的自由は経済的自由と容易に、あるいは長く分離させることはできない。……（中略）……中国の次の世代が将来を形成するグローバルな趨勢から孤立することなく、情報時代に関与することがわが国の利益になる」と説明した。ブッシュとベーカーは対中関与路線をとることで、中国の政治体制の長期的変容を確言したのである[6]。

　中国に対する批判と幻滅とは対照的に、台湾に対する印象は好転した。経済的に繁栄するばかりか、政治的民主化が進む台湾は党派を超え、好ましい存在と見られたからである。

　ブッシュ政権の対中関与路線を踏襲し、これを一層発展させたのがビル・クリントン政権（民主党）である。クリントンは選挙戦ではブッシュが人権弾圧を続ける中国を「甘やかし」ていると批判し、1993年1月に政権が発足すると、中国に対する最恵国待遇の更新を人権の改善に結びつける措置をとったが、翌1994年5月にはそのリンケージを解き、経済成長を続ける中国との関係の強化に邁進した。彼は対中関与をアメリカの利益のみならず、

「長期的に持続可能な中国の人権の進展」に貢献すると言明し、正当化したのである。クリントンは1998年にアメリカ大統領として天安門事件後初めて訪中し、共同声明で米中の戦略的パートナーシップを謳った。彼は江沢民主席との一連の会談を通じて、「中国は現代社会の要請によってさらに開放的になることを余儀なくされ、新たな世紀では米中が敵対国ではなくパートナーになる公算が高い」と楽観し、中国の政治が「正しい方向」に進んでいると確信したのである。

　対中関与の総仕上げが、中国に恒久的な最恵国待遇を与える法案（2000年）と中国のWTO（世界貿易機関）加盟であった。前者についてクリントンは中国が市場を開放することで、「経済的自由への扉をより広く開き、人民の潜在力をより十分に解放する」と述べ、超党派の支持による法案の成立を歓迎した。中国はこのころ年率10％を超える経済成長を誇り、2000年には日本を抜いてアメリカの最大の貿易赤字国となるところであった。中国は2001年にアメリカの支持を得て、WTOに加盟した[7]。

　クリントン政権の中国政策に反発し、中国に対する強い態度を求めたのが、連邦議会の共和党の右派、保守派であった。まず1995年5月に李登輝台湾総統の訪米を歓迎する決議案が上下両院で圧倒的多数で可決された。1997年にはニュート・ギングリッチ下院議員（共和党）が米下院議長として初めて訪台し、李総統と会談した。下院で多数派を握る共和党はクリス・コックス政策委員長を中心に、1990年代後半に台湾海峡での中台の軍事的均衡の維持、米中軍事交流で国防省が公開する兵器・演習の制限、チベット担当大使の任命、宗教的抑圧に関する国務省報告書の提出を求める法案を次々と可決した。下院はさらに2000年に台湾安全保障強化法を可決し、台湾の安全に対するアメリカの関心を改めて確認した。コックスを委員長とする超党派の下院委員会の1998年の報告書はまた、中国がアメリカの軍事技術を「盗んでいる」と非難し、対中警戒論を展開したのである。

　対中恒久的最恵国待遇供与法案をめぐり、これに反対したのが反共主義者で中国嫌いで知られるジェシー・ヘルムズ上院議員（共和党）、労働者の雇用が奪われることを懸念するリベラル派のバーニー・サンダース下院議員（民

主党）、中国の人権弾圧を一貫して批判するナンシー・ペロシ下院議員（民主党）であったことは、中国問題をめぐる共和党右派と民主党左派の興味深い同居を示すものであり、民主党と共和党が党派を超えて中国政策で協力する可能性があることを示していた。議会はまた、この法案に賛成する条件として、米中経済関係がアメリカの安全保障に与える影響について調査、監視し、そして議会に毎年報告する米中経済安全保障調査委員会の設置を義務づけた。この委員会は中国の経済力と軍事力の強化を一貫して警告する年次報告書を2000年以降提出するのである[8]。

3 ▶ 中国の台頭と対中関与の終結

◆揺れる中国関与政策

2001年に発足したジョージ・W・ブッシュ政権（共和党）は当初、中国を戦略的パートナーではなく「競争国」とみなし、コンドリーザ・ライス大統領補佐官は中国をアジア太平洋地域の平和と安定に対する「潜在的脅威」であると言明したが、9.11テロ事件を機に、一転して対テロ戦争における中国との協力を重視した。ブッシュ大統領は中国を国際秩序の「利害共有者」として行動するように求め、2006年に米中戦略経済対話を開始し、財務長官、国務次官による新たな協議の場を設けた。中国は2006年2月に世界最大の外貨保有国に、2008年11月までに日本を抜いて世界最大の米国債の保有国となった。2000年以降、アメリカにとり中国を含むアジアは北アメリカを抜いて最大の輸出地域に、北アメリカに次ぎ第2位の輸入地域になっていた[9]。

中国の急速な経済的台頭に対し、国内では苛立ちが高まっていた。アメリカの対中貿易赤字額は2005年に2000億ドルを突破し、この年議会では人民元の切り上げを求める法案が上程された。国防省はまた2006年2月の『4年ごとの国防政策見直し』で、中国をアメリカと「軍事的競争をする最大の潜在能力」を有する国と警告し、18年連続で前年度比2桁増の軍事費増額を続ける中国に対する強い警戒を表明した。2006年の『国家安全保障戦略』は、

040 ｜ 第I部●アメリカの対中政策とその文脈

中国の改革と開放を奨励すると言明しながら、中国の軍備増強、アメリカに敵対する国々に対する積極的な資源外交を批判し、アメリカの戦略は「中国がその人民にとり正しい戦略的選択をするように奨励するとともに、他の可能性に対する対策を講ずること」であると述べ、中国の行動次第では関与政策を転換する可能性を示唆したのである。

オバマ政権は前政権の戦略経済対話を戦略・経済対話に改組し、財務長官に加え、国務長官、統合参謀本部議長らを含む対話の場へと拡大した。だが中国が2008年以降アメリカに次ぐ軍事費支出国となり、2010年には日本を抜いて世界第2位の経済大国となり、さらに南シナ海、東シナ海で近隣諸国と領土問題をめぐる対立・紛争を引き起こすと、武力による現状変革に反対する態度を明確にした。

オバマ政権はアジアにおける「旋回（ピボット）」、「再均衡（リバランス）」を掲げ、TPP（環太平洋パートナーシップ）協定をその「中心的な柱」と位置づけた。オバマは中国に「グローバルな経済の規則を書かせるわけにはいかない」と述べ、TPPによりこの地域の自由貿易を推進するとともに中国に対抗して経済連携を深める政策を進めた。彼は2011年11月のオーストラリア議会演説で、中東の戦争の終結を射程に、アジア太平洋をアメリカの安全保障の「最優先課題」であると述べ、2014年4月の訪日にあたり、尖閣諸島が安保約の第5条の対象になると米大統領として初めて明言したのである。

ただしオバマ政権は対中関与を放棄したわけではなかった。オバマは繰り返し「平和的で繁栄する中国の台頭」を歓迎すると述べ、2016年8月の南シナ海仲裁裁判所の判決——中国が南シナ海で進める人工島の造成や領有権をめぐるフィリピンとの係争で中国の主張を退け、その行動は国際状違反であると判断した——に対する反応は抑制的であった。2015年の『国家安全保障戦略』は、アメリカは中国との「衝突の不可避性は拒否するが、同時に力の立場から競争を管理し、中国が……（中略）……国際ルール・規範を守るように主張する。……（中略）……中国の軍事的現代化とアジアのプレゼンスの拡大を注意深く監視する一方で、誤解と誤算の危険を減らす術を求めている」と言明し、中国の動向を見極める姿勢を崩さなかった。TPPもアメリ

カがアジア太平洋地域の秩序づくりを主導することで、中国の加盟に高い
ハードルを課すものであったが、中国の参入自体を排除するものではなかっ
た[10]。

◆関与の終結

　対中関与の終結を打ち出したのが、アメリカ一国の利益を最優先に「ア
メリカ・ファースト」の内政・外交を唱える第1次トランプ政権であった。
トランプは過去のFTA（自由貿易協定）が国内雇用の海外流出を招いたという
信念を有し、大統領に就任してすぐにTPPからの離脱を表明した。彼には、
TPPが中国をアメリカ主導の秩序に組み込む戦略の一環であるいう発想は
全くなかった。トランプが選挙公約に従い、対中貿易赤字の是正を理由に、
2018年春以降中国製品に対する高率の関税を次々と賦課したことは中国の
対抗措置を呼び、米中貿易戦争が始まったが、彼が習近平主席を公けの場で
批判することはほとんどなかった。

　トランプ大統領は就任後まもなく習をアメリカに招いて私邸でもてなし、
秋には訪中するなど、当初は対中関与を踏襲するようであった。しかしト
ランプ政権が2017年12月に発表した『国家安全保障戦略』が米中関係の分
岐点となった。この文書は中国をロシアと並ぶ「現状変更勢力」と位置づ
け、中国が「インド太平洋地域においてアメリカに取って代わり、その国家
主導の経済モデルの範囲を拡大し、中国有利にこの地域の再編しようとして
いる」と分析し、中国がアメリカ主導の秩序に脅かしていると初めて警告し
た。さらにこの文書は、アメリカは「中国の台頭と戦後国際秩序への統合へ
の支持が中国を自由化すると信じて」きたが、この希望に「反して」中国は
近隣諸国を脅かし、権威主義体制を強め、核を含む軍事力を拡大してきたと
指摘して、対中関与の破綻を認めたのである。翌年11月にはマイク・ペン
ス副大統領が中国の人権抑圧・宗教迫害、インド太平洋における中国の行動
を指弾し、「従来の政権は中国の行動をほとんど無視し、多くの場合それら
を幇助してきた。しかしそのような日々は終わった」と断じ、対中関与政策
の終結を改めて宣言したのである。トランプ政権はファーウェイなどの中国

通信機器をアメリカの市場から締め出すとともに、中国に対する半導体の輸出規制の措置に踏み出した[11]。

　ただしトランプ大統領の対中姿勢は依然奇妙であった。彼は2020年1月にまとまった米中貿易協定に満足し、米中関係が「現在ほど良かったことはない」と自賛した。その頃中国・武漢市で発生した新型コロナウィルス感染症をめぐっては、ウィルスを「中国ウィルス」「武漢ウィルス」と呼び、中国の責任を追及したものの、同時に中国当局の感染症対策を称賛し、習との親しい個人的関係を誇る発言を繰り返したのである。

　本来は戦略的であるべき対中政策を通商と首脳同士の関係に還元するかにみえるトランプ大統領の言動とは異なり、マイク・ポンペオ国務長官は2020年7月の演説で、ニクソン元大統領が最晩年に中国についておこなったとされる発言——アメリカは「フランケンシュタイン」をつくったかもしれない——を紹介し、中国政府を「共産中国」と冷戦時代を彷彿させる用語で呼び、「盲目的な対中関与という古いパラダイム」では、「自由な21世紀はない」と言明し、習近平主席が「破産した全体主義的イデオロギー」を信奉していると激しく非難した。ポンペオはさらに、南シナ海における中国の主張を「完全に違法」とする声明を発表し、この地域の領有権問題でアメリカがとっていた従来の中立性を放棄したのである[12]。

　連邦議会は行政府に足並みを揃え、反中・親台の立場を鮮明にした。議会は2018年に米台の高官の相互訪問・往来を促す台湾旅行法、台湾の国際的立場と安全保障に理解を示す「タイペイ法」、台湾が「自由で開かれたインド太平洋戦略の重要な一部である」と謳った台湾保証法、中国の人権弾圧を非難する香港人権・民主主義法、ウィグル人権法、チベット人権法を制定した。いずれの法案も全会一致の採決によるものであり、党派を超えた議会の厳しい対中姿勢を示すものであった[13]。

4 ▶ バイデン政権の新たな中国政策

◆その基本──同盟・パートナー諸国との協力

2021年1月に大統領に就任したバイデンは「中産階級のための外交」を掲げ、「中産階級」の力を増進する経済・通商政策、国内の経済再建を約束した。彼は米中の「競争」は「21世紀における民主主義と専制主義の有用性をめぐる闘い」であると述べて、米中の理念の対立を強調し、2022年2月に発表した『アメリカ合衆国のインド太平洋戦略』は、「自由で開かれたインド太平洋」の実現のために、「インド太平洋国家」のアメリカの目標は「中国を変えること」ではなく、「最大限にアメリカに有利な影響力の均衡を建設し」、中国が行動する「戦略的環境を形成する」こと、中国との「競争」を「責任を持って管理する」ことであると主張した。さらに2022年10月に発表した『国家安全保障戦略』は、中国をアメリカにとって「最も重大な地政学的挑戦であり、国際秩序を再構築する意図とそれを実現する経済力、外交力、軍事力、技術力をあわせ持つ唯一の競争相手」と位置づけたのである。

これは「対中関与の時代は終わりを告げた」(キャンベルNSC調整官)ことを前提に、アメリカはもはや中国をアメリカ主導の国際秩序に引き寄せる、あるいは組み込むことをめざすのではなく、戦後秩序の「均衡と正統性」を守るために、中国の台頭に対して「同盟・パートナー諸国との強力な団結」により対抗するというものであった。対中政策の新たなパラダイムは「競争」であった。国務省はまた、『世界人権報告書』(2021年4月)と『信教自由報告書』(2021年5月)で、新疆・ウィグル自治区や香港での中国の人権弾圧を告発し、とくに前者での行為を「ジェノサイド」と非難した[14]。

バイデン政権の中国政策は、単独主義的な前政権とは異なり「最も重要な戦略的資産」とみなす同盟・パートナー諸国を活用するところに大きな特徴がある。バイデン政権はこの地域の重要な同盟国である日本、そして韓国との関係を強化し、2023年夏にワシントンで初めて単独の3カ国首脳会談を開催した。3首脳はここで「自由で開かれたインド太平洋」の推進、一方的

な現状変革への反対、3カ国の安全保障協力の強化、ASEAN（東南アジア諸国連合）・太平洋島嶼国との連携、北朝鮮の非核化、「台湾海峡の平和と安定の重要性」、サプライチェーンの協力などを謳った。フィリピンとの関係も同様である。南シナ海で中国との間で深刻な領土紛争を抱えるフィリピンはボンボン・マルコス政権の発足後（2022年6月）、日米との関係強化を進めた。2024年4月にワシントンで初の日米比3カ国首脳会談が開催され、民主主義理念の共有を強調した上で、「自由で開かれたインド太平洋」の実現、中国の南シナ海における行動に対する「深刻な懸念」と東シナ海における一方的な現状変更の試みに対する「強い反対」の表明、「台湾海峡の平和と安定の重要性」の確認、重要物質のサプライチェーンの構築を言明した。首脳会談の開催に合わせて、日本の海上自衛隊と米豪比の海軍が南シナ海で共同訓練を実施した。これら4カ国は2023年8月に洋上補給の訓練をおこなったが、今回は「海上共同行動」の実施であり、初の本格訓練であった[15]。

　バイデン政権はさらにトランプ政権で具体化したQUAD（日米豪印協力枠組み）の戦略対話を首脳会談化し、2021年3月の会談で「自由で開かれたインド太平洋」のヴィジョンを、9月の会談では「インド太平洋に改めてコミットすること」を確認し、「法の支配、航空と上空飛行の自由、紛争の平和的解決、民主的価値」などへの支持を表明した。さらに共同声明は、高速通信規格「5G」や半導体などのサプライチェーン、気候変動、宇宙・サイバー、新型コロナのワクチン供給をめぐる協力を約束した。QUAD首脳会談は2022年（東京）、2023年（広島）、2024年（ウィルミントン、デラウェア州）に開催され、4カ国の協力を確認した。とくにバイデンにとって最後の24年の会談は、海洋進出を念頭に中国の「危険で攻撃的な行動に深刻な懸念を表明」し、4カ国の海洋安保訓練で合意した[16]。

　バイデン政権は2021年9月のQUAD首脳会談の直前に、英豪とともにAUKUS（米英豪安全保障枠組み）の創設で合意した。AUKUSも明らかに中国を念頭に置いた新たな安保の枠組みである。アメリカはオーストラリアに対して原子力潜水艦の供与と共同開発を約束した。アメリカが核技術を伴う軍事協力を同盟国に約束するのは、1958年の対英協定以来である。AUKUSは中

第1章●バイデン政権の中国政策とその歴史的位相　045

国に対する大きな危機意識とともに、インド太平洋におけるオーストラリアの戦略的重要性を示している[17]。

アメリカの同盟・パートナー諸国との関係強化は続いた。2021年6月のG7サミット（主要国首脳会議）はこの種の共同宣言で初めて、中国に対して新疆と香港の人権と基本的自由の尊重を求めたほか、「包摂的で、法の支配に基づく自由で開かれたインド太平洋の維持の重要性」、「台湾海峡の平和と安定」、東シナ海と南シナ海の現状を変更し緊張を高める「一方的な試み」への反対、さらにはサプライチェーンの協力を表明した。トランプ政権時代のG7サミットは著しく精彩を欠いていただけに、2021年のG7サミットは久しぶりに参加国の協調と結束を誇示する機会となった。2022年のG7サミットはロシアのウクライナ侵攻に対する非難とウクライナ支援を打ち出し、2023年、2024年のG7サミットもウクライナ支援、「自由で開かれたインド太平洋」、「台湾海峡の平和と安定の重要性」を確認し、東シナ海と南シナ海の現状変更の試みへの反対を表明した[18]。

バイデン政権はまた、EU（欧州連合）、NATO（北大西洋条約機構）に働きかけ、アジア太平洋地域への多層的な関わりを強めている。NATOは2021年6月の首脳会談後の宣言で「中国の野心や強硬姿勢はルールに基づく国際秩序と同盟の安全保障に対する体制上の挑戦」であるとであると発表し[19]、中国に対する警戒を公言した。2021年以降、英、仏、独、伊、蘭、トルコは日本近海に軍艦を派遣し、日本の海上自衛隊、米豪海軍などと共同訓練・演習をおこなっている。2022年のNATO首脳会談には、アジア太平洋地域の「パートナー国」である日韓豪NZの首脳が初めて招かれ、これら4カ国首脳は2023年、2024年のNATO首脳会議にも出席し、アジアとヨーロッパの安全保障の相互連関を強調した。バイデン政権はさらにASEANのフィリピン、インドネシアとベトナムとの関係強化を進めている。

バイデン政権の対中姿勢は世論の後押しを得ている。世論調査では中国を好ましく見ない人が2000年代はだいたい40%台に収まっていたが、2020年代に入るとそれは80%台前半に急増した。中国をアメリカの最大の「敵」と見なす人は2023年には42%に達し、これは4年連続で首位であった[20]。

046　｜　第Ⅰ部 • アメリカの対中政策とその文脈

冷え込む一方の対中関係とは対照的に、台湾との関係は進展している。上下両院の議員、元政府高官の訪台は定期的におこなわれており、2022年夏のペロシ下院議長の訪台は過去四半世紀の中で最も高位のアメリカの政治家の訪問であった。台湾の要人の訪米、アメリカ政府との接触も今や頻繁であり、蔡英文総統は2023年に2019年以来の訪米を果たし——中南米諸国の歴訪を利用したもの——、ケビン・マッカーシー下院議長（共和党）をはじめ、超党派の議員と会談した。また台湾外相の訪米（2023年2月）は米台断交後初めてのことであり、外相はウェンディ・シャーマン国務副長官、キャンベルNSC調整官らと会談した。バイデン政権はさらに、トランプ政権下で始まった米台経済繁栄パートナーシップ対話を継続している。米台関係の進展の背景には、半導体生産で優位にたつ台湾、とくに半導体受諾製造の大手企業TSMC（台湾セミコンダクター・マニュファクチュアリング・カンパニー〔台湾積体電路製造〕）の存在がある。バイデン政権は巨額の財政支援をTSMC、インテル、サムスン電子等におこない、半導体の国内生産の拡大をめざしている。

　バイデン政権内では中国の軍事力、そして台湾への侵攻に関する警戒論は確実に高まっている。国防省は2023年10月の報告書で中国の核弾頭は2030年までに現在の倍以上の1000発以上に達すると見積もり、バイデン大統領は2024年3月に「初めて」中国の核戦力の急増に焦点をあてる新たな核戦略計画を承認したことが報じられた。インド太平洋軍司令官のジョン・アキリーノ司令官は2024年4月、中国軍は2027年までに台湾に侵攻できる能力を完成させる計画だとの認識を示し、バイデン大統領は、アメリカには台湾防衛の「コミットメント」がある、義務があるとたびたび言明している。明らかに中国を強く警戒し、牽制する発言である[21]。

◆トランプ路線の踏襲

　バイデン政権は前政権の対中通商政策を引き継ぎ、中国に科した関税の維持、安全保障を理由にしたアメリカ製品の輸出規制、中国の対米投資審査の強化、中国ハイテク企業のアメリカ市場からの締出しの強化・拡大を進め、新疆・ウィグル地区で人権侵害に加担する中国企業の製品の対米輸出に対す

る措置を強化した。さらに2024年春以降、中国からの鉄鋼とアルミニウムに対する関税を20％超に引き上げ、EV（電気自動車）、半導体、医療用製品など7分野の輸入品に対する関税の大幅引き上げを発表した。バイデン政権はまた、先端技術の中国への流出を同盟国とともに防ぐ措置を急いでいる。

　バイデン政権は中国などの提訴を受け、2022年末にWTOの第一審にあたるパネルが、前政権が2018年に科した鉄鋼・アルミ製品に対する追加課税についてWTO協定違反の裁定を下した時、国家安全保障上必要な課税であると反論し、裁定を一蹴した。WTOの上級委員会の委員（定数7人）は、アメリカ政府の反対で欠員が充足されず、2019年末についにその紛争処理制度は機能不全に陥った。WTOが発足して以降初めての異常事態であるが、バイデン政権はこの状態を放置している。バイデン政権のTPP復帰を否定する方針とともに、そこには自由貿易を標榜し、国際貿易政策を主導したかつてのアメリカの姿はない。

　したがってバイデン政権が2022年にアジア太平洋地域に対する新たな通商政策として発表したIPEF（インド太平洋経済枠組み）は関税の引き下げ、撤廃を対象としない構想であった。IPEFは、バイデン政権が説く「中産階級のための外交」の主眼が労働者の利益と国内市場の保護にあることを明快に表すものであった。キャサリン・タイUSTR（合衆国通商代表）は2023年6月の講演で、関税の引き下げを含む通商政策は不公正な貿易をおこなう国々、例えば中国を利するだけであり、「新しい貿易モデル」が必要であると主張した。IPEFは中国を招請することなく、アメリカと日韓印豪NZ、ASEAN7カ国など14カ国がサプライチェーン、クリーン経済、公正な経済、貿易の円滑化の4つの分野で交渉を進め、2023年11月までに最初の3つの分野で合意が成立したものの、デジタル貿易のルール整備を目指した貿易分野の交渉は失敗に終わった。バイデン政権が国内の調整に失敗したからである。アメリカは冷戦期、市場を積極的に開放することで、アジア太平洋諸国を経済的に引き付けたが、今やこの地域の国々の第一の貿易相手国は中国である。2024年共和党大統領候補のトランプ前大統領が猛反対しているIPEFをめぐる顛末は、アメリカの通商政策の対外的牽引力が低落していることを改めて

印象づけるものであった[22]。

◆ 議会の動向

　米中関係はロシアが2022年2月にウクライナに侵攻し、中国がロシアを支える方針を明らかにしたことで、さらに厳しさを増した。内政では対立の絶えない民主党、共和党であるが、中国政策については超党派の協力がある。2022年11月の中間選挙で勝利を収めた共和党は民主党の支持を得て、コロナ禍以降国内で増える中国系・アジア系アメリカ人に対する嫌がらせ事件への悪影響を懸念するアジア系議員連盟の反対を押し切って、「アメリカと中国共産党との戦略的競争に関する特別委員会」（下院中国特別委員会）を設置した。下院が特定の外国を対象にこの種の特別委員会を設けることは異例なことであり、中国に対する深刻な警戒心と敵愾心の現れである。この委員会は発足後中国の軍事的・経済的脅威を訴える活動を活発に展開しており、行政府の政策に影響を与えている。

　議会で最も先鋭的な反中国論者が、ジョシ・ホーリー共和党上院議員とJ・D・バンス共和党上院議員である。ホーリーは2022年夏に上院がフィンランドとスウェーデンのNATO加盟を認める法案を可決した時、ただ1人反対した上院議員であった。またバンス上院議員——2024年7月にトランプにより共和党副大統領候補に指名された——はホーリーらとともに、2024年春に議会が可決したウクライナに対する追加援助法案に反対した。ホーリーもバンスもアメリカの差し迫った脅威はヨーロッパではなくアジアにあり、中国の脅威により多くの資源を充てるべきであると主張したのである。この2人の政治家の中国脅威論には冷戦初期のアジア第一主義者の主張を彷彿させるものがある。ウクライナ支援法案にはイスラエルと台湾に対する軍事援助条項も同時に盛り込まれていたが、この法案に反対した18名の上院議員のうち15名が共和党議員であったこと、下院では投票に参加した民主党議員210名全員が賛成したのに対して、共和党からの賛成は101名にとどまり、反対はそれを上回る112名に達したこと——トランプに近い議員が多いが、彼は7月のインタビューで台湾防衛を確約せず、「途方もなく豊

かな」台湾はアメリカに防衛費をもっと支払うべきだと語った——は、国内で広まる内向き感情を反映するとともに、今後の中国政策に与える複雑な影響を示唆している[23]。

5 ► バイデン政権の中国政策の歴史的位相

アメリカの戦後中国政策はある種のサイクルを繰り返している。アメリカは第2次世界大戦後に親米的な中国の出現を信じていたが、極めて反米的な共産党政権の成立に衝撃を受け、さらにマッカーシズムと朝鮮戦争の影響もあり、中国に対する軍事的封じ込めに踏み切った。同様に冷戦終結後は関与を続けることで、中国がアメリカ主導の国際秩序に協力し、やがて共産党政治体制が変質することを期待したが、その期待が失望と幻滅に変わり、厳しい対中政策に転じた。連邦議会が行政府と対中強硬姿勢を競う、あるいは時には行政府に代わって中国政策を牽引することは、アメリカの中国政策の興味深い特徴である。

バイデン政権は、関与終結後の中国政策を次のような形で進めている。それはまず、中国に対峙するために、アジア太平洋地域における既存の「ハブ・アンド・スポークス」型から同盟・パートナー諸国などを活用して重層的な「格子状」型の同盟体制への進展をはかっていることである。次に、同盟・パートナー諸国との間で半導体など先端技術製品のサプライチェーンの構築を急いでおり、中国に対する依存の減少（デリスキング）を進めるとともに、中国製品に対する追加関税、輸出規制を拡大している。この措置が一定の効果をあげていることは確かであろう。2023年の米中貿易額は前年比で16.7%減少し——ただし2022年の貿易額は過去最高であった——、アメリカの貿易総額に占める中国の割合は18年ぶりに低水準となった。日韓やEUの対中貿易依存度も減少している。だが中国とインドの貿易は依然旺盛であり、今や中国がアメリカを抜いてインドの最大の貿易相手国である。ASEANにとっても域外の最大の貿易国は中国である。何よりバイデン政権下でも中国の対外行動、とりわけ南シナ海、東シナ海での威圧的行動に変化

はない。

　しかもバイデン政権の中国政策は国内の政治力学に大きな制約を受けている。TPPはおそらく中国を戦後国際秩序に引き寄せる最後の試みであったが、バイデン政権はTPPが象徴する自由貿易路線に背を向け、国内市場を保護する措置を次々と講じ、さらにTPPに代わって提案したIPEFはアメリカ市場へのアクセスの拡大を拒否する内向きの通商構想であった。

　バイデン政権は、世界第2位の強大な経済・軍事力を誇る中国の挑戦への対抗策を同盟・パートナー諸国と協力して打ち出すという地政学的・外交的論理と国内市場の保護という内政の論理の間で難しい均衡をとりながら、有効な中国政策の実践に苦闘した政権として歴史的に位置づけられる公算が大きい。バイデン大統領は政治家としての長いキャリアを冷戦時代の、そして米中接近が実現した1970年代前半に始め、そのキャリアをまもなく終えようとしている。彼はアメリカの国際的責務と西側同盟の重要性、さらには安定した米中関係の必要性を認識する世代に属する最後の政治家の1人であろう。その意味でバイデン政権の終結とともに、アメリカの対中外交はもちろん、外交全般が「ポスト冷戦の時代」に完全に決別し、独自の理念のもとに新たな国益を追求するものになるであろう[24]。

　注

1 ——例えば、*The Straits Times,* May 27, 2021 <https://www.straitstimes.com/world/united states/us-says-looking-at-quad-meeting-in-fall-focused-on-infrastructure> を参照。

2 ——アメリカの中国政策史の基本的研究書は、Warren Cohen, *America's Response to China: A History of Sino-American Relation*s, fifth edition, Columbia University Press, 2010. アジア第一主義は、Joyce Mao, *Asia First: China and the Making of Modern American Conservatism,* The University of Chicago Press, 2015. マッカーシズムの政治的影響は、Ellen Schrecker, *Many Are the Crimes: McCarthyism in America,* Princeton University Press, 1998. マッカーサー演説は <https://history.iowa.gov/history/education/educator-resources/primary-source-sets/cold-war/old-soldiers-never-die-address-gen>; Richard H. Rovere and Arthur Schlesinger, Jr., *General MacArthur and President Truman: The Struggle for Control of American Foreign Policy,* with a new introduction by Arthur Schlesinger, Jr., Transaction Publishers, 1992

(originally published by Farrar, Straus, and Giroux in 1951), pp. 270-77.

3——マクナマラの述懐は、ロバート・S・マクナマラ（仲晃訳）『マクナマラ回顧録——ベトナムの悲劇と教訓』共同通信社、1997年、55〜56頁。

4——ニクソンの発言は、毛里和子・毛里興三郎訳『ニクソン訪中機密会談録』増補決定版、名古屋大学出版会、2016年、9頁。

5——米中国交正常化と台湾関係法の成立は、宇佐美滋『米中国交樹立交渉の研究』国際書院、1996年。米中「黄金時代」は、ジェームス・マン（鈴木主税訳）『米中奔流』共同通信社、2000年、第7章。

6——天安門事件をめぐるブッシュの回想は、George Bush and Brent Scowcroft, *A World Transformed*, Alfred A, Knopf, 1998, Chapter 4. ブッシュの発言は、<https://www.presidency.ucsb.edu/documents/the-presidents-news-conference-4>. ベーカーは、James A. Baker, III, "America in Asia: Emerging Architecture for a Pacific Community," *Foreign Affairs,* Winter 1991/92, pp. 3, 15-17.

7——クリントンの発言と回顧は、マン、前掲、394頁、<https://www.presidency.ucsb.edu/documents/the-presidents-news-conference-1085>；ビル・クリントン（楡井浩一訳）『マイライフ——クリントンの回想（下）』朝日新聞社、2004年、464〜507頁；<https://www.presidency.ucsb.edu/documents/remarks-signing-legislation-permanent-normal-trade-relations-with-china>.

8——1990年代後半の連邦議会は、久保文明「共和党多数議会の『外交政策』——1995〜2000年」五十嵐武士編『太平洋世界の国際関係』彩流社、2005年、93〜138頁。古城佳子「冷戦後アメリカ外交における経済と安全保障——アメリカの対中経済政策の論理と展開」山本吉宣編『アジア太平洋の安全保障とアメリカ』彩流社、2005年、103〜125頁。橋本毅彦「中国の核兵器開発とアメリカ——コックス報告とその批判をめぐって」山本編、前掲、127〜148頁を参照。

9——21世紀初頭の米中関係は、梅本哲也『米中戦略関係』千倉書房、2018年。Aaron L. Friedberg, *Getting China Wrong,* Polity Press, 2022; 佐々木卓也「理念外交の軍事化とその帰結—— G.W.ブッシュ政権期の外交」佐々木卓也編『戦後アメリカ外交史』（第三版）、有斐閣、2017年。2006年の『国家安全保障戦略』は <https://georgewbush-whitehouse.archives.gov/nsc/nss/2006>.

10——西崎文子「混迷する世界情勢と転換期のアメリカ——オバマ政権期の外交」佐々木編、前掲書。佐々木卓也「アメリカの東アジア・太平洋外交——中国の『門戸開放』から『自由で開かれたインド太平洋』へ」広島市立大学広島平和研究所編『アジアの平和とガバナンス』有信堂、2022年、22頁。南シナ海仲裁裁判所の判決については、坂元茂樹『侮ってはならない中国——いま日本の海で何が起きているのか』信山社、2022年、65〜80頁。2015年の『国家安全保障戦略』は <https://obamawhitehouse.archives.gov/sites/default/files/docs/2015_national_security_strategy_2.pdf.>.

11——トランプ政権の中国政策は、Robert D. Blackwill, *Trump's Foreign Policies Are Better Than They Look*, Council on Foreign Relations, April 2019, pp. 8-17; 佐橋亮『米中対立——

アメリカの戦略転換と分断される世界』中公新書、2021年、第3章。2017年の『国家安全保障戦略』は、<chrome-extension://efaidnbmnnnibpcajpcglclefindmkaj/https://trumpwhitehouse.archives.gov/wp-content/uploads/2017/12/NSS-Final-12-18-2017-0905.pdf>. ペンス演説は、<https://www.hudson.org/events/1610-vice-president-mike-pence-s-remarks-on-the-administration-s-policy-towards-china10201>.

12——トランプの米中関係の発言、習近平を称賛する発言は、<https://trumpwhitehouse.archives.gov/briefings-statements/remarks-president-trump-world-economic-forum-davos-switzerland; chrome-extension://efaidnbmnnnibpcajpcglclefindmkaj/https://www.congress.gov/116/meeting/house/110811/documents/HHRG-116-VC00-20200618-SD003.pdf.>. ポンペオは <https://mn.usembassy.gov/speech-secretary-pompeo-07-23-2020; https://2017-2021.state.gov/u-s-position-on-maritime-claims-in-the-south-china-sea>.

13——佐橋、前掲、150〜163頁。

14——バイデンの記者会見は、<https://www.whitehouse.gov/briefing-room/speeches-remarks/2021/03/25/remarks-by-president-biden-in-press-conference>. 2022年の『インド太平洋戦略』、2022年の『国家安全保障戦略』は、<chrome-extension://efaidnbmnnnibpcajpcglclefindmkaj/https://www.whitehouse.gov/wp-content/uploads/2022/02/U.S.-Indo-Pacific-Strategy.pdf; chrome-extension://efaidnbmnnnibpcajpcglclefindmkaj/https://www.whitehouse.gov/wp-content/uploads/2022/10/Biden-Harris-Administrations-National-Security-Strategy-10.2022.pdf>.

キャンベルは、<https://www.bloomberg.com/news/newsletters/2021-05-28/next-china-the-era-of-engagement-is-over>; Kurt Campbell and Rush Doshi, "How America Can Shore Up Asian Order-A Strategy for Restoring Balance and Legitimacy," *Foreign Affairs,* January 12, 2021, <https://www.foreignaffairs.com/articles/united-states/2021-01-12/how-america-can-shore-asian-order.>. 国務省の報告書はそれぞれ、『日本経済新聞』2021年3月31日（朝刊）、5月13日（夕刊）。

15——『日本経済新聞』2023年8月20日（朝刊）、2024年4月13日（朝刊）。

16——『日本経済新聞』2021年9月26日（朝刊）、2024年9月22日（朝刊）。

17——『日本経済新聞』2021年9月16日（朝刊）。

18——『日本経済新聞』2021年6月14日（朝刊）、2022年6月28日（朝刊）、2023年5月21日（朝刊）、2024年6月15日（朝刊）。

19——『毎日新聞』2021年6月15日（夕刊）。

20——世論調査は、<https://www.pewresearch.org/global/2024/05/01/americans-remain-critical-of-china>.

21——バイデン政権の核戦略は、*The New York Times,* August 20, 2024. アキリーノ発言は、『日本経済新聞』2024年4月24日（朝刊）。バイデンの台湾防衛発言は、『日本経済新聞』2024年6月6日（朝刊）。

22——バイデン政権の通商政策は、宗像直子『通商戦略の再構築――CPTPPとその先へ』アジア・パシフィック・イニシアティブ、2022年、第2章。タイ演説は、<https://

ustr.gov/about-us/policy-offices/press-office/speeches-and-remarks/2023/june/ambassador-katherine-tais-remarks-national-press-club-supply-chain-resilience>.

23—— 下院中国特別委員会の設置は、『日本経済新聞』2023年1月11日（朝刊）。ホーリーとバンスは、<https://www.hawley.senate.gov/hawley-op-ed-why-i-wont-vote-add-sweden-and-finland-nato/; https://thehill.com/opinion/international/4780547-jdvance-ukraine-aid-trump>. ウクライナ援助法案は、*The New York Times,* April 20, and April 24, 2024. トランプのインタビューは、<https://www.asahi.com/ajw/articles/15351049>.

24—— アメリカの知識人の中国観が期待と幻滅のサイクルを繰り返してきた点を指摘するのが、井尻秀憲『現代アメリカ知識人と中国——知と情念のフロンティア』ミネルヴァ書房、1992年。「格子状」型同盟はアメリカ駐日大使の以下の寄稿記事を参照。Rahm Emanuel, "A New Era of U.S.-Japan Relations," *The Wall Street Journal*, April 4, 2024.

第2章

アメリカにおける
対中強硬論と自由貿易不信
──その社会的背景と政党政治

西山隆行　NISHIYAMA Takayuki

1▸　アメリカにおける対中強硬論と自由貿易不信

◆ 自由貿易への懐疑と対中強硬論

　アメリカは長らく国際経済秩序の確立に積極的に関与し、自由貿易を推進
してきた。第2次世界大戦後、自由、無差別、多角主義を理念とするGATT
(関税および貿易に関する一般協定) を中心とする自由主義的国際経済秩序を構築
してきた。WTO (世界貿易機関) の機能不全が指摘されるようになって以後は、
ルール重視を強調するタイプのFTA (自由貿易協定) を推進することで、自由
主義的国際経済秩序の維持を図ってきた。

　だが、近年ではアメリカの世論は自由貿易に懐疑的になっており、アメリ
カは先進国の中でも自由貿易に対する不満が最も強い国になっている[1]。そ
の結果、バラク・オバマ政権期に推進されたTPP (環太平洋パートナーシップ)
協定からの離脱をドナルド・トランプ大統領が表明して以降、政権レベルで
自由貿易が推進されることはなくなった。ジョー・バイデン政権は、TPP
への復帰を断念し、アメリカ主導でIPEF (インド太平洋経済枠組み) という新経
済圏を作り上げようとした。そこでは、友好国間で地政学的リスクの少ない
サプライチェーンの構築が目指された。だが、その貿易分野の交渉課題とし
て重視されているのは労働条件の改善や環境基準の引き上げであり、関税引
き下げによる市場開放は最重要なものとは位置づけられていなかった[2]。普

第2章●アメリカにおける対中強硬論と自由貿易不信　055

遍性、自由貿易、法の支配を大きな特徴としていたリベラル国際秩序は、大きな変化を迫られている。

このような変化は、アメリカにおいて対中強硬論が強くなっていることと軌を一にしている。アメリカの対中政策は、1970年代の国交回復期から関与と支援を軸にしてきた。その潜在力を認めたうえで、自由主義的国際経済秩序の中に取り込もうとしてきたのである。その背景には、経済成長が達成されれば中国も市場と政治を改革し、国際社会にも貢献するようになるはずだとの判断があった。だが、中国はアメリカが想定していたような行動をとらず、その軍事力、経済力が急激に増大する中で、近年では対立の要素が強調されるようになっている[3]。

その中で通商政策も、徐々に安全保障問題と結びつく形で展開されるようになっている。より正確にいえば、安全保障上の理由を根拠として、自由貿易の原則が浸食されるようになっている。これは、関税引き上げや輸出入制限、TikTokやWeChatの利用禁止などサービス取引、政府調達の分野にも及んでいる。この動きは第1次トランプ政権期に顕著になったが(以下では、単にトランプ政権という場合、第1次政権を指すものとする)、バイデン政権も、外国人の人権侵害を理由に通商を制限する傾向を強めた。中国のサプライチェーンにおける強制労働に関係した製品の取り扱いが問題視されていることは、日本でも知られているだろう。安全保障等を根拠として貿易制限的措置が導入されるとともに、フレンド・ショアリング、すなわち、同盟国や友好国などに限定したサプライチェーンを構築することが強調されるようになっている。このように多国間主義の原則が適用される範囲が限定されるようになると、メガFTAをより広範な多国間貿易体制につなげようという動きが限定されるだろう。

◆「新しいワシントン・コンセンサス」

バイデンは、大統領就任前から自らの外交政策を「中間層のための外交」と名づけていた[4]。そしてバイデン政権で国家安全保障担当の大統領補佐官を務めたジェイク・サリバンは、ブルッキングズ研究所でおこなった講演

で、「新しいワシントン・コンセンサス」という表現を用いてバイデン政権の国際経済政策の方針を示している[5]。

サリバンは、国内政策と対外政策が密接に関連することをまず指摘したうえで、バイデン政権の国際経済政策は、公正かつ強靭で、アメリカとあらゆる地域の人々にとって利益となる国際経済秩序を作ろうとするものだと述べている。そして、新しいコンセンサスが必要とされるに至った4つの要因として、(1) アメリカ産業の空洞化、(2) 経済に影響を及ぼす地政学上、安全保障上の変化、(3) 公正で効率的なエネルギー変化の必要性、(4) 国内における不平等とそれが民主政治に及ぼす影響を挙げている。

そのうえでサリバンは、5つの政策を推進するよう提唱している。第一は、現代的な産業戦略に基づいて公共投資をおこない、経済の供給力を高め、成長と安全保障の両立を狙うことである。第二は、同盟国や友好国との連携である。第三は、現代的な通商協定を追求し、関税削減のみならず、サプライチェーンの強靭化や不平等の是正などを目的とした通商戦略を目指すことである。第四は、新興国に対する投資を援助することである。第五は、中国を念頭に置きつつ、分野を慎重に限定して高い壁 (a small yard and a high fence) を構築することで、基盤技術を保護することである。

このようなサリバンの考え方は、新自由主義的経済政策の行き過ぎがもたらす弊害を軽減して政府が積極的な役割を果たすことを正統化するとともに、アメリカ国民の利益を最優先する意向を明らかにしたものである。国際経済政策に関する政権の立場を、経済担当の閣僚や大統領補佐官ではなく、国家安全保障担当補佐官が表明していることからも、単なる経済政策としてだけではなく、多様な問題にまとめて取り組もうとした政権の意図を理解することができるだろう。

なお、バイデン政権でUSTR (合衆国通商代表) を務めたキャサリン・タイも、アメリカの労働者の利益を最優先し、格差是正や気候変動対策を重視すると表明している (ただし、タイは「頂点への競争」という表現を用いて、バイデン政権の目指す通商政策が国外の労働者の利益にも適うと強調している)[6]。これらのことから、バイデン政権が伝統的な通商政策とは距離を置く方針であったことは

第2章●アメリカにおける対中強硬論と自由貿易不信　057

明らかである。

◆アメリカ・ファースト外交と中間層外交の類似性

　興味深いのは、このようなバイデン政権の方針には、前任のトランプ政権のそれ（アメリカ・ファースト外交）との継続性がみられたことである。もっとも、環境問題などを重視するか否かなどをめぐって相違があるのは間違いないが、対中認識や通商政策については、不思議なほどに、トランプ政権とバイデン政権の間で一致している。

　これは、少なくとも2つの意味で興味深いといえる。第一に、近年のアメリカはしばしば「2つのアメリカ」と称されるほどに政治・社会の分断が鮮明になっている。しばしば分極化が進んでいると指摘されるように、様々な政策領域で、二大政党の掲げる政策は明確に異なっている。にもかかわらず、通商政策、対中政策の根本部分についてこのような収斂傾向が見えるのはなぜなのかを解明する必要があるだろう。

　第二に、対外政策に関する超党派的なコンセンサス、具体的には、リベラル国際主義に関する支持が弱体化している中で、リベラル国際主義を批判する左右のポピュリストの間で対中国政策と通商政策をめぐるコンセンサスが生じつつあるのはなぜかを解明する必要がある。

　伝統的にアメリカの対外政策については外交エリートが重要な役割を果たし、党派対立は後景に退く傾向があると指摘されてきた。エリート間では、アメリカを自由と民主主義の盟主として君臨する例外的な国と見なすことについて超党派的コンセンサスがあり、自由貿易の推進はその重要な要素だと考えられてきた[7]。

　だが、そのようなコンセンサスは、外交エリートに対する信頼が低下することにより掘り崩されてきた。マイケル・リンドは、近年のアメリカにおける政治対立は「左右」ではなく「上下」、すなわち、「資本家」対「労働者」ではなく「都市エリート」対「土着の国民」という対抗関係に特徴づけられていると指摘している[8]。イラク戦争を開始し、長期化させたジョージ・W・ブッシュ政権の外交を支えた判断に対する疑念が強まるとともに、内政

面でも反エリート主義を特徴とするポピュリズムが蔓延するようになった。反エリート主義的言説は、二大政党の双方から示されている。アメリカが内政志向を強めていく中で、外交に対する理解に乏しい、場合によると外交に関心を持っているかも疑わしい議員の政治的影響力が連邦議会で増大するようになると、アメリカ外交も変質を迫られている[9]。

　興味深いことに、近年のアメリカでは、右派ポピュリストとされるトランプも、左派ポピュリストとされるバーニー・サンダースやエリザベス・ウォーレンも、中間層の利益に資する政策をとるよう主張している。勤勉なアメリカ国民が犠牲とならないように、製造業従事者や低学歴労働者などが裨益するような国際経済政策を採用するよう主張しているのである。もっとも、中間層といっても、トランプが念頭に置いているのは富裕層でも最貧層でもない人々、とりわけ彼の岩盤支持層となった保守的な白人労働者層が中心であるのに対し、マイノリティや貧困者を支持基盤とする民主党左派が想定する中間層とは富裕層を除く人々という意味であり、トランプよりも広範囲の人を含んでいる。だが、トランプが主張したアメリカ・ファーストの外交政策と、民主党左派からも支持されたバイデンの中間層外交は、その内容が驚くほどに類似していている[10]。

　本章では、対中強硬論と自由貿易への不信が強まって超党派的なコンセンサスができている理由を、政党政治の変容と関連させることで説明することにしたい。

2▸　アメリカの政党政治の現状

◆分断・拮抗・対立激化

　アメリカの政治過程を理解する上では、選挙との関連を念頭におくことが不可欠である。アメリカでは人口の500人に1人に当たるほどの公職者が選挙で選ばれているのに加えて、二大政党の大半の候補者は予備選挙で決定されている。近年では地方紙が販売されなくなっていることなどもあり全国政党の影響が増大している結果として、連邦の政治と州や地方の政治も連動し

ている。その影響もあり、近年のアメリカでは常時選挙戦状態となっていて、通常の政治活動も選挙との関係を念頭に置きながら展開されるようになっている。

今日のアメリカの政治と社会について考える上では、「2つのアメリカ」と時に称されるほど分断が激しくなっていることに加えて、二大政党間で勢力が拮抗していることが重要である[11]。

伝統的にアメリカでは政党規律が弱く、党主流派の方針に従わずに行動する政治家が多かった。議院内閣制を採用する国とは異なり、大統領制を採用するアメリカでは、議会が大統領を選出するわけではなく、大統領と連邦議会は互いに抑制と均衡の関係にあるため、政権党の議員は大統領を支える必要はない。また、連邦議会議員も大統領も選挙区ごとにおこなわれる予備選挙で党の候補の座を勝ち取っているので、党指導部から自律的に行動することもできる。したがって、アメリカでは、政権党の議員も党議拘束をかけられることは想定されておらず、自律的に行動すると考えられてきた。

この傾向は現在でも残っている。アメリカの二大政党は特定の原理に基づいて組織された綱領政党ではなく、地方政党や利益集団の集合体としての性格が強いため、党主流派の方針にあくまでも抵抗しようとする極端主義者が存在しているからである。その一方で、近年では、二大政党の政党規律は強くなっており、他党が提出した法案に賛成票を投じる人の割合は圧倒的に小さくなっている。

その大きな背景には、二大政党間の勢力が拮抗していることがある。ニューディールと第2次世界大戦を経て民主党が優勢だった時代には、党指導部の方針に従わなくても構わないと考える民主党議員や、民主党が提案する法案が最終的に通るのだから協力しようと考える共和党議員が存在した。だが、今日のように二大政党の勢力が拮抗し、選挙でどちらが勝利するかわからない状況になると、二大政党の政治家は自党と他党の違いを明確化しようとするともに、相手に功績を与えることを嫌うようになる。その結果、党主流派の方針に頻繁に反発するような人々であっても、主流派が他党との対決方針を示すと、それに賛成するのである。

060 | 第1部・アメリカの対中政策とその文脈

連邦議会議員の法案に対する賛否がどの程度一致しているかを具体的に見るならば、下院については、共和党は1970年代には一致度は60%、民主党も1970年や72年には58%しかなかった。上院も同様で、民主党の一致度は1968年には51%しかいなく、共和党も1970年の一致度は56%であった。だが、最近では、二大政党ともに9割近くの人の賛否が一致するようになっている[12]。かつてのアメリカでは4割ぐらいの人が党主流派の方針に従わずに行動したため、結果的に超党派的な立法が可能になっており、分割政府の状態でも法律が通っていた。しかし、最近では、分割政府になれば法案も予算も通らなくなってしまっているのである。

　では、分割政府にならず統一政府の状態であれば法案が容易に通過するかといえば、そういうわけでもない。二大政党の勢力が拮抗して議会での議席差が大きくない状態となるとともに、他党の議員からの賛同者を得ることができないとなれば、法案を通過させるためには党内の大半の議員から賛同を得なければ法案を通過させることができなくなる。そうなれば、党主流派の方針に反旗を翻そうとする極端主義者の立場に配慮する必要が増大する。彼らは法案に賛成する条件として自分たちが掲げるアジェンダの実現を掲げるが、時にそのアジェンダは法案本体とは関わりが薄いものであったり、関わりがある場合でも多くの人が必ずしも賛同しないものであったりする。結果的に、後に述べるように、民主党の場合は左派の、共和党の場合はトランプ派の意向を尊重する形で立法をおこなわざるを得ないということが起こってしまうのである[13]。

　先ほども指摘したとおり、伝統的には政治・社会の分断状況は内政分野にのみとどまり、対外政策には及ばないという理解が一般的だった。だが、近年ではポピュリストの影響力が増大するとともに、外交問題に関心のない人々が外交分野にも関与していくようになると、内政のみで顕在化するとされていた分断が外交分野にも徐々に及ぶようになっていった。通商政策の分野は、とりわけ内政と外交の関わりが密接なこともあり、国内の分断が明確に反映されるようになっている。

第2章●アメリカにおける対中強硬論と自由貿易不信　｜　061

◆党内対立の激化

　近年のアメリカでは、単に二大政党間の対立が激化しているだけでなく、党内対立も顕在化している。今日、アメリカの二大政党はともに深刻な内部対立を抱えている。

　民主党内部には、穏健派と左派の対立が存在する。バイデンは穏健派であるのに対し、左派には活動家タイプの人も多く、経済左派、アイデンティティ重視派、環境問題重視派など様々なタイプの人がいる。例えば経済左派にはサンダースがいて、経済格差の是正を掲げて、時に社会主義革命が必要だということもある（ただしサンダースが理想とする「社会主義国」はデンマークなので、一般的に言うところの社会民主主義が想定されている）。また、アイデンティティ重視派には、人種差別問題を重視する活動家、フェミニストやLGBTQの権利を重視する人などがいる。

　民主党左派は、しばしば単一争点を志向する傾向が強く、協調的ではないこともある。例えば経済左派とアイデンティティ重視派の間に完全な信頼関係があるとはいえそうにない。民主党は利益集団の集合体としての性格が非常に強いのである。

　他方、共和党については、トランプ以前に党を象徴するとされたのは、1980年の大統領選挙で勝利したロナルド・レーガンだった。レーガン政権は3つの保守派によって支えられていた。小さな政府を掲げる財政的保守、キリスト教倫理に基づいて人工妊娠中絶や同性婚の禁止を訴える社会的保守、強いアメリカを掲げる軍事的保守である。もともと、この3つの保守主義も、例えば軍事的保守が求める軍事予算拡大に財政的保守派が反発するなど、内部で折り合いは悪かった。共和党は民主党が優位する時代には民主党政権打破を目指して一致団結することができていたが、大統領職のみならず連邦議会でも権力を握るようになると、内部対立が目立つようになってきた。

　その上に、2016年大統領選挙以降、トランプ派が加わった。トランプは、大型減税を提唱するものの、国境の壁建設に代表されるように公共事業の実施にも積極的なので、財政的保守派とは相いれない面がある[14]。多くの女性

スキャンダルを抱えていることから、社会的保守派とも折り合いが悪い。対外関与に消極的なところも、軍事的保守派から信頼されるとはいえない。このように、もとより折り合いが悪かった共和党の中に、トランプ的要素が加わることで、共和党の性格はより分かりにくいものになったのである。今日、共和党の中でトランプ派の影響力が強くなっているといわれているが、この状況が長く続くと断言することもできないだろう。

◆ 二大政党と通商政策、対中強硬論

　これまで述べてきたように、アメリカの二大政党はともに大きな内部対立を抱えている。そして、政治的な分断の強まりを受けて二大政党も対立が激化して政党規律が強くなっている。このような状況になると、二大政党のいずれかが主導して法案を通そうとしても、他党の政治家から協力が得られる見込みは非常に小さくなってしまう。

　その結果として、二大政党の勢力が拮抗する状況では、立法を主導する人々は自党の議員すべての支持を確保することが必要になるため、法案を通すためには、二大政党はともに極端な立場をとる人々、具体的には、民主党は左派の、共和党はトランプ派の意向をある程度踏まえた法案を作らなければならなくなる。これは、ある程度極端な性格を持つものでないと法案が通らないことを意味しており、アメリカ政治にとって大きな問題となっている。

　アメリカで最優先すべき政策課題を問う調査がおこなわれると、通商政策を優先課題と考える人は必ずしも多くない。また、二大政党の支持者が優先する課題の中での順位も必ずしも高くない。近年のアメリカでは世論の内向き志向が強まっていることが大きな背景にある。アメリカ全体では常に経済が最優先課題と考えられているし、民主党支持者は人権問題や環境問題、共和党支持者は経済安全保障をより重視している[15, 16]。

　政治家の次元に注目しても、サンダースやアレクサンドリア・オカシオ＝コルテスらに象徴される民主党の左派の主たる関心は内政問題にあり、対外政策には根本的には関心が乏しい。人権派、環境保護派、労働組合なども、

貿易に関連する人権や環境、労働などの問題には関心があるものの、国際的な経済取引という意味での貿易自体に関心があるわけではない。貿易自体に興味がない状態は、共和党内のトランプ派についても同様である[17]。

このような状態では、二大政党の政治家は通商政策を単独で法案として提出するよりも、国内経済政策や労働問題、環境問題、さらには予算などの優先順位が高い法案と関連づける形で通商政策に関する規定を作る方が賢明だと考えるようになる。ただし、このような形で法案を作成するとなると、通商政策の取り上げられ方に偏りが生じるようになる。国内経済政策との関連で論じられる際には、通商政策は国内経済の問題、例えば経済成長を阻害したり格差をもたらす要因として位置づけられたりする傾向が強まる。労働問題との関連で議論される場合には、国内の雇用を重視する観点から同様の産業を持つ外国に対して強硬な態度をとるよう求められたり、外国の労働慣行に対する批判が盛り込まれたりすることになる。外国と競合する産業を選挙区内に抱える連邦議会議員は、とりわけ強硬な態度を示すようになるだろう。環境問題についても環境規制の緩やかな外国への非難が重視される[18]。経済安全保障との関連で議論される場合にも、先述の通り、自由貿易の基本原則が侵食されていくだろう[19]。

これら、いずれの政策においても、中国は批判の対象とされることが多くなる。近年の世論調査では、中国に対して好意的だと回答している人の割合は顕著に低下している。ギャラップ社の調査によれば、2023年の段階では「非常に好意的」「それなりに好意的」をあわせても15％しかない。そして、中国に対して好ましい見解を採る人の割合は党派に関わらず低下しているが、民主党支持者の場合は18％、無党派層の場合は17％あるのが、共和党支持者の場合は6％にまで低下している[20]。

同様に、ピュー・リサーチ・センターの調査によると、アメリカ国民の間で中国を好ましくないととらえている人の割合は81％に及び、好意的な見解を持つ割合（16％）を大きく超えている。そのうち、中国に対して「とても好意的でない」という見解を持つ人は共和党支持者（共和党寄りを含む、本段落内以下同様）の方に多く、共和党支持者の59％、特に保守的な共和党支持者の

図2-1　中国に対する好感度

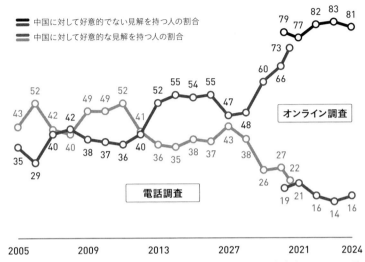

出典：Christine Huang, Laura Silver, & Laura Clancy, "Americans Remain Critical of China: Many see China as increasingly influential and consider limiting its power a top priority," Pew Research Center, May 1, 2024, <https://www.pewresearch.org/global/2024/05/01/americans-remain-critical-of-china/>.

69％が中国を敵と捉えている。民主党支持者（民主党寄りを含む）の場合はその割合は相対的に低いとはいえ、中国を敵とみている割合が28％というのは低いとはいえないだろう[21]。

　共和党支持者のみならず民主党支持者の間でも中国に対する反発が広まっている現在、政党政治のメカニズムの影響もあって、対中強硬策が連邦議会の通商政策の基調となる。とりわけ、経済制裁など財政支出伴わずにおこなうことができると考えられがちな政策については、超党派的な合意がなされやすく、法制化の可能性も高くなるだろう（逆に、財政支出を伴う対策を採ろうとする場合は、団結争点というよりは他党を非難する材料とされる場合もあるかもしれない）。

第2章●アメリカにおける対中強硬論と自由貿易不信　｜　065

表2-2　中国に対する党派別態度

	中国に対して好ましくない見解を持つ人の割合	中国をアメリカにとっての敵だと考える人の割合	近年、世界における中国の影響力が増大していると考える人の割合
共和党支持者 （共和党寄り無党派を含む）	59%	59%	78%
保守派	68%	69%	83%
穏健派／リベラル派	43%	38%	68%
民主党支持者 （民主党寄り無党派を含む）	30%	28%	68%
保守派／穏健派	68%	69%	83%
リベラル派	43%	38%	68%

出典：Christine Huang, Laura Silver, & Laura Clancy, "Americans Remain Critical of China: Many see China as increasingly influential and consider limiting its power a top priority," Pew Research Center, May 1, 2024, <https://www.pewresearch.org/global/2024/05/01/americans-remain-critical-of-china/>.

◆二大政党のどちらが労働者の政党か?

　二大政党の通商政策決定に大きな影響を及ぼすのが、白人労働者層の動向である。二大政党は大統領選挙での勝利を目指して、ラストベルトに居住する白人労働者層の支持獲得を競い合っている。

　アメリカでは長らく民主党が、ニューディール的な社会政策を重視し、公共事業を実施する労働者の政党だと理解されてきた。それに反発を感じるビジネス界の人々が、共和党に集っているというのが一般的な理解だった。だが、リチャード・ニクソン大統領がいわゆる南部戦略を展開して以降、共和党は白人労働者層の票を民主党から奪おうと試みてきた。そして2016年大統領選挙では、かつて製造業が優勢だったラストベルトと呼ばれる地域に居住する白人労働者層が共和党に投票するようになった。その結果、共和党が労働者の政党で民主党は経済的に成功したエリートの政党だという、多くの人のイメージが逆転する状況が生まれた。これに対し、2020年大統領選挙では、労働組合とかかわりの深い民主党のバイデン大統領が、白人労働者の票を一部奪い返した[22]。

白人労働者の問題が重要性を持つ大きな背景として、アメリカの人口変動
がある。近年では白人の間で少子高齢化が進む一方で、中南米系やアジア系
の移民が流入するとともに、中南米系は相対的に少子化傾向から外れている
こともあって、2040年代のいずれかの時点で白人の人口比率は半数を下回
るようになると指摘されている。2010年の国勢調査では、新生児の数にお
いて白人はすでに半数を下回っている。

　これに加えて、白人労働者層の収入は伸び悩んでいる。その大きな背景と
してグローバル化が存在していると考えられる。ブランコ・ミラノヴィッチ
は1988年から2008年の間に見られた世界の家計所得の変化を明らかにし、
エレファント・カーブと呼ばれるチャートを示したが、それによれば、グ
ローバル化によって世界規模では平等がもたらされたものの、先進国内では
富裕層の所得が顕著に増大する一方で、中間層の所得は横ばいで伸び悩んで
いる。これは、先進国内で経済格差が拡大していることを意味しており、と
りわけアメリカにおける格差は他の先進国と比べても顕著である[23]。

　もちろん、白人を取り巻く環境は、黒人や中南米系の人々のそれと比べれ
ば良好である。だが、全般的な傾向として、黒人や中南米系の社会経済的地
位が上昇しているのに対し、白人労働者層のそれは上昇していないため、相
対的な剥奪感を抱くようになっている。かつてのアメリカでは、真面目に働
けば豊かになることができる、仮に自らは貧しいままであっても子どもは豊
かになることができるというアメリカン・ドリームが広く共有されていた。
だが、経済格差が拡大し、社会的流動性が低下している今日では、白人労働
者層はもはやそのような夢を持つことができず、アメリカ社会に絶望してい
るのである。

　そのような彼らの絶望感を象徴しているのが、45歳から54歳の死亡率の
増大である。近年では医学の進歩もあり、この年代の人々の死亡率は先進諸
国では減少しているし、アメリカの黒人や中南米系に関しても減少してい
る。だが、アメリカの白人についてはその趨勢に反して死亡率が増大してお
り、その原因は、薬物やアルコールの過剰摂取、自殺などなのである[24]。

　彼らは1970年代ならばアメリカの政治、経済、社会の中核を担ってきた

第2章●アメリカにおける対中強硬論と自由貿易不信　　067

はずの人々だが、現在では経済的に成功したエリートからは馬鹿にされ、黒人や中南米系からは積極的差別是正措置という名の逆差別を受け、男性の場合は収入が低下したことから家庭内で妻に蔑ろにされるようになっている、という幾重もの被害者意識を持つに至っている。政治学者のジャスティン・ゲストは、これら白人労働者のことを「新たなマイノリティ」と呼んでいる[25]。そのような彼らが、「アメリカを再び偉大にする」という懐古的なメッセージを出すトランプに魅了されたのである。

　また、トランプは中国に対して厳格な態度をとることによってアメリカに製造業を取り戻すと主張している。そして、減税を主張しつつもアメリカ＝メキシコ国境に壁を建設するなど公共事業を実施して雇用を生み出すとも主張していた。白人労働者層は、労働して納税していることに強いプライドを持っている。彼らは公的扶助については、働く能力があるにもかかわらず働いていない黒人が受給していると考えて強く批判的なものの、雇用を生み出すような政策、また、労働者に報いる政策（例えば社会保障＝年金は10年間労働して納税した人に対してのみ与えられることになっている）は強く支持するのである[26]。

　だが、2020年大統領選挙に際しては、民主党候補のバイデンは長らく労働者の味方としてアピールし続けてきた。バイデンらが主張するグリーン・ニューディール政策なども雇用を創出すると考えられたこともあり、白人労働者層の票は一部バイデンに流れた。その結果、バイデンが勝利した可能性がある。

　このような事情から、二大政党は現在、白人労働者層の票を奪い合っている状況にある。2024年大統領選挙でも、二大政党ともに白人労働者の支持を集めようと躍起になっていた[27]。民主党の全国大会には様々な労働組合の代表が登壇してカマラ・ハリス支持を表明したが、共和党の全国大会でも初日に全米トラック運転手組合（通称チームスターズ）のショーン・オブライエン会長が登壇してトランプ支持を表明して人々を驚かせた。また、共和党の副大統領候補となったJ・D・ヴァンスは「ウォール街の御機嫌とり」はもうこりごりで「労働者のために尽くす」と発言した。2024年の共和党大会は、

068　　第I部●アメリカの対中政策とその文脈

共和党がレーガンの政党からトランプの政党に変わりつつあるとの印象を与えたが、仮にこの傾向が続くならば共和党を支持する労働者層の割合が増大していくことになるかもしれない[28]。

　実は近年の白人労働者層の雇用が失われているのは、産業構造の変化と、オートメーション化の結果である。そのため、中国が彼らの仕事を奪っているという主張は誇張され過ぎているが、白人労働者層の間ではその認識が強くなっている。このような現状を反映しているとは言えないイメージに基づいて、今日のアメリカでは、二大政党ともに自由貿易を抑制するとともに、対中強硬策を提唱するより他ない状態となっているのである。

3 ▸　グローバル化の進展とアメリカ

　経済学者のダニ・ロドリックは世界経済のトリレンマという表現を用いて、ハイパー・グローバリゼーション、民主主義、国家主権（国民的自己決定）の3つを同時に満たすことはできないと主張している[29]。今日のアメリカではハイパー・グローバリゼーションが進展する中で、国民国家と民主政治の関係がより強く認識されるようになっている。グローバル化の帰結としてアメリカ産業が相対的に競争力を失う中で、自国第一主義の発想に基づいて保護主義的な政策が追及されるようになっているのである[30]。

　今日のアメリカでは、自由貿易の重要性を強調するのは、政治的に困難になっている。一般的に自由貿易は富の拡大や国全体の利益をもたらすとされるが、自由化の度合いが進むのにつれて、さらなる自由化がもたらす利益は小さくなっていく。そして、自由貿易のコストは製造業に従事する労働者など一部の人に集中して顕在化する。その不満に対応するには、利益を得た人々から不利益を被った人に対する富の移転が必要になるが、国内で政治・社会の分断が顕著になっている中では容易ではない。さらに、そのような調整コストが自由貿易によって得られる富を凌駕すると考えられるようになると、自由貿易の推進は国益に沿わないものと認識されるようになる。

　アメリカでは近年、経済、金融市場が好調な状況にあっても、それが政権

に対する支持につながらない状況となっている。格差社会化が進展する中で、好調な経済から恩恵を受けるのは一部の資産家のみであり、労働者や年金生活者はインフレに苦しんでいるというような、ウォール街占拠運動の際に示されたような認識が広く受け入れられるようになったためである。とはいえ、現在のように分断が進み対立が激化したアメリカ政治が、格差社会の問題を解決することができるとは考えにくい。二大政党はそのような膠着状況の責任を他党に押しつけようとする中で、対外強硬的なメッセージも用いるようになる。このような内政に起因する、問題への安直な対応が、対外政策をも規定し、リベラルな国際主義の盟主としてのアメリカの地位を揺さぶっているのである。

注

1——西山隆行「アメリカ——自由貿易への支持低下と党派対立」大矢根聡・大西裕編『FTA/TPP の政治学——貿易自由化と安全保障・社会保障』有斐閣、2016年。

2——アメリカの交渉相手国からすれば、労働条件の改善や環境基準の引き上げは自国産業の競争力低下にもつながりかねないこともあり、アメリカ市場が開放されない枠組みに協力する誘因は低いといわざるを得ないだろう。そして、IPEF に関しては他国の協力が不十分だと認識した連邦議会議員の反対もあり、貿易分野での交渉を妥結することはできていないのが現状である。

3——佐橋亮『米中対立——アメリカの戦略転換と分断される世界』中公新書、2021年。

4——Joseph R. Biden, Jr., "Why America Must Lead Again: Rescuing U.S. Foreign Policy After Trump," Foreign Affairs, March/April 2020, <https://www.foreignaffairs.com/articles/united-states/2020-01-23/why-america-must-lead-again>.

5——Remarks by National Security Advisor Jake Sullivan on Renewing American Economic Leadership at the Brookings Institution, <https://www.whitehouse.gov/briefing-room/speeches-remarks/2023/04/27/remarks-by-national-security-advisor-jake-sullivan-on-renewing-american-economic-leadership-at-the-brookings-institution/>.

6——Remarks by Ambassador Katherine Tai at the World Affairs Council of Philadelphia, <https://ustr.gov/node/12601>.

7——Robert J. Lieber, "Politics Stops at the Water's Edge? Not Recently," Daniel J. Hopkins and John Sides eds., Political Polarization in American Politics Bloomsbury, 2015.

8——マイケル・リンド（施光恒監訳）『新しい階級闘争——大都市エリートから民主主

義を守る』東洋経済新報社、2022年。

9——西山隆行「アメリカの対外政策の変容と国際秩序」『国際政治』213号、2024年。

10——西山隆行「トランプ政権下における福祉国家・税をめぐる政治と『中間層』」高端正幸・近藤康史・佐藤滋・西岡晋編『揺らぐ中間層と福祉国家——支持調達の財政と政治』ナカニシヤ出版、2023年、渡辺将人「内政と連動する外交——『中間層外交』を中心に」佐橋亮・鈴木一人編『バイデンのアメリカ——その世界観と外交』東京大学出版会、2022年。

11——アメリカ政治の基本的特徴については、西山隆行『アメリカ政治入門』東京大学出版会、2018年。近年のアメリカ政治の変容については、西山隆行・前嶋和弘・渡辺将人『混迷のアメリカを読み解く10の論点』慶應義塾大学出版会、2024年。

12——アメリカでは近年政党規律が強まっており、主要争点については党指導部の掲げる方針に基づく投票が増えている。党派別の投票行動については、例えば2023年までの数値は以下のサイトで見ることができる。Niels Lesniewski and Ryan Kelly, "House GOP had lowest win rate on 'party unity' votes since 1982," <https://rollcall.com/2024/02/08/house-gop-had-lowest-win-rate-on-party-unity-votes-since-1982/>.

13——西山隆行「序論・アメリカ政治の現在地」西山・前嶋・渡辺、前掲。

14——財政赤字削減のために輸入関税率の引き上げを提唱しているが、それで十分だと考える人はほとんどいない。トランプの方針に納得しないリバタリアン系は2024年大統領選挙では二大政党のいずれにも属さない第三の候補であるロバート・ケネディJr.を支持する意向を示すこともあった。だが、2024年8月にケネディは大統領選挙からの撤退を表明し、トランプ支持を表明した。

15——"Americans' Top Policy Priority for 2024: Strengthening the Economy: Growing shares of Republicans rate immigration and terrorism as top priorities," Pew Research Center, February 29, 2024 <https://www.pewresearch.org/politics/2024/02/29/americans-top-policy-priority-for-2024-strengthening-the-economy/>.

16——2021年2月にピュー・リサーチ・センターが発表した調査によれば、アメリカ人が外交政策の最優先課題として選んだのは驚くべきことに雇用（75％）だった。それに次ぐのがテロ（71％）、感染症（71％）、大量破壊兵器（64％）、同盟強化（55％）、軍事的優位性（48％）、中国の力と影響の制限（48％）、気候変動（44％）である。雇用を選んだ人の割合は、共和党支持層の85％、民主党支持層の67％であり、共和党の方が上回っている。このデータは、アメリカの世論の内向き傾向を明確に示しているといえるだろう。"Majority of Americans Confident in Biden's Handling of Foreign Policy as Term Begins," Pew Research Center, February 24,2021, <https://www.pewresearch.org/politics/2021/02/24/majority-of-americans-confident-in-bidens-handling-of-foreign-policy-as-term-begins/>.

17——二大政党内の各勢力が貿易についてどのように考えているかを理解するには、渡辺将人「貿易政策と労働者をめぐる『外交の内政化』」西山・前嶋・渡辺、前掲。

18——アメリカの連邦議会では、単独では立法化が困難な議案を成立する可能性の高い法

案に便乗させる手法が頻繁に使われるようになっている。通商政策との関連でこの点を紹介した論稿として、安井明彦「米国：新ワシントン・コンセンサスの挑戦——経済政策の潮流変化と国際秩序」中西寛・飯田敬輔・安井明彦・川瀬剛志・岩間陽子・刀祢館久雄＋日本経済研究センター編著『漂流するリベラル国際秩序』日本経済新聞出版、2024年。

19——近年では、経済的相互依存の推進を通して平和を実現するというよりも、経済安全保障を重視するべきだとの認識が強くなっている。なお、2016年大統領選挙以後、アメリカ＝メキシコ国境地帯を中心として不法移民の問題が争点化されているが、セキュリティと国家利益が脅かされているという感覚が強くなりつつあることとも関連している可能性があるだろう。経済安全保障については様々な研究があるが、例えば、鈴木一人「ミドルクラスのための経済安全保障」佐橋亮・鈴木一人編『バイデンのアメリカ——その世界観と外交』東京大学出版会、2022年。

20——Megan Brenan, "Record-Low 15% of Americans View China Favorably," Gallup, March 7, 2023, < https://news.gallup.com/poll/471551/record-low-americans-view-china-favorably.aspx>.

21——Christine Huang, Laura Silver, & Laura Clancy, "Americans Remain Critical of China: Many see China as increasingly influential and consider limiting its power a top priority," Pew Research Center, May 1, 2024, <https://www.pewresearch.org/global/2024/05/01/americans-remain-critical-of-china/>.

22——2016年、2020年大統領選挙については、西山隆行「2016年アメリカ大統領選挙——何故クリントンが敗北し、トランプが勝利したのか」『選挙研究』33-1、2017年6月、西山隆行「アメリカの分断と2020年大統領選挙」『立教アメリカン・スタディーズ』No. 43、2021年3月。

23——ブランコ・ミラノヴィッチ（立木勝訳）『大不平等——エレファントカーブが予測する未来』みすず書房、2017年。

24——アン・ケース、アンガス・ディートン（松本裕訳）『絶望死のアメリカ——資本主義がめざすべきもの』みすず書房、2021年。

25——ジャスティン・ゲスト（吉田徹・西山隆行・石神圭子・河村真実訳）『新たなマイノリティの誕生——声を奪われた白人労働者たち』弘文堂、2019年。

26——ティーパーティ運動に参加し、小さな政府の実現を目指そうとする人々であっても、納税者であることをプライドの源泉としていることは注目するべき現象であろう。Vanessa S. Williamson, *Read My Lips: Why Americans are Proud to Pay Taxes*, Princeton University Press, 2017.

27——アメリカの大統領選挙は、全50州とコロンビア特別区（首都ワシントンD.C.）に割り当てられた選挙人の数をめぐって争われる。50州のうち48州では、一票でも多くを獲得した候補が全ての選挙人を獲得することになっているが、近年では40以上の州ではどちらの党が勝利するかはほぼ明らかである。2024年大統領選挙では、7つの接戦州の行方次第で結果が極まると言われており、その中でも、ラストベルト内のペンシル

ヴェニア、ウィスコンシン、ミシガン州で勝利するためには白人労働者層の支持獲得が不可欠だとされていた。

28——2024年大統領選挙に向けて、共和党は必ずしも団結してきたとは言えない状態にあった。予備選挙の段階でトランプ勝利が明確になった後にも、ニッキー・ヘイリーに対する献金が集まっていたことは、それを象徴する事態だった。だが、トランプに対する銃撃事件で銃弾がトランプの右耳をかすめただけで終わり、顔に血の付いたトランプがシークレットサービスに抱えられて立ち上がってこぶしを突き上げた姿が映し出されたことによって、事態は一変した。暗殺未遂の危険を潜り抜けた強い指導者であるトランプに神も味方しているという印象が生まれ、トランプに異論をはさみにくい雰囲気ができて、共和党がトランプ党化することを容認せざるを得ない状態となったのである。その結果、2024年の共和党大会は人工妊娠中絶と同性婚の問題、銃の権利、そして、ロナルド・レーガンの名前すらほとんど言及されることがなく、新自由主義やネオコンなど、レーガン以降の共和党を特徴づけてきた立場とは一線を画す姿勢が鮮明になったのである。西山隆行「J.D. ヴァンスの副大統領指名と共和党のトランプ党化、その限界」笹川平和財団（SPF）アメリカ現状モニター、No.160（2024年8月27日）、<https://www.spf.org/jpus-insights/spf-america-monitor/spf-america-monitor-document-detail_160.html>.

29——ダニ・ロドリック（柴山桂太、大川良文訳）『グローバリゼーション・パラドクス——世界経済の未来を決める三つの道』白水社、2013年。

30——このような認識は、第1次トランプ政権期にUSTR（合衆国通商代表）を務めたロバート・ライトハザーの著作にも顕著に表現されている。Robert Lighthizer, *No Trade Is Free: Changing Course, Taking on China, and Helping America's Workers*, Broadside Book, 2023.

第**3**章

アメリカの産業政策
—— 米中対立下の政策決定と連邦議会

杉之原真子 SUGINOHARA Masako

1▸ アメリカの産業政策と半導体産業

米中対立が深まる中、先進各国で産業政策が復活しているとされる。伝統的に政府の介入に対する抵抗が強いアメリカにおいても、中国に対抗する必要から国家主導の産業政策が再評価されている。政府による特定産業への支援が提起されるようになり、2022年夏にはCHIPS・科学法が成立して、半導体産業に対する補助金によるサプライチェーンの強靱化が図られている。しかし、グローバルなサプライチェーンによる高度な国際分業で作られている半導体について、国家単位で産業政策を実施することには困難もつきまとう。

本章では、まずはグローバルなサプライチェーンによって支えられてきた半導体産業に関し、アメリカにおいて産業政策の必要性が認識され、政策に結び付いた背景を考察する。近年、半導体産業は、国際分業の進展、サプライチェーンの脆弱性の顕在化、米中対立と技術競争の激化といった変化に直面している。CHIPS・科学法による産業政策の特徴は、こうした変化を受けて、半導体の国内製造に重点が置かれていることである。それは、最先端技術の研究開発に重点を置いた過去の半導体産業政策と異なっている。この変化について、半導体産業の要望がどのように変遷したかも確認する。次に、CHIPS・科学法の成立過程を、アメリカの国内政治の観点から、特に

議会内の党派対立に着目して分析する。具体的には、中国の脅威認識がアメリカの産業政策の決定や内容にどのような影響を与えているのか、また、中国に対抗する必要性から提案された政策にそれ以外の国内政治的要因がいかに作用したのかを明らかにする。最後に、半導体産業における国家主導の産業政策がはらむ課題と展望を考察し、グローバル化と技術競争が激化する時代の産業政策のあり方について展望を探る。

◆半導体産業の構造とアメリカの脆弱性

2010年代後半以降、先進各国において、政府による産業政策が再び注目を集めている[1]。その背景には、グローバル経済の構造変化と米中対立、技術革新の進展、2020年の新型コロナ感染症によるサプライチェーンの混乱、地球温暖化という複合的な要因があった。21世紀に入り中国の経済的な影響力が増大し、単に中国の国際経済上のシェアが拡大しただけでなく、IT（先端情報技術）産業における国際分業が進んで、米中を含む国々の相互依存が深まった。これが2010年代以降の米中対立の深まりと重なったことは、先進各国への競争圧力を高めただけでなく安全保障上の懸念も呼び起こした。そして、中国の積極的な産業政策に対抗して、市場経済を重視してきた国々でも国家による介入の必要性が広く認識されるようになったのである。さらに、地球温暖化の深刻化も、政府が特定の産業の振興に積極的に関与することを正当化した。

産業政策の対象として特に重視されているのが半導体である。半導体は、家電や自動車の電子制御システム、スマートフォンなどの消費財から、先端兵器や航空宇宙技術に至るまで、幅広い分野で不可欠な技術基盤であり、技術革新や経済成長に決定的な重要な役割を果たす。そのため、半導体の安定供給と技術開発は国家戦略として極めて重要である。

半導体は、グローバルなサプライチェーンによる国際分業で作られている。現状では、アメリカはバリューチェーン（価値連鎖）の最上流である半導体設計の分野で世界をリードしている。設計は、半導体サプライチェーンの中でも大きな価値を生み出す工程でもある[2]。一方で、最先端半導体の製造、

半導体材料、ならびに組み立て・検査・梱包（ATP）の各工程は主にアジア地域に依存しており、とりわけ最先端半導体の生産については台湾のTSMC（台湾セミコンダクター・マニュファクチャリング・カンパニー〔台湾積体電路製造〕）への依存度が高い。

　国際分業は非常に効率的な生産を可能にする[3]。設計に強みを持つアメリカの半導体企業は、研究開発も設計に集中させて革新を加速し、それとは別に巨額の投資が必要な製造工程をアジアに任せる分業によって、大きな利益を生み出してきた。しかし、2020年の新型コロナ禍で半導体の供給が滞ったことを機に、製造をアメリカ国内で完結することができない半導体サプライチェーンは、脆弱性を有することが強く意識されるようになった。アメリカが最先端製品の製造を依存している台湾は、アメリカにとって事実上の同盟関係にあるとはいえ、中国との関係や地理的近接性から、台湾有事の際にはアメリカへの供給が完全に止まる可能性がある。さらに、中国がグローバルな半導体サプライチェーンに占める割合は高くないものの、製品や知的財産の買い手としての中国市場の重要性ゆえに、アメリカの半導体産業は中国の動きに対して脆弱性を持つといえる。先端半導体が軍事的にも重要な技術となっているために、半導体産業の脆弱性はアメリカの経済のみならず軍事力にも影響を与える。そこで、半導体産業の振興を図る産業政策が脚光を浴びるようになった。

◆ アメリカにおける半導体産業に関わる産業政策

　産業政策の定義は多様であるが、本章では「特定の経済活動を活発化させ、経済の構造変化を促す政策」と広範に捉える[4]。アメリカの歴史を振り返ると、産業政策は経済発展に重要な役割を果たしてきた。建国後の時期には、政府は製造業や農業の振興に積極的に関与してきた。また第2次世界大戦後は、冷戦におけるソ連との競争の中で、軍事関連産業や宇宙政策の振興に政府が積極的な役割を果たしてきた。その結果、図3-1に見られるように、アメリカのGDP（国内総生産）に占める連邦政府研究開発費の比率は1950年代から60年代はじめにかけて大きく増加した[5]。

図3-1　GDPに占める民間部門と連邦政府の研究開発費の比率（1953-2021年）

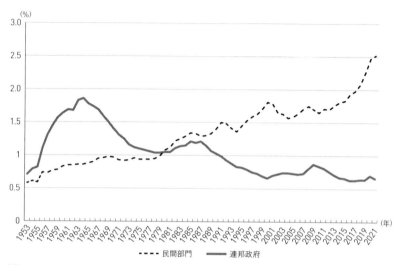

出典：National Center for Science and Engineering Statistics, "Federally Funded R&D Declines as a Share of GDP and Total R&D" <https://ncses.nsf.gov/pubs/nsf23339>（2024年2月6日最終閲覧）より筆者作成

　1980年代のロナルド・レーガン政権では、新自由主義の影響で政府による市場への介入を嫌う傾向がみられ、産業政策という言葉自体は忌避された。その一方で、日本の台頭により国際競争力が意識され、積極的な産業振興策が取られていた。その一例を、1987年のSEMATEC（半導体製造技術共同研究機構）設立にみることができる。また1990年代以降、アメリカのIT産業が世界を圧倒的にリードするようになった背景にも、アメリカ政府による長期に渡る軍事産業への積極関与があったと指摘される[6]。ただし1990年代以降は、アメリカの研究開発費は民間セクターが大きく伸びて連邦政府のそれを大きく上回っている（図3-1）。技術革新に関する政府の役割は相対的に縮小し、民間部門の投資がより重要な役割を果たすようになったのである。半導体産業を例にとると、政府による軍事産業支援から芽吹いた産業であるが、1990年代以降、民間セクターの需要が急速に拡大して、国防の用途の

需要を大幅に上回るようになったため、半導体企業は政府との契約ではなく民間市場に目を向けるようになった[7]。

　しかし2010年代後半以降、政府による産業政策が再び注目を集める。米中対立が激しさを増していく中、中国のハイテク分野での技術向上が国際経済におけるアメリカの優位を脅かすといった経済面の懸念にとどまらず、安全保障にも重大な影響を及ぼすことが徐々に認識されていったからである。第1次ドナルド・トランプ政権では、2017年の発足から2018年の貿易紛争の開始の時期には、2国間の経済関係に関しては中国からの輸入がアメリカの雇用に与える影響やアメリカ側の貿易赤字が重要課題とみなされていた。だが、2019年までに、ハイテク分野の技術覇権争いが安全保障にもたらす影響が重視されるようになった。その理由の1つが、中国が2015年に公表した産業政策の枠組みである『中国製造2025』で、次世代情報技術産業を含む10の重点分野で中国をトップレベルの製造強国にする目標を掲げたことであった。アメリカでは、自国の技術が中国の産業高度化に用いられることを防ぐ目的で、中国の半導体関連企業への輸出規制が相次いで実施された。それに加え、技術の流出を防止するだけでなく、アメリカの技術革新をいっそう進めるための政策も必要であると考えられ、半導体分野への研究開発への連邦政府の支援を求める声が強まった。

　さらに追い打ちをかけたのが新型コロナ禍である。2020年前半から深刻な半導体不足が発生し、自動車をはじめ多くの産業に打撃を与えたことで、半導体のサプライチェーンの中でも製造工程を他国に頼っていることについての危機感が高まり、最先端半導体の製造工場をアメリカ国内に建設して製造を可能にするべきであるという考えが急激に広まった。

　議会では、2020年6月以降、半導体の国内生産を強化するための複数の法案が提出された。これらの法案はいずれも採決に至らなかったが、2021年1月に成立した2021会計年度国防授権法（NDAA2021）の一部として、それらの内容を取り込んだ「アメリカのための半導体製造を支援するインセンティブの創出」法（CHIPS for America法）が制定され、半導体の生産・研究開発拠点設置に連邦政府として補助を供与するプログラムの大枠が設けられ

た[8]。特定品目に対して連邦政府が補助金を直接供与する仕組みを作ったことは、アメリカでは珍しかった。ただし予算の手当ては歳出法案においておこなうため、詳細はその後の連邦議会の審議に委ねられた[9]。

　ジョー・バイデン政権も、2021年2月に発出した大統領令で、半導体を含む重点4品目のサプライチェーンのリスク特定と改善策の策定を100日以内におこなうことをとした。その成果として同年6月に発表されたレポートでは、「より安全で強靭なサプライチェーンは、国家安全保障、経済安全保障、および技術的リーダーシップに必須である」と述べ、まず重視するべき4つの分野として、半導体、大容量バッテリー、重要鉱物と材料、ならびに医薬品と原薬を挙げた。半導体分野については、最先端の半導体の国内製造と、次世代半導体をアメリカ国内で開発および製造するための研究開発に政府が投資することを求めた[10]。

2▸　アメリカ半導体産業のジレンマ

　半導体分野の産業政策を求める声は高まったが、具体的な政策の立案は、複雑なサプライチェーンを有する半導体産業の構造と、財政上の制約ゆえに、容易ではなかった。本節では、アメリカの半導体業界がどのような政策を求めたかを検討する。

　もともとアメリカが強みを持つ半導体の設計に関して、中国の追い上げをかわし優位を維持するための研究開発が必要であることは、米中の政治対立が深まる前から認識されていた。SIA（アメリカ半導体産業協会）は、新型コロナ禍以前から、政府による研究開発費の増額を求めていた。

　一方で、各社ともそれぞれ既に巨額の資金を研究開発に投じていた。そして、売り上げの多くを中国市場に頼るアメリカの半導体企業にとっては、研究開発の投資を維持・拡大するためには、中国との取引関係を維持することもまた決定的に重要だったのである。表3-1に見られるように、アメリカの主要半導体企業および半導体装置企業は、2022年に全体として収益の3割前後を中国市場で上げている。

表3-1 アメリカの半導体関連会社が中国市場であげている収益（2022年）

	中国（PRC）での収益	全収益に占める比率
クアルコム	280億ドル	63.6%
インテル	170億ドル	27%
ブロードコム	116億ドル	35%
テキサスインスツルメンツ	98億ドル	48.2%
半導体関連主要13企業 合計	936億ドル	32.9%
半導体製造装置メーカー主要3企業 合計	153億ドル	29.4%

出典：Informa Tech、Barrons、Electronic Engineering World および The New York Times の記事を元に筆者作成

　敵対国との経済的相互依存関係を保ちつつ、そこから上がる収益を用いて自国の成長が敵対国を上回ることを重視するべきであるとして、ライバルより「速く走る（run faster）」という表現が主に輸出管理の文脈で使われている[11]。まさにこのような考え方に基づいて、半導体産業は、自由貿易主義の維持を望んでいた。2016年のSIA報告書では、中国との相互依存の活用を続ける方針で、中国との経済関係を弱めるのではなく「中国政府・企業に市場の論理を順守するように期待した」のである[12]。

　また設計に強みを持つアメリカ企業にとって、設計部門の研究開発に巨額の投資をするためには、製造工程を、高い技術を持ち相対的に低コストで高度にカスタマイズされた生産が可能な海外企業、特に台湾のTSMCに委ねておくことも合理的であった。コロナ禍前の2019年時点での半導体業界団体の提言が、製造工程のアメリカ回帰に消極的であったことは不思議ではない。

　2019年4月にSIAが発表した、「未来を勝ち取る」と題されたレポートでは、アメリカ政府の行動が緊急に求められる3つの国内政策分野として、研究開発・人材の養成と確保・公正な貿易と知的財産の保護、の3つを挙げた。研究開発では、半導体に関わる研究および関連する材料科学、コンピュータ科学、工学、応用数学などの分野における研究への連邦政府と投資を大きく増やすよう求めているが、レポートの公表時には国内製造には言及がなかっ

た。ただし奇妙なことに、2024年現在SIAが公開している同レポートの全体版には、「国内製造へのインセンティブ」がもう1つの分野として付け加えられている。レポートの日付は2019年4月になっているものの、この箇所には「新型コロナ危機と自動車部門などへの半導体供給不足は、グローバルなサプライチェーンへの依存と、国内での生産量の確保との間で適切なバランスをとる必要性を浮き彫りにした」との記述があり、2020年以降に付け加えられたものと推測できる[13]。

　外交問題評議会も、IT企業などを構成員とする「イノベーションと国家安全保障に関するタスクフォース」でまとめたレポートを2019年9月に発表した[14]。このレポートも、AIとデータサイエンス、先進半導体、量子情報システムなど最先端分野における研究開発への連邦予算の増額を強く求めるとともに、同盟国との科学技術に関する連携強化を呼び掛けているが、半導体の国内製造については特に強調していない[15]。

　アメリカで半導体製造についての巨額補助金が産業政策として議論されるようになったのは、新型コロナ感染症が半導体の供給に影響を与えるようになった2020年以降である。それ以前に半導体のアメリカ国内での製造を拡大するべく検討していたのは国防総省で、もっぱら安全保障の観点からであった。

　国防総省は、早くも2004年から「信用あるファウンドリ（受託生産）計画」を開始しており、国防に用いる半導体の信頼できる供給元として、厳密な秘密保持などを条件に選んだ企業を指定している。このプログラムは当初はIBMを供給元としていたが、2006年からはIBM以外にもサプライヤーの対象を広げた。しかし同プログラムの規模は民間の巨大な市場に比べて小さく、参加していたのは比較的小規模な半導体企業だった[16]。2019年頃までに、国防総省は半導体サプライチェーン脆弱性への懸念を強め、インテルや台湾のTSMCに、国内での半導体製造を打診していた。しかし、アメリカでの製造はコストが高すぎるとして、この時点でTSMCは工場建設の可能性を否定していた[17]。

　しかし、新型コロナに伴う半導体不足は上記のように流れを変えた。アメ

リカ政府は半導体製造工場建設への補助金を提案して企業との交渉を進めた。インテルは、2020年4月28日に国防総省に書簡を送り、政府と連携して半導体の商業目的のファウンドリを運営することが望ましいと考えると述べた[18]。TSMCも、5月に工場の建設で合意したと報じられた[19]。前述のように、業界団体であるSIAも国内製造への補助金を求める方針に転換した。

こうした工場建設は、連邦政府の補助金が実際に議会で承認されるかにかかっていた。以下では、法案の成立過程を詳細に検証する。

3▸ CHIPS・科学法の成立過程

半導体の国内製造支援を主な目的とするCHIPS・科学法が2022年8月に成立した。前節で論じたように、アメリカでは中国に対抗する必要性およびサプライチェーンの脆弱性への懸念から、半導体分野の産業政策の必要性が認識され、政界でも中国への警戒感が超党派で共有されていた。しかしそれにもかかわらず、この法案の成立は一筋縄ではいかず、2021年の第117議会開始当初から何度も法案のかたちを変えて、ようやく成立に漕ぎつけた。

◆合衆国イノベーション・競争法案（上院）

まず2021年はじめに、上院外交委員会で超党派の発議による「戦略的競争法案」が提案され、4月20日に同委員会でほぼ全会一致で可決されて上院本会議に送付された。またこれと並行して、上下両院の議員グループはアメリカの技術研究・開発を支援する超党派法案「エンドレス・フロンティア法案」を提出した。この法案は、技術研究に5年間で約1000億ドル、国内の新たな技術拠点の設立に100億ドルを拠出することを求める内容であった。この法案の提案者は民主党のチャック・シューマー上院院内総務と共和党のトッド・ヤング上院議員で、超党派の法案である[20]。5月12日に上院商業委員会は、「エンドレス・フロンティア法案」を賛成多数で承認した。これらの法案について、2021年4月のロイター通信の報道では、「議会では超党派による中国への対抗を強める動きが加速して」いて、「両法案とも民主・共

図3-2 中国に対する好感度

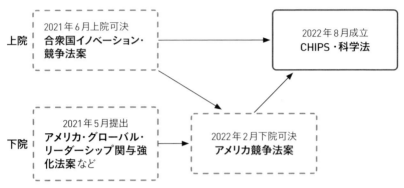

出典：筆者作成

和両党から強い支持を得ており、立法化される見通しである」とされていた[21]。

　上院本会議では、これら2つの法案を含む複数の法案をまとめて、包括的な対中競争法案である「合衆国イノベーション・競争法案（USICA）」とし、2021年6月8日に可決した。この法案は、中国に対抗するための新興技術の研究開発の強化に重点を置いた内容であった。半導体産業支援のための補助金520億ドルに加え、アメリカの基礎研究や先端技術研究開発に5年間で1100億ドル超を拠出することが掲げられた。さらに、北京五輪の外交的ボイコットや新疆ウイグル自治区周辺での強制労働や人権侵害の責任者に対する制裁など、台湾やチベット、ウイグルに関わる懸念を反映した条項も多数追加され、中国対抗法案という色彩が強かった。民主党のシューマー院内総務は、中国を念頭に「我々の敵にグローバル・リーダーの座を譲るのか、それとも次世代のアメリカのリーダーシップに道を開くのか、どちらかだ」と述べた[22]。共和党のミッチ・マコネル上院院内総務もこの法案について、「アメリカが中国との競争力を高める必要があるという点では、超党派の幅広い合意がある」と表明した[23]。

ただし法案が修正され可決されるまでの過程で、各選挙区の既存プログラムに資金を回そうとする議員の動きがみられた。科学技術振興のための資金として、当初は全米科学財団（NSF）の新技術研究開発拠点に振り向けられていた1000億ドルの多くは、最終的にはさまざまな州での既存研究プログラムやエネルギー省が運営する研究所、NASA（アメリカ航空宇宙局）などに割り当てられた[24]。中国への対抗を隠れ蓑にした利益誘導政治という側面も存在したのである。

　また、共和党の中でも対中強硬派として知られる議員はこの法案を支持しなかった。採決においては、民主党議員全員と共和党から19人の議員が賛成したが、共和党から賛成したのは民主党との協調に抵抗感が少ない中道派が多く、対中強硬派として知られるマルコ・ルビオ議員などは反対に回ったのである[25]。これは、純粋な中国への対抗策として超党派で結束することより、党派対立が優先されたことを示唆している[26]。

◆ **アメリカ・グローバル・リーダーシップ関与強化法案（下院）**

　一方下院では、下院外交委員会に「アメリカ・グローバル・リーダーシップ関与強化法（EAGLE法）」が2021年5月に提出され、7月に同委員会で可決されたが、賛成したのは民主党のみで、共和党の賛同を得られなかった。同法案は、国務省に対し、アメリカ企業が中国からの生産移転を含め、中国に関連するサプライチェーンの問題に対処するのを支援するプログラムを設立する権限を付与するといった内容に加え、気候変動や人権問題への対処を含んでいたが、共和党は中国に対する措置に実効性がないことや気候変動問題の重視に反発を示した[27]。

　これとは別に6月26日には、科学技術支援のための法案として「未来のためのエネルギー省科学局支援法案」と「未来のためのアメリカ国立科学財団支援法」が下院で可決された。いずれも共和党からも幅広く賛成を得て可決されたが[28]、これらの法案には半導体産業支援の予算が含まれておらず、上院との調整は難航が予想された。

　上院と下院の法案の違いの背景には、上下院の党派構成の違いがある。民

主党が過半数を上回っていた下院では、民主党左派の影響力が強く、大企業に税金をつぎ込むことへの批判が根強く、また気候変動対策などリベラルな内容を含んでいた[29]。

このような状況で、2021年の夏以降、バイデン政権はこれらの中国対抗法案の成立に向けた積極的な動きをみせなかった[30]。別の大型歳出法案であるインフラ投資法案およびビルド・バック・ベター（BBB）法案に注力していたのに加え、この時期には債務上限問題への対応やアフガニスタン撤退失敗後の混乱への対処も政権を悩ませていたからである。

◆ アメリカ競争法案（下院）

法案を成立させて、半導体製造への補助金を実現するには、上下院で異なる内容の法案を一本化しなくてはならない。ようやく上下院のすり合わせが動き出したのは、2022年に入ってからのことであった。

2022年2月4日に、下院は新たに「アメリカ競争法案（America COMPETES Act）」を可決した。これは上院で前年6月に可決された合衆国イノベーション・競争法案と同様に、5年間で520億ドルとなる国内半導体産業強化のための補助金を含んでいるなど、2021年に下院で可決されたものに比べると上院案に近いが、相違点も多く、共和党議員の賛成は1名のみであった。共和党議員の賛成が必要な上院では産業界に近い共和党の意向がくみ取られたのに対し、下院案は民主党左派の影響力が強く、気候変動対策や労働者重視の条項といった、党派的対立が強い内容が引き続き盛り込まれたことが影響している[31]。途上国向けの温暖化対策基金や、太陽光関連に投じる資金が盛り込まれたほか、採決直前には、商務省が補助金を受け取った会社を厳しく監視し、過剰な役員報酬を制限するルールを盛り込むことで、民主党左派の支持を取り付けた[32]。また、対外直接投資に対する審査制度の導入も下院案には盛り込まれたが、これは上院では産業界の反発で削除されたものであった[33]。

共和党からの唯一の賛成票を投じたアダム・キンジンガー下院議員は、アメリカのサプライチェーンを強化して中国に対抗することは、他の問題点を

086 | 第I部●アメリカの対中政策とその文脈

上回る利益をもたらすことが投票の理由であると説明した。キンジンガーは議会襲撃事件の調査委員会設置に賛成した数少ない共和党議員の1人で、リズ・チェイニー下院議員とともに委員会に加わっていた中道派であった。キンジンガーは共和党内から強い批判を浴び、2022年の選挙には出馬しないことを決めていた[34]。

◆ CHIPS・科学法の成立

　上下院案の一本化のために「超党派イノベーション・競争法案会議委員会」が設置され、5月12日から話し合いが開始されたが、上下院の案の違いの大きさと、その背後にある党派対立の強さから、すり合わせは再び難航した。

　しかし2022年6月には、中国対抗法案の規模を縮小して成立させようとする機運が高まった。その背景には産業界からの強い働きかけがあった。インテルやTSMC、グローバルウェファースなど半導体関連企業は、アメリカ政府からの補助金を前提にアメリカ国内での工場建設の計画を立てていたが、法案が成立しないならばそうした計画を見直さざるを得ないとして、法案の成立に向けて議員に圧力をかけたのである。バイデン政権は何十もの産業団体と会合を重ね、ジーナ・レモンド商務長官は、半導体を海外に依存していることの安全保障上の懸念を説いて、民主・共和両党の議員に法案の成立を働きかけるとともに、法案の範囲を狭めて成立させ、半導体への補助金を確保する可能性を探りだした[35]。

　それでも一本化交渉は容易ではなかった。これと同時期に、民主党内では大型の財政支出を目指す法案の成立に向けた動きが進んでいたことに、共和党から大きな反発があったからである[36]。上院共和党は一時交渉から離脱し、7月1日に共和党のマコネル上院院内総務は、「民主党が党派的な法案を財政調整措置に基づいて通そうとする限り、超党派的なUSICA（合衆国イノベーション・競争法案）はありえない」とツイートした[37]。

　一方民主党内では、中道派議員からは半導体産業支援の法案の早急な成立を望む声もあった。特に、11月の選挙で接戦が予想される選挙区の議員は、

政治的成果を得ることを望んで、上院の法案をそのまま受け入れて下院で成立させるべきであるという意見さえ出されていた[38]。

　結局7月中旬までに民主党内でのBBB法案をめぐる調整が頓挫し、民主党がBBB法案に代わって規模を大きく縮小したインフレ抑制法を成立させる方針に転換したことから、共和党は再び交渉の席に着いた。同月下旬までには、半導体に関わる法案の規模を縮小し、520億ドルの国内半導体産業向け補助金を中心とするものにすることが決まった。その新たな法案が、CHIPS・科学法である。

　同法案の成立を後押しした最大の要因は、半導体産業支援がもたらす経済的恩恵であったと推察できる。TSMC、インテルなどは、法案の成立が遅れるとアメリカ国内での生産の計画に支障が出ると警告していた。日本貿易振興機構の資料によると、2020年以降に発表されたアメリカにおける主な半導体関連投資の投資先は、アリゾナ州5件、テキサス州3件、ニューヨーク州3件、オハイオ州1件、インディアナ州1件である[39]。これらの州に選挙区を有する議員は、共和党議員でも法案の成立に積極的な傾向が見られた。また、民主党でも、激戦区での選挙戦を控えた議員で、州が半導体投資計画の利益を受ける場合、法案の成立を後押しした。例として、アリゾナ州の民主党議員であるマーク・ケリー上院議員があげられる。アリゾナ州にはインテルが工場建設を計画していた[40]。さらに、半導体を利用する他の産業がある州の議員も、法案の成立を訴える例が見られた。民主党のジョージア州選出のラファエル・ワーノック上院議員は、ジョージア州にある起亜自動車の自動車工場が半導体不足で複数回操業を停止していることを指摘し、CHIPS・科学法の成立を訴えた。法案には研究開発のための支出も含まれていたが、農村部の州にも補助金が予想されていることも、法案の支持要因となっていた[41]。

　CHIPS・科学法は、まず上院で2022年7月27日に可決された。賛成票は民主党に加え共和党から17名の64票、反対票は共和党の33票である[42]。賛成票を投じた共和党議員17名のうち13名は、2021年6月の合衆国イノベーション・競争法案採決でも賛成票を投じている。一方で上院における対中強

硬派の筆頭とされるマルコ・ルビオ、トム・コットン、テッド・クルーズ、コリー・ガードナー各議員は反対票を投じており、中国に対抗する法案という位置づけが弱かったことがわかる[43]。

下院では、採決直前に共和党指導部が同党の下院議員に対し同法案に反対するよう促したため、法案の可決可能性は不透明であった。その理由は、直前に上院のチャック・シューマー院内総務とジョー・マンチン議員がインフラ削減法案について合意したことだった[44]。しかし7月28日の下院での採決では、民主党の1人を除く全員と共和党の24人の超党派の支持を得て、243対187で可決された[45]。

賛成票を投じた共和党下院議員24名には、オハイオ州に選挙区を持つ議員が7名、テキサス州2名、ニューヨーク州2名、インディアナ州1名が含まれている。いずれも半導体工場の新規建設が計画されている州であり、半導体メーカーが、法案成立がなければ工場建設を遅らせることを示唆したことに影響を受けた可能性が高い[46]。また、7名は政界引退を決めており、3名は予備選で敗れたか、敗れる可能性が高く、24名中10名は次の選挙への出馬が見込まれていなかったことも注目に値する[47]。共和党議員にとっては、超党派の法案成立に協力することは、選挙において不利に働くと認識されており、中国への対抗を理由に賛成票を投じることができたのは、選挙に直面していない議員が多かったのである。

CHIPS・科学法は、2022年8月9日に大統領の署名を経て成立した。国内半導体産業強化のために、5年間で520億ドルの補助金を設けるほか、科学技術関連の連邦政府への予算充当が含まれる[48]。その一方で、上下院で食い違っていた多くの条項は除かれた。上院案に含まれていた対中国制裁・規制強化方針、下院案に含まれていた途上国向けの温暖化対策基金や太陽光関連に投じる資金、対外投資規制の強化、ウイグル人権法の改正、また上下院で食い違いがあった貿易に関する措置などである。

同法案の成立を受け、商務省は、半導体産業向け資金援助プログラムの実施戦略を2022年9月6日に発表した。2023年2月28日には申請に関するガイダンスを公表し、3月28日に第一段階の申請受付を開始した。なおこのガ

イダンス制定の過程で、民主党左派の要望に沿った自社株買いの制限や、施設の従業員や建設労働者に育児支援を提供する義務が盛り込まれたのは[49]、党派対立の中で妥協をはかった同法の作成過程を振り返ると興味深いことである。自社株買いの制限は、民主党左派のエリザベス・ウォーレンら上院議員8名が、23年2月10日に書簡を発表して求めていた[50]。民主党政権は、法案に盛り込まれなかった自党の優先事項を、運用にあたって盛り込んでいるのである。

4 ► 米中対立下の産業政策の展望

2022年夏のCHIPS・科学法の成立は、アメリカの半導体産業を強化し、国内製造への道筋をつけるための重要な一歩であった。深刻化する米中対立の下、サプライチェーンの脆弱性の顕在化を受けて、半導体分野の産業政策の必要性、中でもこれまで重視されてこなかった国内製造の支援について広範な合意が生じたものの、その立法過程は、議会内の党派対立や多様な利害の存在によって複雑化した。中国に対抗するという目標は共有されていたにもかかわらず、民主・共和両党の深い対立を背景に、対中強硬派とされる議員の多くはこの法案を支持しなかった。一方で、法案成立が経済的利益をもたらす選挙区における選挙を控えた議員や、引退を予定している議員が賛成票を投じたことは、選挙戦略の重要性が、中国の脅威への対抗という超党派の目標を凌駕していたことを示す。

最終的には、既に公表されていた半導体工場の建設計画が法案の成立を前提としていたことが圧力として働き、対中制裁項目や民主党が求めた気候変動対策などは除外されて、半導体産業支援に特化した内容に落ち着いた。

CHIPS・科学法の成立は、アメリカの半導体産業の競争力強化に向けた政策の実現であり、特にこれまでの国際分業への流れを押し戻すように国内生産を重視した点で、アメリカの産業政策の転換点といえるだろう。しかし、アメリカ国内政治の分極化も進んでおり、一枚岩での産業政策の推進とはかけ離れた状況にある。アメリカでは議会が政策決定に重要な役割を果た

すため、今後も政治的な対立が産業政策の阻害要因になる可能性は大きい。
補助金の配分や執行においても、党派間の駆け引きや利害調整が繰り返され
たり、選挙の争点になったりすることで、政策の実施に影響が出る可能性も
否定できない。

　さらにCHIPS・科学法の成立後も、国内生産に向けて工場建設のコスト
や専門的技能を持つ労働力の確保など、乗り越えなくてはならない課題があ
り、グローバルなサプライチェーンが発達した時代の産業政策の有効性につ
いては今後も検討が続けられるだろう。

　　注
───────

1 ──経済産業省産業構造審議会「経済産業政策新機軸部会・中間整理」2022年6月、8
頁。

2 ──Saif M. Khan, Dahlia Peterson, Alexander Man, "The Semiconductor Supply Chain:
Assessing National Competitiveness," The Center for Security and Emerging Technology,
2021, p.8.

3 ──Nathan Associates, "Beyond Borders: The Global Semiconductor Value Chain,"
Semiconductor Industry Association, May 2016.

4 ──Dani Rodrik, "Normalizing Industrial Policy," *Commission on Growth and Development
Working Paper*, No. 3, World Bank, 2008, p.2. この定義は、経済成長以外の目的に基づく
政策も射程に入れている。産業政策についての多様な定義については、Karl Aiginger
and Dani Rodrik, "Rebirth of Industrial Policy and an Agenda for the Twenty-First Century,"
Journal of Industry, Competition and Trade, 2020, Table 2 を参照。

5 ──渡辺亮司「バイデン政権下、復活する米国の産業政策」『海外投融資』2021年9月
号。

6 ──Mariana Mazzucato, *The Entrepreneurial State: Debunking Public vs. Private Sector Myths*
(English edition), Penguin, 2018.

7 ──クリス・ミラー（千葉敏生訳）『半導体戦争──世界最重要テクノロジーをめぐる
国家間の攻防』ダイヤモンド社、2023年、62〜63頁。

8 ──廣瀬淳哉「デジタル時代の半導体産業と各国の政策──経済安全保障の観点を含め
た考察」『レファレンス』849号、2021年、33〜34頁。

9 ──国際貿易投資研究所「トランプ政権の通商産業政策が製造業の競争力に与える影
響」ITI調査研究シリーズNo.114、2021年、27〜28頁。

10──The White House, "Building Resilient Supply Chains, Revitalizing American

Manufacturing, and Fostering Broad-Based Growth: 100-Day Reviews under Executive Order 14017," June 2021.

11——Hugo Meijer, *Trading with the Enemy: The Making of US Export Control Policy toward the People's Republic of China*, Oxford University Press, 2016; 杉之原真子「海外直接投資と安全保障――米国における規制の展開に基づく考察」日本国際問題研究所、2023年12月13日 < https://www.jiia.or.jp/research-report/economic-security-fy2023-02.html>。

12——大矢根聡「トランプ・バイデン政権の対中半導体紛争――相互依存の武器化と粘着性」『国際政治』213号、2024年、83頁。

13——Semiconductor Industry Association (SIA), "Winning the Future. A Blueprint for Sustained U.S. Leadership in Semiconductor Technology," April 2, 2019.

14——吉本郁「トランプ～バイデン政権下の半導体産業をめぐる米国国内政治」戸堂康之・西脇修・松本泉・吉本郁『経済安全保障と半導体サプライチェーン』文眞堂、2023年、102頁。

15——James Manyika, William H. McRaven, and Adam Segal, "Innovation and National Security: Keeping Our Edge," *Independent Task Force Report*, No. 77, Council on Foreign Relations, 2019.

16——Marie A. Mak, "Trusted Defense Microelectronics: Future Access and Capabilities Are Uncertain," Government Accountability Office, October 28, 2015; 青山直篤『デモクラシーの現在地――アメリカの断層から』みすず書房、2022年、208～211頁。

17——Don Clark, "Pentagon, With an Eye on China, Pushes for Help From American Tech," *The New York Times,* October 25, 2019.

18——A letter from Bob Swan, CEO of Intel, to Lisa Porter, Deputy Under Secretary of Defense for Research and Engineering, and Nicole Petta, Assistant Director for Microelectronics of the Under Secretary of Defense for Research and Engineering at the Department of Defense, dated April 28, 2020 <https://s.wsj.net/public/resources/documents/intel%20letter.pdf>.

19——Asa Fitch, Kate O'Keeffe, and Bob Davis, "Trump and Chip Makers Including Intel Seek Semiconductor Self-Sufficiency," *The Wall Street Journal,* May 11, 2020; Don Clark and Ana Swanson, "T.S.M.C. Is Set to Build a U.S. Chip Facility, a Win for Trump," *The New York Times*, May 14, 2020.

20——Michael Martina and David Shepardson, "U.S. Senate panel approves tech bill to address China," Reuters, May 13, 2021.

21——Patricia Zengerle and Michael Martina, "U.S. lawmakers intensify bipartisan efforts to counter China," Reuters, April 22, 2021.

22——Catie Edmondson, "Senate Overwhelmingly Passes Bill to Bolster Competitiveness with China," *The New York Times*, June 8, 2021 (Updated June 10, 2021).

23——John D. McKinnon and Lindsay Wise, "Senate Nears Approval of Bill to Keep U.S. Lead in Technology," *The Wall Street Journal*, May 28, 2021.

24——"Senate Overwhelmingly Passes Bill to Bolster Competitiveness with China," *The New York Times*, June 8, 2021 (Updated June 10, 2021)

25——民主党と会派を組む無所属のバーニー・サンダース上院議員も反対した。サンダース議員の反対理由は、同法が大企業に対する大規模な財政支援になることを嫌ったためであった。峰尾洋一「米国の対中政策は『超党派』なのか？」丸紅ワシントン報告2021年7月21日、6頁。

26——Scott Lincicome, "The 'Endless Frontier' and American Industrial Policy," *The Dispatch*, May 26, 2021; Veronique de Rugy, "Industrial Policy Meets the Real World," *National Review*, June 29, 2021; 峰尾、前掲。

27——Patricia Zengerle, "U.S. House committee advances China bill without Republican backing," Reuters. July 16, 2021. 法案の内容については、<https://www.congress.gov/bill/117th-congress/house-bill/3524>.

28——<https://clerk.house.gov/Votes/2021186> および <https://clerk.house.gov/Votes/2021187>.

29——『日本経済新聞』2021年8月26日（朝刊）。

30——Andrew Desiderio, "How Congress' dream of a China confrontation got gutted," *Politico*, July 20, 2022.

31——Gavin Bade and Sarah Ferris, "House sets up Senate showdown with vote on partisan China bill," *Politico*, February 4, 2022.

32——Yuka Hayashi, "Commerce Secretary Embraces a Beefier Industrial Policy to Combat China and Russia," *The Wall Street Journal,* September 6, 2022.

33——対外直接投資規制の導入の試みについては、杉之原真子「安全保障上の懸念に基づく海外直接投資規制の傾向——米国における展開」『経済・安全保障リンケージ研究会・最終報告書』日本国際問題研究所、2023年、31～34頁、参照。また、上下院の法案の違いの詳細については、以下を参照。"House sets up Senate showdown with vote on partisan China bill," Politico, February 4, 2022; CISTEC事務局「米下院で包括的対中対抗法案『米国競争法案』が可決」2022年1月28日（改訂増補2022年2月22日）。

34——Christopher White, "Why only one Republican voted for a bill aimed to help US compete with China," *The National Desk*, February 5, 2022.

35——Natalie Andrews and John D. McKinnon, "Tech Investment Bill to Counter China Hits New Hurdle," *The Wall Street Journal*, July 1, 2022; Ryan Tracy and Natalie Andrews, "Senate Approves $280 Billion Bill to Boost U.S. Chip Making, Technology," *The Wall Street Journal,* July 27, 2022.

36——John D. McKinnon, "Senate Bill to Boost Chip Production, Advanced Technology Set to Move Ahead," *The Wall Street Journal*, July 27, 2022; Sarah Ferris, "McConnel gets GOP backup in his move to snarl bipartisan U.S.-China bill," *Politico,* July 11, 2022.

37——"Let me be perfectly clear: there will be no bipartisan USICA as long as Democrats are pursuing a partisan reconciliation bill." 5:07 AM, July 1, 2022 <https://twitter.com/

LeaderMcConnell/status/1542600738823618564>.

38——"McConnel gets GOP backup in his move to snarl bipartisan U.S.-China bill," *Politico*, July 11, 2022.

39——磯部真一「米国で盛り上がる半導体産業の振興と輸出管理」日本貿易振興機構、2022年12月28日。

40——Natalie Andrews and John D. McKinnon, "Tech Investment Bill to Counter China Hits New Hurdle," *The Wall Street Journal*, July 1, 2022.

41——Ryan Tracy and Natalie Andrews, "Senate Approves $280 Billion Bill to Boost U.S. Chip Making, Technology," *The Wall Street Journal*, July 27, 2022.

42——このほか民主党から2名、共和党から1名が棄権した。<https://www.senate.gov/legislative/LIS/roll_call_votes/vote1172/vote_117_2_00271.htm>.

43——米議会における対中強硬派について、Guo, Baogang, 2022, "Sino-U.S. Decoupling: The Roles of U.S. Congress," *Journal of Chinese Political Science*, Vol. 27, pp. 543–565.

44——Mychael Schnell and Emily Brooks, "Whip-lash: House GOP moves to oppose CHIPS-Plus bill in rebuke to Manchin deal," *The Hill*, July 27, 2022.

45——<https://clerk.house.gov/Votes/2022404>. 棄権した民主党のサラ・ジェイコブス議員は半導体大手のクアルコムの創始者の孫であり、利益相反を避けるために棄権した。

46——Mychael Schnell, "These are the 24 House Republicans who broke with the party to support chips and science bill," *The Hill*, July 28. 2022.

47——"House Republicans who voted in favor of the CHIPS and Science Act," Axios, July 29, 2022.

48——CHIPS法成立後の展開や課題については、片岡一生「始動したCHIPSプログラム、サプライチェーンに与える影響は（米国）」日本貿易振興機構、2023年5月8日。

49——U.S. Department of Commerce, "Biden-Harris Administration Launches First CHIPS for America Funding Opportunity," February 28, 2023 <https://www.commerce.gov/news/press-releases/2023/02/biden-harris-administration-launches-first-chips-america-funding>.

50——"Warren, Lawmakers Call on Commerce Dept. to Prevent CHIPS Funds from Being Used to Subsidize Corporate Stock Buybacks," February 13, 2023 <https://www.warren.senate.gov/oversight/letters/warren-lawmakers-call-on-commerce-dept-to-prevent-chips-funds-from-being-used-to-subsidize-corporate-stock-buybacks>.

第II部 中国の対アメリカ政策とその文脈

第4章

中国のグローバル化
―― 経済発展と党の指導との葛藤

青山瑠妙　AOYAMA Rumi

1 ▶ グローバル化の最大の受益者は なぜ内向きの政策をとったのか

　1992年に社会主義市場経済を導入してから、中国は著しい経済成長を遂げ、2010年には世界第2の経済大国になった。中国はグローバル化の最大の受益者である。一部の学者の間では、改革開放の道を歩んできた中国は経済のみならず、政治的にも徐々にではあるが民主化に向かう兆しがある[1]とみられていた。

　しかし習近平政権の登場により、中国に対する見方は一変した。グローバル化を利用して経済的に台頭した中国は党の支配を強め、メディア規制を強化し、社会に存在していた自由空間は狭まりをみせている。グローバル化の受益者であった中国がなぜ自力更生を唱え、政治的引き締めの政策をとったのかについては、様々な解釈がなされている。

　特に米中対立の当初においては、中国の内向きの政策は第1次ドナルド・トランプ政権の対中政策に起因するといった主張が多かった。また習近平個人に焦点を当て、中国の政策変化は属人的な問題であるとの指摘もみられた。

　他方アメリカにおいては、中国を国際社会に引き入れるという対中エンゲージメント（関与）政策は失敗したのか、失敗したならばなぜ失敗したのか

という問題をめぐり、活発な議論がおこなわれた。その火付け役となったのはカート・キャンベルとエリー・ラトナーの共著論文「対中幻想に決別した新アプローチを——中国の変化に期待するのはやめよ（原文タイトル "The China Reckoning: How Beijing Defied American Expectations"）」[2]であった。同論文はアメリカの対中エンゲージメント政策を批判し、対中政策の見直しをおこなうべきだとした。キャンベルとラトナーに賛同する論調が多いなかで、著名な中国研究者であるアラステア・イアン・ジョンストンが「対中関与政策失敗論の間違い（"The Failures of the 'Failure of Engagement' with China"）」[3]を発表するなど、反対意見も多くみられた。

そして、すでに1993年の時点で米中共存はありえない[4]と指摘したアーロン・L・フリードバーグが論文「中国による挑戦を正しく理解せよ（"Getting the China Challenge Right"）」を発表し、米中対立に多大な影響を与える中国のイデオロギーを見落としてはならないと主張した[5]。

中国にまつわる議論に結論が出ないまま、アメリカをはじめとする西側先進国は対中エンゲージメント政策が失敗したという前提で政策を展開し、中国との対立がエスカレートしている。そもそも、習近平政権の誕生に伴う政策変化はなぜ生じたのか。西側先進国の対中エンゲージメント政策は失敗したのか。こうした問題は中国の将来の政策の方向性を占う上で重要な問題であるだけに、より慎重に検討する必要がある。そこで、本稿は中国のグローバル化のプロセスをWTO（世界貿易機関）加盟前（第2節）、WTO加盟後（第3節）、習近平政権誕生後（第4節）の3つの段階に分け、中国国内の学者・研究者の議論の動向と政策の変化を歴史的に探り、この問題に対する回答を探ることとする。

2 ▶ グローバル化をめぐる議論と中国のWTO加盟

◆ グローバル化にまつわるチャンスとリスク

1994年ごろから中国でグローバル化に関する研究が動き出し、「世界経済のグローバル化は高みを迎えている」という見方が中国で浸透するように

なった。しかしグローバル化は経済のみならず、イデオロギー、政治、文化など様々な側面において中国政治体制に深刻な影響を与える問題でもある。著名な政治研究者でグローバル化研究の大家でもある李慎之はグローバル化時代において、西側の価値観、ルール、文化などがグローバルに拡張し、「経済の市場化」、「政治の民主化」、「文化の一元化」といった問題が付随して生じうると力説した[6]。

　イデオロギー面における西側による浸食に警鐘を鳴らす主張が多いなか、1998年に兪可平が編纂した『グローバル化論叢』は理論的な側面から、グローバル化、社会主義、資本主義の関係を論じた。同書に関するセミナーではグローバル化は避けられない流れであり、「西洋中心」の傾向を強く帯びるとの結論が得られたという[7]。

　2010年末から2011年にかけて、『求是』では5回に分けてグローバル化、社会主義、資本主義の関係に関する論評を掲載した。『求是』は中国共産党中央委員会の機関誌であり、この5つの論評で示された見解（表4-1）はいわば中国共産党の公式見解といえる。当時の中国はグローバル化とマルクス・レーニン主義の理論との整合性を図り、「経済のグローバル化の流れのなかで、中国が覇権主義の圧力に抵抗し社会主義制度を堅持できるかは、経済成長を早める発展戦略の実現にかかっている」[8]と結論づけ、経済のグローバル化を手段として活用することにより、社会主義の優位性を確保するという道筋を示した。

　5つの論評から、旧ソ連の崩壊が中国のグローバル化への見方に大きな影響を与えたことが窺える。旧ソ連と同じ轍を踏まないためには、中国の改革は経済における過度の集権を改めつつ、社会主義の方向性を堅持し西側諸国による和平演変を警戒すべきだという。このため、経済政策は「独立自主、自力更生」の方針に基づき、「公有制経済の主体的地位を確保しつつ市場経済のメカニズムを発揮させ、経済のマクロ・コントロールを健全化させつつその他の資本の参入を奨励」すべきだという。

　経済のグローバル化について、賛成派はより多くの外資と技術を導入でき、海外市場の開拓を通じてより多くの雇用機会を生み出すことができると

表4-1　グローバル化と社会主義にまつわる中国共産党の公式見解(2000-2001年)

問題点	公式見解
社会主義と資本主義	先進国は中国などの多くの社会主義国家よりも経済発展が進んでいるが、社会主義が資本主義にとってかわるというのは依然として覆せない真理である
旧ソ連崩壊の教訓	ゴルバチョフ書記長が共産党の支配、公有制の維持、マルクス主義というイデオロギーの堅持を放棄した
西側諸国による「和平演変」の4つの手段への警戒[9]	1. イデオロギー的な浸透(「西洋化」) 2. 国内の敵対勢力への支援を通じた政治的転覆(「分断」) 3. 政治的条件を付けた経済的援助を通じて国家の将来を方向づける 4. 圧力、動乱の扇動を通じた内政干渉
経済のグローバル化の定義	経済のグローバル化の本質は資本主義による搾取のグローバル化である

出典:2000年から2001年に『求是』で掲載された「社会主義発展の歴史的プロセス」に関する5つの論評より筆者作成。

主張する。WTO加盟をチャンスとして捉え、中国は積極的にアジア太平洋地域の経済圏に参加し、市場経済のメカニズムを強化すべきだという考え方は当時主流であった。

　他方、経済のグローバル化は発展途上国にキャッチアップのチャンスを提供するとの論調に対して、国際競争にさらされる中国の地場産業をどう守るのか、西側先進国主導の市場経済のルールを押しつけられた中国が自国の経済主権と安全をどう確保するのか、「先富論」で生じた国内の経済格差がグローバル化で固定化されるのではないかといった、様々な反論も出された。さらに1980年代初頭に中国政府が放棄した従属論の視点からグローバル化の流れのなかで途上国は受益者になれず、発展途上国と先進国の経済格差はますます拡大するとの見方[10]もあった。

　アジア通貨危機を契機に、中国では経済、特に金融主権の問題が大きく注目され、議論の対象となった。グローバル化は諸刃の剣であり、経済の発展をもたらすが、国家の政治・社会に深刻な影響を与えうると多くの研究者が警鐘を鳴らした[11]。

実際のところ、経済のグローバル化を論じるうえで、中国にとって何より
も重要なのはイデオロギーの維持にかかわる公有制の問題である。市場経
済は公有制という社会主義政治体制の基本概念とは本質的に相いれない概
念である。しかしながら中国共産党はこの問題への正面からの回答を避け、
1992年10月に開かれた中国共産党第14回党大会で「社会主義市場経済」の
導入を決定した。その後、改革に積極的な姿勢をとっていた朱鎔基が副総理
に就任し、後述のように社会主義市場経済の具体的な運用に着手し実行に移
した。

　グローバル化がもたらす文化面の浸食についても懸念が出された。アヘン
戦争以降、西洋文化と中国文化のどちらがより優れているのかをめぐり中
国の知識人や社会において常に議論の的となっていたが、グローバル化の
流れのなかで、中国文化をどう守るのかが大きな焦点として浮上してきた。
WTO加盟前までの段階においては、西洋文化に付随する拝金主義、儒教的
道徳の崩壊に伴うモラルの欠如[12]等の問題が提起された。

　さらに、グローバル化は究極のところナショナリズムの問題に帰結し、発
展途上国と先進国の間での経済ナショナリズム、イデオロギーのナショナリ
ズムと文化ナショナリズムの問題に直面することになるであろうと李慎之が
論じた[13]。

　このように、1990年代半ば以降、中国国内で大論争が沸き起こったが、
グローバル化がもたらす西洋化 (Westernization) の問題が大きな注目を集め、
国家の主権、経済安全、自国文化など多くの問題が提起された。またグロー
バル化アンチテーゼとしてのナショナリズムも提起され、グローバル化の流
れと並行してナショナリズムも高揚すると多くの学者が予見した。

　グローバル化はアメリカ化であり、「経済の自由化」、「政治の民主化」を
意味し、アメリカの覇権を維持するための手段であり、アメリカが積極的に
自国の価値観と政治制度を世界へ輸出するであろうとの見方が主流となって
いた。そこで旧ソ連の崩壊の二の舞にならないために、アメリカによる覇権
主義的な政治支配と文化帝国主義に対抗するために、中国は社会主義という
看板を掲げつつ、一党支配を強める前提で市場経済を導入したのである。

◆WTO加盟に向けての市場化改革

　「社会主義市場経済」が採択されてから、中国は市場経済の導入を試みるようになった。山東省の諸城市では1992年4月の時点で、市が管轄する約150社の国有企業のうち、103社が赤字、43社が給料を支払えない状態であった。1993年に市長の陳光が株式制度を導入し、国有企業の資産の49%を従業員に売却するなどして国有企業（央企）を蘇らせた[14]。これがいわゆる「諸城経験」である。

　この動きに対し「資本主義の復活」との厳しい批判が上がった。しかし朱鎔基は「諸城経験」を大いに賞賛し、「諸城経験」を踏まえた改革を推し進めた。朱鎔基は分税制の導入、為替レートの改革に続き、国有企業の改革に着手した。

　1996年に、国有企業は史上最低の利益率を記録し、1997年1月の調査では、国有企業の資本利益率は当時銀行の1年の定期金利よりも低い3.29%に過ぎなかった[15]。こうしたなか、朱鎔基は1997年に全国レベルで国有企業の改組、株式化、売却を進めた[16]。朱鎔基の宣言通り、3年で大手国有企業の改組と株式化、中小国有企業の売却（「抓大放小」）は一定の成果を得た。改革派によれば、これで「国有企業が市場からの退場（「退出市場」）の初歩的なメカニズムが形成され、国有企業が政府の資金ではなく資本市場に依存するようになった」[17]。

　国有企業改革のプロセスにおいて、約50万社以上の中小国有企業が放出され、ある試算では約2440万人の労働者が職を失った[18]。改革開放の推進者である当時の国務院発展研究センターの党書記の陳清泰も、彼らは「多くの犠牲を払った」[19]と後に率直に認めている。「中国経済のパイを大きくするための犠牲者」と自嘲する、レイオフされた当時の労働者の間で不満が相当高まったのも容易に想像できる。

　また、社会主義のあり方の視点から国有企業改革に対する厳しい批判も上がった。1995年から1996年の2年間に国有企業の比重が著しく減少していることに警鐘を鳴らす3つの万言書（公開書簡）が大きな社会的反響を呼んだ。この3つの万言書において、「私有経済の比重が大きくなり、公有制に深刻

な影響を与えた」、また「民営企業の経営者はすでに新しい階級を形成し、今後彼らが結党し共産党政権を転覆させる可能性もある」といった深刻な懸念が示された。

社会の不満と批判の声が高まっていたものの、「国有企業を退場させ、民営企業により重要な役割を果たさせる」という「国退民進」の動きを後押ししたのは1997年に始まったアジア通貨危機であった。アジア通貨危機を契機に、韓国の大宇グループが自動車事業買収などの拡大路線で資金繰りが悪化し、1999年にグループの解体に追い込まれた。この「大宇神話」の崩壊で、中国では特定の企業に傾斜した産業政策や金融政策に白羽の矢が立った[20]。こうした世論の動きに押され、中国での市場化への流れがさらに加速し、「抓大放小」政策は2003年に基本的に完了した。

3▶ WTO加盟とその後の「国進民退」の流れ

◆賛否両論のなかの中国のWTO加盟

2001年12月に中国は15年の交渉を経て、WTO加盟を果たした。1971年に10月に国連での中国代表権が認められたが、中国はWTOの前身であるGATT（関税および貿易に関する一般協定（1995年にWTO）」を金持ちクラブと決めつけ参加しないことを決めた。1986年に中国がGATT復帰[21]を申請したが、1992年までの中国にとっては「市場経済は資本主義の代名詞」に過ぎず、市場経済国を目指してもいなかった。こうした意味で、中国のGATT／WTO参加の実質的な交渉は1993年から協定内容に合意する1999年までの7年間であったといえる。加盟のために、中国は国際ルールに合わせて多くの法律と政府規則を改正し、WTO規定を超えた内容（「WTO-plus provisions」[22]）で加盟し、大きな譲歩を強いられた。

WTO加盟が中国の各産業に与える影響は異なり、WTO加盟で各省庁に認められる加盟条件も大きく違っていた。省庁間の調整は到底できないという判断のもと、WTOの交渉は主に朱鎔基、李嵐清（1998〜2003副首相）、呉儀（1997〜1998対外貿易経済合作部長、1998〜2002国務委員、2003〜2008副首相）、

第4章●中国のグローバル化 | 103

交渉担当の竜永図や石広生の間で議論され、締結まで協定の内容は公開されなかった[23]という。

　念願のWTO加盟を果たしたという喜びの声と同時に上がったのは厳しい批判であった。ブラックボックスの政策決定やWTO加盟での大きな譲歩などがもちろん批判の的となり、WTO交渉の主席交渉代表の竜永図を「売国奴」と呼ぶ人たちすらいた。そして1990年代に提起されていたイデオロギー、政治、経済、文化的懸念をめぐる議論は再び熱気を帯びるようになった。

　こうした批判に対し、竜永図はWTO加盟で改革開放、健全な法制、公平な競争を促すことができ、中国の産業構造が調整されれば企業の海外進出も促進されると力説した[24]。WTO推進派から見れば、WTOで中国が直面している最大の問題はむしろ中国が国際ルールを熟知していないところにある[25]。

　WTO加盟後中国の製造業は自給自足から解かれ、世界的なサプライチェーンに組み込まれ、国際競争力が大きく向上したことから、改革派は今後R&D（研究開発）、ブランド構築、製造業に関連したサービス産業に力を入れるべきとの方向性を示した[26]。そして、朱鎔基は今後国有企業の改革が最も重要な課題となり、またその改革は極めて難しく外圧を借りなければ実行できないとの見解を示した[27]。

　グローバル化、WTOをめぐる国内の意見が大きく対立するなか、朱鎔基の強力なリーダーシップのもとでコンセンサスを得ることなく、WTO加盟は実現できた。他方、当時のトップリーダーたちの態度や政府の方針は実際のところ極めてあいまいであり、賛否両論を強く意識しつつ慎重な姿勢を示していた。

　1987年から1998年まで首相を務めた李鵬は「参加してから考える」[28]との意見を示し、1998年2月に開かれた中国共産党第15期二中全会（共産党中央委員会第2回全体会議）で、江沢民総書記は中国の近代化プロセスにおいてグローバル化の流れそしてグローバル化に伴う競争は避けられないものであり、重要なのはそのリスクを冷静に回避しつつ着実に対外開放を進めること

だ（「趨利避害」）と指摘し、「独立自主」と「グローバル化への積極参加」を同時に堅持する方針を打ち出した[29]。さらに、江沢民は「グローバル化はアメリカ主導の流れであり、特に発展途上国にとっては『国家の主権』、『経済の安全』と『社会の安定』が重要な課題となる」[30]とも強調した。

◆急速に進む「国進民退」の流れ

　朱鎔基が予見したWTO加盟後の改革の最大の難関は国有企業改革であった。なぜならば、中国にとって市場改革を進めるうえで最大の矛盾は「市場経済と公有制の主体的地位の維持」にあるからである。

　表4-2のように、社会主義の看板を下ろさない中国にとって、社会主義制度の根幹を保障する公有制経済が国民経済において重要な地位を占め、国有企業が主要な役割を果たすことが重要である。中国は漸進的に「労働に応じた所得配分」、「計画による資源配分」、「国営企業を中心とする公有制」を柱とする社会主義から、「資本を含む生産要素による所得配分」、「市場による資源配分」、「私有財産」に特徴づけられる資本主義[31]へ移行していたプロセスにおいて、「公有制を主体とし、多種所有制の経済が共同発展」をスローガンとしてきた。問題はその主体となる公有制経済をどう維持するかである。この問題をめぐる国内の意見は大きく分かれ、政府の解釈もぶれていた（表4-2）。

　市場経済への流れのなか、中国は「計画経済」から国家の指導が強く浸透する「規制経済（regulatory economy）」[32]に転身したが、「規制経済」のもとでは国有企業には一貫して主に4つの役割が期待されている[33]。4つの役割とは以下の内容となっている。（1）経済を発展させる。（2）市場に対するマクロ・コントロール。（3）国民経済の方向性を政府の政策に沿うように導く。（4）危機時に経済を安定させる。2000年代以降の中国を取り巻く国内外の環境のなかで、国有企業のこうした役割が強く求められるようになった。

　1993年の第14期三中全会（共産党中央委員会第3回全体会議）では、現代的企業制度の確立を通じた「政企分離」が決定された。朱鎔基主導の改革開放の流れのなかで、1999年9月に第15期中央委員会第4回会議で可決した

表4-2 「公有制」をめぐる政策

時間	会議名	「公有制」に関する政策
1992年10月	中国共産党 第14回全国代表大会	公有制を「主」とし、個人、民営、外資経済を「補」とする
1993年11月	第14期中央委員会 第3回会議	「中国の特色のある社会主義市場経済」 公有制は社会主義経済制度の基礎。公有制の主体的地位とは、国家や集団が所有する資産が社会の総資産において優勢を占める。国有経済が国民経済の最も重要な部分をコントロールし、経済発展において主導的な役割を果たす
1997年9月	中国共産党 第15回全国代表大会	**公有制を主体とし、多種所有制の経済が共同発展** 公有制は社会主義経済制度の基礎。公有制の主体的地位とは、国家や集団が所有する資産が社会の総資産において優勢を占める。国有経済が国民経済の最も重要な部分をコントロールし、経済発展において主導的な役割を果たす **非公有制経済は社会主義市場経済の重要な構成部分である**
1999年9月	第15期中央委員会 第4回会議	「国有企業改革と発展に関する若干の重大問題についての中共中央の決定」:国有経済の戦略的再編
2002年2月		「三つの代表」論:中国共産党は①先進的な社会生産力②先進的文化③最も広範な人民の根本的利益を代表する
2002年11月	中国共産党 第16回全国代表大会	「二つの揺るぎなく」:揺るぎなく公有制経済を強固にし、発展させる。揺るぎなく非公有制経済を奨励、支持、誘導する
2003年10月	第16期中央委員会 第3回会議	財産権は所有権の核心。法律規定で禁止されていないインフラ、公共事業及びその他の産業と領域への非公有資本の参加を認める。投資や融資、税収、土地の使用、対外貿易などにおいて、非公有制企業はその他の企業と同等の待遇を有する
2005	(国務院)	「個人民営などの非公有制経済発展の奨励、支持に関する若干の意見」(「非公経済36条」)
2010年	国務院	「民間投資の健康的発展の奨励、誘導に関する若干の意見」(「非公経済新36条」)
2013年11月	第18期中央委員会 第3回会議	**「混合所有制経済」** 「改革の全面的深化における若干の重大な問題に関する中共中央の決定」(「改革60条」):
2015年8月		「国有企業改革に関する中共中央・国務院の指導的意見」:国有企業への党の指導を堅持する

出典:筆者作成。

「国有企業改革と発展に関する若干の重大問題についての中共中央の決定」において、国有経済が主導する産業と領域は国家安全、自然独占（natural monopoly）、重要な公共財やサービスをおこなう産業、基盤産業、ハイテク産業の中の重要な中核産業に限定された。しかしその後の一連の出来事により、「国進民退」の流れが加速した。

　国有企業の改組再編において、「国有資産の流出」が社会的に大きく注目された。2003年だけでも、西安市は600億元の国有資産を売却した[34]という。こうしたなか、2003年に主に中央直属の196社の大手国有企業の資産を管理する「国有資産管理委員会」が設立された。国有企業の改革を促すために、「産業のトップ3でなければ、淘汰は免れない」という政策が打ち出された。しかしこの政策により、国有企業の合併が一気に進み、一部の民営企業が国営企業に吸収・合併され、「国進民退」の流れが助長された。

　アメリカのサブプライム・ローン問題が発端となった世界的な金融危機は中国の「国進民退」の流れをさらに後押しした。中国は約4兆元に上る大型の景気刺激策を実施したが、その恩恵を一番に享受した国有企業がさらに膨張した。また欧米の苦境を尻目に、2009年に中国の経済成長率は8.7%に達し、世界経済をけん引したと言われた。国有企業が経済に占める地位と役割が大きかったから中国は金融危機のリスクを軽減できた[35]との認識が、官民問わず深く浸透するようになった。2010年に国務院国有資産監督管理委員会のタスクフォースの調査報告書[36]もこうした見解を示した。

　世界金融危機の直後から、中国では戦略的新興産業の育成問題が議論されるようになった。2010年に国務院が「戦略的新興産業の育成と発展の加速化に関する決定」を出し、国有企業の改革におけるもっとも重要な目標は国有企業を「国際競争力を持つ世界一流の企業」に育成するとの政策も出され[37]、さらに2012年に「第12次五カ年における国家戦略的新興産業の発展計画」を公表した。

　習近平政権になってから、こうした政策の流れに沿って、2016年に「第13次五カ年計画における国家戦略的新興産業の発展計画」が公布され、2020年の第14次五カ年計画の中でも戦略的新興産業の重要性が強調され

第4章 ● 中国のグローバル化　　107

た。戦略的新興産業の中身は時代とともに変化してきている[38]が、いうまでもなく米中対立がエスカレートするなか、戦略的新興産業の重要性はさらに高まりつつある。そして中国の場合は、国策を推進する重要な担い手は国有企業であった。

◆分裂する世論

毛沢東時代は貧しかったが、経済的には平等な社会であった。しかし市場経済の導入によって経済上の不平等が生じ、貧富の格差は広がる一方であった。メディアが市場経済化の波にのまれるなか、中国の世論も著しく分裂するようになった。

特に2000年代後半から2012年ごろまで、「国進民退」をめぐっては官民を巻き込んだ大論争が再び過熱化した。中欧国際工商学院教授の許小年、天則経済研究所所長の茅于軾らの反対派は「国進民退」は社会の不公平や「権貴資本主義」の台頭をもたらし、民営企業の成長を妨げていると主張する。また「国家の産業政策が国有企業を優遇しているがゆえに、地方政府も率先して国有企業との政策協力をおこなうが、こうした政策協力が産業構造のゆがみを作り出している」、「独占産業の収入が高くなることにより、経済格差を拡大させる」と指摘する声[39]もあった。

なかでも北京理工大学教授の胡星斗は痛烈な批判を展開した。彼によれば、「国進民退」は「特権派」と「極左派」の支持を受けているが、貧富の格差、経済の非効率性、重複建設と過剰生産をもたらすのみならず、私有財産権の保護を妨げ、言論、政治、経済の自由空間を圧迫し、国家の監視体制を強化する結果を招く。その結果、政府の信頼を失墜させ、腐敗を加速させているという[40]。

他方、国家統計局、国営企業のトップ、国有資産監督管理委員会などの肯定派らは「国進民退」はデータによって裏づけられているわけではなく、国有企業が経済発展と社会の安定に最も重要な役割を果たしていると主張する[41]。また、世界金融危機で打撃を受けた西側先進国を酷評し西側への崇拝を戒める声[42]や、社会主義の性質から量的にも質的にも国有企業が優勢を占

めなければならないと説く声[43]も上がった。

　中国政府は「国進民退」は存在しない[44]との見解を出したが、習近平政権が誕生するまで、議論が収束することはなかった。民営経済が税収の5割、GDP（国内総生産）の6割、新技術開発の7割、就業機会の8割以上を創出している[45]中国（2022年時点）では、問題の核心はそもそも「国進民退」ではなく、その背後に隠されている公平で健全な税制の欠如と福祉政策の遅れ、そして何よりも政治改革の欠如にあるからである。

　国有経済を私営化するプロセスにおいて、権力者は私営企業と結託するなどして、公権力を乱用し国有資産で私腹を肥やしている[46]ことから、政治学者のミンシン・ペイは腐敗が蔓延する中国を「権貴資本主義」[47]と称した。

　学者の間で戦われた「国進民退」論争と異なり、住宅、医療、教育、老後の生活といった問題に疲弊する国民の不満の矛先はむしろ金と権力の癒着の象徴となる「特殊利益集団」に向けられていた。「特殊利益集団」には明確な定義はなく、影響力のある行政官僚、地方の政府官僚、国有企業の幹部、民営企業の経営者、学者や専門家らなどが「既得権益者」に分類される[48]ことが多い。毎月の月収は1000元程度の人が約6億人を占める中国社会では、全体資産の30.6％を保有する上位1％の富裕層（2020年時点）[49]が恨まれる（「仇富」）風潮も生まれた。

　こうしたことを背景として、社会の不安が政権を悩ます問題として大きく浮上した。2000年代後半以降、中国では「群集性事件」と呼ばれるデモやストライキが各地で多発し、警官の出動もしばしばであった。立ち退き、環境汚染、労働争議などに起因するこうした「事件」は年々増え、国内治安維持費も増加傾向を示している。また地下教会など政府が公認していない宗教団体にすがる人々も増えている。

4 ▶　改革開放路線に逆行する習近平政権

　改革開放政策により中国は年平均2桁の経済成長を遂げた。一方、政治腐敗がまん延し、所得格差は広がり、社会も極めて不安定化した。市場経済を

促すための「党企分離」「党政分離」を中心とした経済分野の改革は、党による国家、社会への統制の弱体化、党の統治能力の低下につながった[50]。

旧ソ連が崩壊して20年が経った2011年に、中国共産党は再度旧ソ連の崩壊の原因について検証をおこなった[51]。ただし、この検証レポートはミハイル・ゴルバチョフ書記長のペレストロイカの過ちを強調し、グラスノスチ（情報公開）や歴史の見直しが政権の崩壊を招いたと結論づけた[52]。そして次期指導者に選ばれた習近平は2013年1月に「旧ソ連崩壊の原因はソ連共産党の歴史を否定し、レーニンやスターリンを否定し、歴史的ニヒリズムを容認したからだ。党組織がその役割を果たさなくなり、党が軍を支配できなくなったからだ」との見解を示した[53]。

習近平国家主席は2014年4月に開かれた中央国家安全委員会の初回会議において、「総体国家安全観」という概念を提起し、社会主義国家体制にとっての「人民の安全、政治の安全、経済の安全、軍事・文化・社会の安全」の確保を訴えた。「政治、国土、軍事、経済、文化、社会、科学技術、情報、生態系、資源、核」の11の領域をカバーするこの安全の概念の中でも、政治の安全が最も重要視されている。「政治の安全は国家の主権、政権、制度とイデオロギーの安定にかかわるもっとも本質的なニーズであり、すべての国の生存と発展の基礎条件となる」とした[54]。

こうした危機意識を強く抱いた習近平政権が共産党指導の強化を最優先にし、これにより改革開放の流れは一気に変調した。

国内世論において国有企業に対する批判が厳しいなか、習近平はすでに2013年末に国有企業を「より競争力を持つよう、より大きくする」という指示を出し、また翌年には国有経済の活力、支配力、影響力、リスクヘッジ能力を絶えず高めるよう強調した[55]。

改革開放以降、国の所有権と企業の経営権を分離する「政企分離」が一貫して進められたが、2015年に「国有企業改革を深化させる指導的意見」（22号文献）が公布された。同文献では「国有企業は党と国家事業を発展させるうえで重要な物質的基礎と政治的基礎であり、中華民族の偉大なる復興と中国の夢を実現するプロセスにおいて重大な歴史的使命と責任を負っている」

とし、「国有企業改革は政治的方向性と政治原則を固く守らなければならず、企業内の党組織は革新的な役割を果たす」と定めた。この文献が公布された後、国有企業のみならず、民営企業や外資系企業にも党組織が設置されるようになった。

こうした流れで、2017年10月に開かれた中国共産党第19回全国代表大会では「国有資本をより大きくより競争力をもつように、グローバル競争力のある一流企業に育つように」という国家目標が制定された。

米中対立のなか、「自立自強」の精神で基礎研究、戦略的ハイテク領域、ハイテク産業で中国が世界をリードするよう、習近平政権はさらに2035年までに中国を科学技術強国にするという国家目標を提起した。このプロセスにおいて、もちろん党の指導の下にある国有企業が重要な役割を担っている。

一帯一路構想が打ち出された翌年の2014年に、中国は「新型グローバル化」を西側の概念のアンチテーゼとして提起した[56]。いまの中国はアメリカ主導の反グローバル化の流れ、デカップリング(切り離し)政策の被害者とし、自らを世界のグローバル化をリードする急先鋒と自負している。

西側が主導する経済システムに参画し(「接軌」)、市場経済国へ転身する(「転軌」)これまでのプロセスと異なり、習近平が提唱する「新型グローバル化」の具体的な政策構想はFTA(自由貿易協定)を活用しつつ中国を中心とした経済圏構想の構築であり[57]、戦略的新興産業の振興を通じて西側に依存しない技術で世界をリードする強国になることである。世界金融危機を契機として自国に自信をつけた中国は発展途上国との連携を強める方向性を打ち出し、一帯一路構想においてもグローバル・サウスへの傾斜を強めている。そのなかで、CPTPP(環太平洋パートナーシップに関する包括的および先進的な協定)の参加やCAI(中国・EU包括的投資協定)、そしてRCEP(地域的包括経済連携)は重要な意味を持つ。

このように、政権の安定に対する危機意識を強く持つ習近平体制は旧ソ連の崩壊の二の舞にならないよう、「政治の民主化」、「社会の多元化/世論の多元化」を防ぎつつ、中国が主導する経済のグローバル化を進めている。

とはいえ、「国進民退」の問題や「公有制」の是非をめぐる論争は1990年代から中国で続いてきた論争であり、世論の統制だけで習近平の政策への反対意見を根絶することはとうてい難しい。

2005年ごろに「何竜論争」があったが、中国の自動車産業を束ねる機械工業部部長の何光遠が合弁企業からは中国土着の技術と人材が生まれないことを主張し、中国は自国の自動車産業を育てるべきだと主張していた。これに対し、WTO交渉を担当した竜永図は自国ブランドのために自国ブランドを育てるべきではないと力説した[58]。朱鎔基らの改革派にある基本的な発想は「開放すればするほど安全で、開放すればするほど発展できる」[59]というものである。彼らにしてみれば、開放の原則、公平な競争環境を確保する原則、透明性の原則、市場経済の原則は変えてはならない。2023年の時点においても朱鎔基時代に改革を主導した人の1人である陳清泰は「中所得国の罠を乗り越えるためには民営経済の活力を生かす必要があり、そもそも所有制は問題ではなく、競争の平等性が重要で所有制で企業を区別すべきではない」[60]との主張を展開した。

5▶ 終わりなき「経済発展と党の指導」の葛藤

1990年代以降のグローバル化の流れのなかで、中国は独自の道を模索し、社会主義の看板を下ろさずに、一党支配のもとで市場経済を導入した。中国のグローバル化の流れは、「党の支配」と「経済発展」のバランスを探りながら進められてきている。

中国でグローバル化による影響が最も包括的に議論されていたのは1990年代後半である。現時点で検証すると、当時の議論はかなり正鵠を射ている。グローバル化は避けられない趨勢であり、グローバル化を通じて経済を発展させることができるという認識はWTO加盟前の中国において浸透していた。他方、グローバル化はいわゆる「西洋化」であり「アメリカ化」であるという見解も共有されていた。こうしたなかで、「党のイデオロギーへの浸食」、「政治的民主化」、「文化の多元化」の危険性も指摘され、アメリカの

覇権主義の横行や経済主権の喪失に関する懸念も浮上し、民族産業育成の必要性も議論されていた。

　改革開放当初の中国は政権へのマイナスの影響を避けつつもグローバル化を活用した経済発展を優先させ、中国はWTO加盟を通じて市場経済化への道を歩み始めた。そして西側先進国の対中エンゲージメント政策も「外圧」として、中国の経済改革を大きく後押しした。こうした意味でいえば、WTO加盟に向けた取り組みで進められた中国の改革開放は朱鎔基の強いリーダーシップと外圧の相乗効果に賜物である。

　しかしながら、朱鎔基が主導する市場経済化はあくまでも経済分野に限られており、国内のコンセンサスがないまま、トップダウンで実施されたものであった。道半ばの中国の市場経済化は2003年3月に朱鎔基が首相の座を退き政界を引退した時期から、国有企業の合併、世界の金融危機、戦略的技術の登場などにより、「規制経済」の色彩を強く帯びるようになった。

　改革開放が進むにつれ、改革開放当初から強く意識していた政権へのマイナスの影響は徐々に顕在化した。2000年代に入ってから、政治改革抜きの市場化は腐敗を蔓延させ、メディアの市場化でグローバル化をめぐる世論は分裂し、デモやストライキが多発するなど社会も不安定化した。

　2000年代後半から中国で顕在化した政治、社会の諸問題はペレストロイカ時のソ連を彷彿させ、こうした現状に強い危機感を抱いた習近平政権は「経済発展」よりも「党の支配」を優先させた。冷戦終結後の中国共産党にとって旧ソ連の崩壊は大きなトラウマとなっており、党主導のもとで幾度も崩壊の理由を検証していたが、イデオロギーの重要性を強調しながらも経済・政治体制における自己改革の重要性も唱えた2002年の検証報告[61]と異なり、習近平政権はイデオロギーの重要性のみを重視している。

　「新型グローバル化」の概念そのものは米中対立を強く意識しているとは言え、中国の経済グローバル化の動きが完全に途絶えたわけではない。ただ、第1次トランプ政権以降のアメリカはすでに対中エンゲージ戦略を放棄し、中国を「国際秩序を変える意図とそれを実行する力を持つ唯一の国家」と位置づけ、中国との競争姿勢を鮮明にした。このように、国内のインセン

第4章●中国のグローバル化　113

ティブの欠如に加え、中国の改革を促す「外圧」も消失した。

　中国はグローバル化の最大の受益者と一般的にいわれているが、本章で検証したように、グローバル化が中国に与えた影響は、欧米と比べるとかなり異なる特徴を有している。グローバル化をめぐる議論は中国の世論を二分したが、国民レベルでいえば、グローバル化でアイデンティティ、イデオロギーないし生活が脅かされ、集団的排他的主義（「トライバル化」[62]）が生まれたわけではない。もちろん歴史に根づく西洋化への排斥心理、漢民族の伝統的な服装とされている「漢服」が流行るなど中国伝統文化への回帰現象はあるものの、世論が分裂する中でもアンチ・グローバル化が国民の求心力として働くことはない。

　他方グローバル化により、共産党政権のイデオロギー、政権の正統性、政権の統治能力が脅かされたことは確かである。改革開放に逆行する政策は、政権の危機意識によるものだといえる。

　政権崩壊などのショック療法で対外開放政策を採択しているわけではない中国は、グローバル化がもたらすイデオロギー的、政治的、経済的影響を強く受けながら、政治の安定を模索してきている。「政権の政策と社会の反発」、「経済発展と党の指導」の間の葛藤は今後も長く続きそうであり、西側先進国の対中エンゲージメント政策の成否に関する判断は、もう少し長いスパンで見る必要があるかもしれない。

　注

1 ——Andrew J. Nathan は 2003 年の時点で "China's Changing of the Guard: Authoritarian Resilience"（*Journal of Democracy*, Vol.14, No.1, 2003）と題する論考を発表し、権威主義中国の強靭性を指摘した。

2 ——Kurt M. Campbell and Ely Ratner, "The China Reckoning: How Beijing Defied American Expectations," *Foreign Affairs*, Vol.97, No. 2, 2018. 同論文の日本語訳は『フォーリン・アフェアーズ・リポート』を参照 <https://www.foreignaffairsj.co.jp/articles/2018 04_campbell/>。

3 ——Alastair Iain Johnston, "The Failures of the 'Failure of Engagement' with China", *The*

Washington Quarterly, Vol.42, No. 2, 2019.

4 ── Aaron Friedberg, "Ripe for Rivalry: Prospects for Peace in a Multipolar Asia,", *International Security*, Vol.18, No.3, 1993-1994.

5 ── Aaron Friedberg, "Getting the China Challenge Right," *American Interest*, January 10, 2019 <https://www.the-american-interest.com/2019/01/10/getting-the-china-challenge-right/>.

6 ── 李慎之「関於全球化的幾個問題」『社会科学』2000年第1期、2～5頁。

7 ── 薛暁源「『全球化与当代社会主義、資本主義』検討会綜述」『国外社会科学』1998年第5期、87頁。

8 ──「経済全球化進程中的社会主義：五論社会主義発展的歴史進程」『求是』2001年第1期、26頁。

9 ──「社会主義在探索中前進：三論社会主義発展的歴史進程」『求是』2000年第23期。

10 ── こうした論調には例えば、李長久の「世界経済全球化与貧富差距拉大」（『党的生活』1996年第11期）などがある。

11 ── こうした論調には例えば、王逸舟「全球化時代的国家経済、政治与安全：対亜洲通貨危機的另一種反思」『世界経済』1998年第8期などがある。

12 ── この論点については陸仁柱「経済全球化与中国文化」『世界経済与政治』1997年第11期を参照。

13 ── 李慎之「関於全球化的幾個問題」『社会科学』2000年第1期、2～5頁。

14 ──「上世紀90年代初国有中小企業的『民営化』」新浪財経 <https://finance.sina.cn/2021-07-06/detail-ikqcfnca5135515.d.html>。

15 ── 黎春桂「対国企改制成功経歴的探析」『視点』2010年第10期、38～41頁。

16 ── 蕭冬連「国有企業改革之路：従『放権譲利』到『制度創新』」『中共党史研究』2014年第3期、9～19頁。

17 ──「陳清泰：国企出現四個新機制」『特区展望』2001年第6期、18頁。

18 ──「中国将出現本世紀以来最大一波下崗潮」RFI <https://www.rfi.fr/cn/%E4%B8%AD%E5%9B%BD/20160414-%E4%B8%AD%E5%9B%BD%E5%B0%86%E5%87%BA%E7%8E%B0%E6%9C%AC%E4%B8%96%E7%BA%AA%E4%BB%A5%E6%9D%A5%E6%9C%80%E5%A4%A7%E4%B8%80%E6%B3%A2%E4%B8%8B%E5%B2%97%E6%BD%AE>.

19 ──「消除所有制鴻溝　企業将再一次解放：訪国務院発展研究中心原党組書記陳清泰」『中国改革』2023年7月、24～29頁。

20 ──「大宇帝国的坍塌」『中国経済時報』1999年8月6日。

21 ── 1983年1月に国務院がGATT復帰の決定を下し、3年の準備を経て1986年に申請した。

22 ── Julian Ya Qin, "'WTO-Plus' Obligations and Their Implications for the World Trade Organization Legal System: An Appraisal of the China Accession Protocol," *Journal of World Trade*, Vol.37, No.3, 483-522, 2003.

23——「専訪中国復関及入世談判代表団団長竜永図　朱鎔基総理決断中美談判的故事」『21世紀経済報道』2021年11月21日、1〜8頁。「独家専訪石広生：中国入世十周年：石広生回溯中国入世的艱難歴程」『21世紀経済報道』2011年12月12日。

24——「竜永図説：『入世界』就是深層次改革開放」『当代法学』2000年第1期、59頁。

25——「中国『入世』十大天問」『領導決策信息』2001年第16期、8〜11頁。

26——「以開放促改革　做強中国服務行」『中国儲運』2013年第6期22〜25頁。

27——「竜永図憶入世十年」『商週刊』2011年25期、25頁。

28——「専訪中国復関及入世談判代表団団長竜永図　朱鎔基総理決断中美談判的故事」『21世紀経済報道』2021年11月21日、1〜8頁。

29——「堅持独立自主参与経済全球化的有機結合：以江沢民経済全球化思想的考察為中心」中国改革信息庫 <http://www.reformdata.org/2009/1026/7446.shtml>。

30——同上。

31——関志雄「25周年を迎える中国の改革開放：公有制の終焉に向けて」独立行政法人経済産業研究所 <https://www.rieti.go.jp/users/china-tr/jp/ssqs/031110ssqs.html>。

32——Roselyn Hsueh, *China's Regulatory State: A New Strategy for Globalization*, Cornell University Press, 2011.

33——白躍世「論国有企業的特殊性」『理論導刊』1999年第12期、11頁。

34——黎春桂「対国企改制成功経歴的探析」『視点』2010年第10期、38〜41頁。

35——衛興華、張福軍「当前『国進民退』之説不能成立」『馬克思主義研究』2010年第3期、5〜11頁。

36——国務院国有資産監督管理委員会・軟科学研究課題結題報告『金融危機対中央企業的影響及戦略対策的思考』2010年。

37——胡鈺「認識国企有思想定力：国企的改革歴程与存在価値」『人民論壇』2014年第1期、51〜53頁。胡鈺は当時の国有資産監督管理委員会ニュースセンター副主任。

38——第12次五カ年計画では省エネ環境保護、新しい情報通信技術、バイオテクノロジー、ハイテク装備製造、新エネルギー、新材料と新エネルギー車の7つであった。13次五カ年計画ではネット経済、ハイテク製造、バイオテクノロジー経済、グリーン低炭素、デジタルイノベーションの5つの領域と新しい情報通信技術、ハイテク装備、新材料、バイオテクノロジー、新エネルギー車、新エネルギー、省エネ・環境保護とデジタルイノベーションの8つの産業。14次五カ年計画では新しい情報通信技術、バイオテクノロジー、新エネルギー、新材料、ハイテク装備、新エネルギー車、グリーン環境保全、航空宇宙、海洋装備を指す。

39——鄧偉「『国進民退』的学術論争及其下一歩」『宏観経済』2010年第4期、39〜46頁。

40——「胡星斗：建議『両会』審議和制止『国進民退』」『中国報道週刊』<https://www.china-week.com/html/5496.htm>。

41——袁恩楨「『国進民退』与『民進国退』的争議背後」『探索与争鳴』2010年第6期、45〜48頁。

42——胡鈺、前掲論文。

43──衛興華・張福軍「当前『国進民退』之説不能成立」『馬克思主義研究』2010年第3期、5〜11頁。

44──「『国進民退』真偽」『中国経済週刊』2010年、10〜15頁。

45──「民営経済10年対外経貿概覧：堅持擁抱全球化、外貿民企潮頭」経済観察網 <https://www.eeo.com.cn/2022/1010/561516.shtml>。

46──権力者と私営企業の結託を暴露したのは、デズモンド・シャム著（神月謙一訳）『私が陥った中国バブルの罠──レッド・ルーレット』草思社、2022年である。

47──Minxin Pei, *China's Crony Capitalism: The Dynamics of Regime Decay*, Cambridge, Massachusetts: Harvard University Press, 2016.

48──「改革攔路虎　当代中国的七大利益集団」前瞻網 <https://www.qianzhan.com/indynews/detail/150/130425-d10fa891.html>。

49──「『共同富裕』って何なの？習近平政権のねらいは？」NHK <https://www3.nhk.or.jp/news/special/international_news_navi/articles/qa/2022/05/25/21215.html>。

50──青山瑠妙「支配の正当性、巧みに演出──中国共産党100年」『日本経済新聞』2021年6月25日。

51──Zhuoran Li, "The CCP's Changing Understanding of the Soviet Union's Collapse", *The Diplomat*, October 08, 2022.

52──李慎明「蘇聯亡党亡国反思：『公開性』与指導思想『多元化』」『紅旗』2012年第5期、16〜20頁。

53──李瑞琴「蘇聯歴史虚無主義者的動機与目的」中華人民共和国国史網 <http://hprc.cssn.cn/gsyj/gsbx/flsxw/201802/t20180202_4251549.html>。

54──青山瑠妙「『陣営化』する世界と中国のグローバル・サウス政策」『国際問題』711号、2023年、37〜48頁。

55──「李錦：従歴史邏輯看両個『做強做優做大』的演変」崑崙網 <https://www.kunlunce.com/klzt/guoqigaige/2020-12-29/149133.html>。

56──2017年5月に開かれた一帯一路国際協力フォーラムで、中国は「新型グローバリゼーション」を提起した。

57──青山瑠妙「台頭を目指す中国の対外戦略」『国際政治』183号、2016年、116〜130頁。

58──「『何竜之争』激辯　2005自主品牌邁歩三抉択」捜狐網 <https://auto.sohu.com/20060104/n241267042.shtml>。

59──「竜永図憶入世十年」『商週刊』2011年25期、25頁。

60──「消除所有制鴻溝　企業将再一次解放：訪国務院発展研究中心原党組書記陳清泰」『中国改革』2023年7月、24〜29頁。

61──彭萍萍・李慶「『全球化与社会主義』専題研究綜述」『当代世界与社会主義』2002年第3期、63〜67頁。

62──クルト・ドゥブーフ（臼井陽一郎監訳、小松崎利明・武田健・松尾秀哉訳）『トライバル化する世界──集合的トラウマがもたらす戦争の危機』明石書店、2020年。

第5章

日米摩擦と米中摩擦
——産業政策の経済分析から評価する

渡邉真理子　WATANABE Mariko

　　後発国の参入による国際価格の低下は、長期的には、先発国の産業の競争
力を失わせ、生産が減少し、労働者が解雇され、一部の企業が倒産に追い込
まれることになりかねない。このような可能性に直面する先発国産業は、準
レントの減少と産業内の企業家と雇用者の利益を守るため、自国政府を通じ
て後発国政府に政治的圧力をかけることによって、後発国の産業を防ごうと
する。この結果、2つの国の間に深刻な経済摩擦が起こることになる。

　　この先発国産業の既得利益への侵食は、かりに後発国の保護政策が先発国
の経済厚生を全体としては改善することになるとしても、不可避の現象であ
る。すべての国のあらゆる経済主体の厚生を改善するという「パレート改善
的」な効果を持つことにはなりえないのである。したがって、仮に先発国の
生産者余剰の悪化が消費者余剰の改善を下回るため、後発国の産業保護・育
成政策が先発国の経済厚生に全体としてはプラスの効果をもったとしても、
先発国産業の既得利益が減少することに違いはない。このとき、後発国の保
護・育成政策は、世界全体の経済厚生を改善させるにもかかわらず、政治的
に深刻な問題を作りだしてしまうのである[1]。

1 ▶ 問題設定——経済摩擦の経済的原因を理解する

　アメリカと中国の間の緊張関係は、2010年代のバラク・オバマ政権期に
始まり、第1次ドナルド・トランプ政権期に激化した。ジョー・バイデン政
権のもとでも、さらに今後も、おそらくは容易に収束しない。現在の米中経

済摩擦は、単純に貿易をめぐる行き違いといったような貿易摩擦の域を超えて、互いの経済構造にまで踏み込んだ対立である経済摩擦に至っている。さらに、現在の国際政治の状況からは、安全保障の問題も巻き込んだ摩擦になりかねない。イノベーションの主導権をめぐる争い、体制の違いからくる摩擦、安全保障にまでおよぶ覇権をめぐる争いといった要素が混ざり合って進行している。

　本章では、1980 年代に日米経済摩擦の焦点となった日本の産業政策に関する分析の視角から、日米経済摩擦と米中経済摩擦の共通点と相違点を整理することを試みる[2]。

　また、中国の産業政策は、この日本の産業政策をめぐる分析枠組みの影響を強く受けており、それらの研究で指摘された問題に中国も直面し、この分析の示唆に従った対応をみせた事案もある。日本の産業政策が、小宮らの研究の出版直後の 1986年の日米半導体協定により、事実上停止してしまったともいえる状況に対し、あとから来た中国が同じような問題に直面し、日本の産業政策分析から導かれた処方箋に従って動いたともいえる。

　具体的な論点は変遷してきているものの、市場経済に内在する負の外部性（negative externality）がもたらす「国際的な市場の失敗」を適切に管理する国際的な合意形成が必要であることが、改めて明らかになってきている。本章では、この視点をもとに議論していきたい。

2 ▶ 経済摩擦の経済的原因
　　　——産業政策と国際的な市場の失敗

　小宮隆太郎、伊藤元重らの研究は、産業政策をめぐる経済学的な分析の嚆矢であり、現在の米中対立を理解することも可能にする、経済学的枠組みを提供している[3]。これを「翻訳」し社会に広めることを試みたのが、村上泰亮の研究である[4]。これらの研究が強調する通り、産業政策をめぐる経済摩擦は、国内の社会構造と国際経済関係にまで影響する深いインパクトのある問題である。このための広い視野をえるため、まず村上の議論から紹介した

120　　第Ⅱ部 • 中国の対アメリカ政策とその文脈

い。

◆村上泰亮の「開発主義」

　村上の研究は、経済学の専門用語を用いて「動学的な収穫逓増傾向を意識的に利用すること」を「開発主義」と呼んでいる。そして、より具体的には「通時的な見通しを持って規模の経済などのメリットを意識的に利用すること」を開発主義と呼ぶ、としている。さらに (1) 企業の開発主義と (2) 国家の開発主義があると分類した[5]。その上で、国家の開発主義を推進する政策が「産業政策」であるが、国際経済上の固有の問題を引き起こすと指摘している。

　企業の開発主義とは、企業の利潤最大化のために意図的に規模の経済を利用すること、と村上は定義している。現実の企業の戦略をみていると収穫逓増傾向（規模の経済の違う角度からの表現）をビジネスモデルとして利用する戦略、正の外部性の利用は、広く存在する。この「企業の開発主義」に対しては、独占禁止法、競争政策による規律付けが必要になり、21世紀の現在、制度化が広く進んでいる。

　第二の国家の開発主義とは、ある国家が経済全体として収穫逓増傾向（現在の用語では、動学的な正の外部性）を意識的に利用し、より経済厚生を引き上げる産業構造への転換を目指す思想である。自国の経済厚生を引き上げ、経済成長を達成するためには、産業政策は一概には否定できない。

　第三に、村上は、開発主義は社会の構造にも急激な変化を与えることにも注意を払うべきであると指摘している。急激に産業間のバランスを変更することで、労働市場での移動や地域間の違いを生み出すため、社会的な緊張を発生させることを指摘している。これは、自国内での農村と都市の緊張だけでなく、国際間の社会的な緊張を生み出す。

◆産業政策の正当性と弊害[6]

　正当性──自国経済の厚生の確保と「小国」であること

　ある国が、自国産業を振興することが正当化できるのは、自国産業の育成

により、自国の経済厚生（生産者余剰と消費者余剰の総和）を引き上げることができるときである。

　たとえば、ある産業において、外国企業が自国内で優越的な地位を維持しているとする。さらに、この産業の基幹的な技術は、規模を拡大すればするほど、平均（ときには限界）費用が低下する性質を持っているとする。このとき、企業が参入するときに必要なセットアップ費用が負担できないと、自国企業は参入できない。もしくは、先行参入している外国企業は生産を拡大すればするほど費用が低下するため、後発企業よりも有利であり続け、独占力を発揮しこの技術からえられる利益を独占することも可能になる。これが規模の経済がもたらす市場の失敗である。これを補正するために、政府はセットアップ費用をなんらかのかたちで負担し、この産業への企業の参入を促すことは、自国経済の厚生にとってプラスである。このため、この産業政策は正当化できる。

　さらに、国際経済学においては、「小国」が産業政策をおこなうことは、貿易と投資の世界に影響を与えないために、許容されるという見方が一般的であった。国際経済学においては、その国の政策がその国の総合的な価格競争力（交易条件）に影響を与えるほどの大きさをもつ国を「大国」と呼び、規模が小さくその国の政策が交易条件を左右することのできない国を「小国」と呼ぶ。この「小国」が産業政策をおこなって、規模の経済のある産業に進出したとしても、自国の競争力を本質的に変化させる力はない。その場合は、通商ルールにおいて、小国の産業政策は規制されない、というコンセンサスができていたのである。

　なお、「途上国」「新興国」という概念は、開発経済学、経済成長論の概念であるが、上の「小国」とは異なる状態を指す。途上国とは、1人当たりのGDP（国内総生産）のレベルが低く、先進国の1人当たりGDPの成長経路のスピードに追い付くことができていない国を指す。新興国は、この途上国の状態を脱出するためになんらかの政策をとり、先進国の1人当たりGDPの成長軌道にキャッチアップすべく、高度成長を実現している国である。

弊害1──一国による規模の利益の独占

古典的には、互いのもつ資源のうち相対的に得意な製品に特化して生産し、それを交換することで貿易が生まれると考えられてきた。たとえば、低所得国は労働力の安価さを反映させた労働集約的な製品を輸出し、高所得国は資本集約度の高い製品を輸出する、というような関係である。これが、資源賦存による「(静学的) 比較優位」である。しかし、先にみたようにその国の経済を主導する産業に「規模の経済性」がある状況となると、資源賦存に応じた「比較優位」の効果に加えて「規模の影響」が加わってしまう。これを「動学的比較優位」と呼ぶ。この動学的比較優位、つまり規模の経済を加味した比較優位を磨く国家間の競争を無防備に放置した場合、国際競争力はその国家が投入する補助金の規模の競争で決まってしまう。そうなると経済規模、人口規模が大きく、その政策が交易条件に影響を与えられるような「大国」が、規模の経済をもつ新しい技術のもたらす利益を独占してしまうことになりかねない。この性質から、規模の経済を利用する政策を多くの国が発動し始めると、輸出の増加は互いに競い合うエスカレーションを招いてしまう。このような競争が貿易摩擦を引き起こし、他国がすでにもっている市場を奪い合う状況も不可避となる[7]。つまり、政府と政府の競争がぶつかりあう事態が生まれてしまう。村上が「開発主義の衝突」と呼んだ状況である[8]。

弊害2──産業構造の急速な転換による社会的な緊張

この社会的な緊張は国際的にも波及することが、21世紀に入って強く意識されるようになる。もっとも深刻で影響の大きい国際的な社会的緊張の例が、アメリカのラストベルトや南部における雇用と格差拡大の問題であるだろう。この社会的緊張がトランプ大統領を生み出し、その背景にある問題として、デヴィッド・オーターらの一連のチャイナ・ショック研究と呼ばれる分野が、中国の製品の輸入がアメリカの雇用を脅かしたことを明らかにしている。オーターらの研究は、中国からの輸入品と競合する製品を製造する産業の雇用が負の影響を受ける状況は、2010年に最高潮となり、その後、

2019年まで続いていたこと、そうした産業が所在する地域では1人当たりGDPが低下し、中国からの輸入品が安価で多様であることの便益を考慮しても、負の影響を拭えないことを確認している[9]。

ロドリックとブランシャール共編の研究では、このオーターらのチャイナ・ショック研究のまとめのほか、広い分野でアメリカの格差をもたらした原因とそれを是正するための方策が議論されている[10]。中国だけでなく、世界各国との「開発主義」の衝突にいかに向き合うのかについて、アメリカの学術界が正面から取り組んだ動きといえよう。また、こうした開発主義の衝突がアメリカに限らず、先進国と新興国全般の間で起きていることをブランコ・ミラノビッチは、指摘している[11]。

3▸ 日本と中国の経済摩擦の比較

本節では、「開発主義としての産業政策」がもたらす国際的な緊張に関して、1980年代の日本と2010年代以降の中国の間の共通点と相違点を整理する。

それぞれの時期の日本と中国は、次の点で相似的な経験をしている。まず、その輸出競争力の源泉が、単純な資源賦存ではなく、規模の経済のある技術の特性も反映した比較優位になっている。また、国際的寡占に対して産業政策で対抗する、規模の経済の利益を獲得するための産業政策をおこなったという点である。

しかし、日本と中国の置かれた環境には大きな違いがあった。第一に、国際ルールの存在である。日本がアメリカと向き合った時期は、GATT（関税および貿易に関する一般協定）は存在していたが、投資やその他の公平な世界市場への参入を担保する制度が整っていなかった。そのため、アメリカから自動車の「輸出自主規制」、半導体輸入の「数値目標」といった政治的な交渉に明け暮れることとなった。アメリカと一対一で交渉せざるを得ず、他の方法がない環境では、他に選択肢がなかった。しかし、1995年のWTO（世界貿易機関）の成立後、ようやく数量目標は原則禁止となり、アメリカをWTOに

提訴することで、経済摩擦は沈静化していった[12]。

　これに対し中国は、2001年にWTOに加盟したあと、数量割当や輸出規制などが原則認められない環境のもとで、グローバル化の恩恵を受けて、経済成長を実現した。先進国との間の経済摩擦についてWTOルールが一定の規律づけを定めてくれたため、2国間で一から交渉をしなければいけない、という交渉費用を中国は負担せずに済んだ。一方、安全保障上の枠組みにおいて中国はアメリカとどう距離を取るかを手探りで探り続けてきている。2015年に国家安全法を制定してから、国家安全を開放政策に優先する姿勢に転換すると、アメリカ、日本、EU（欧州連合）は、2020年代に入って、中国の「エコノミック・ステイトクラフト」を非難し、「経済安全保障」を求める動きに傾いていった。

　とはいえ、新興国が先行する先進国との間に生み出す緊張の源は、本質的に同じである。環境の違いが異なる状況を生み出している。本節では、日本と中国の間の共通点と相違点を比較していく。

◆ 米中摩擦——産業政策、過剰生産をめぐる対立

　2024年5月に、ヨーロッパを訪問した習近平国家主席は、ウルスラ・フォンデアライエン欧州委員会委員長に対し、中国から欧米へのEV（電気自動車）の輸出が急増していることについて、「比較優位と世界市場の需要の両面から見れば、『中国の過剰生産問題』など存在しない」と述べた[13]。

　この発言は、中国と欧米の間の経済摩擦の「経済的原因」をめぐる主張に大きな齟齬があることを示している。この経済摩擦およびその現象のひとつとして認識されている産業政策、過剰生産について、アメリカ、EUと中国がそれぞれどのような主張しているかをみてみよう[14]。

アメリカの主張

　アメリカの対中国政策、特に経済にかかわる政策については、経済学者であるジャネット・イエレン財務長官からの情報発信に方向性が集約されている。

2023年4月、イエレン長官は、ジョンズ・ホプキンス大学において、中国との経済関係に関するスピーチをおこなっている[15]。ここで、アメリカの中国との経済関係は、次の3つの主要な目標があるとしている。「第一に、アメリカおよびその同盟国、パートナーの国家安全保障（national security）を確保する必要がある。第二に、中国との健全な経済関係の構築を目指す。第三に、地球温暖化や新興国の債務の問題の解決など、緊急のグローバルな課題は協力して取り組む」。

第一の主要目標である国家安全保障に関して、「1つはっきりさせておかなくてはいけないのは、国家安全保障のための行動は、アメリカの競争優位を確保するためや、中国の経済および技術の現代化を窒息させることを目的としているのではない。確かに、こうした行動が経済に負の影響を与えることがあるかもしれないが、これは直接的に安全保障のためにおこなっている。安全保障の確保という点からは、経済的な利益との間にトレードオフがあったとしても、妥協しない」と宣言した。

そのうえで、経済分野における国家安全保障に関する行動の原則として、次の3つを上げている。「第一に、これらの行動は範囲を狭く設定し、目標を明確にする。第二に、こうした手段は明確に理解することができ、履行が確実にできることが肝要である。第三に、こうした行動の設計と実行にあたっては同盟国やパートナーと連携することが必要である」。いわゆるスモールヤード・ハイフェンス（small yard high fence）と呼ばれるアメリカの対中方針の原則についてのイエレンからの説明である。

第二の主要目標である中国との健全な経済関係の構築について、まず健全な経済競争の明らかな前提として、中国とアメリカ経済は深く統合されており、アメリカ経済を中国と完全にデカップリングすることはない、と否定している。それは、アメリカと世界経済を破綻させるとしたうえで、「ルールに従って行動し、成長する中国は、アメリカの利益である」としている。

そのうえで、中国との経済的な競争を繰り広げていくにあたって、次の2点を実行するとしている。第一に、現代的なサプライサイドへの投資が必要であり、アメリカの経済戦略は、自国に対して投資をすることで、他国を抑

圧したり、囲い込むことを目的としていない、とする。第二に、健全な経済競争のためのルールの説明の冒頭に、「アメリカは一国がすべてを支配するような競争を目指すことはしない。そうではなく、公平なルールのもとでの健康な経済的競争が、両国にとって永続的な利益となると信じている」と宣言する。

その後、イエレン長官は、2023年11月にサンフランシスコで何立峰副首相と会談し、さらに2024年4月に広州、北京を訪問している。サンフランシスコで、イエレン長官と何立峰副首相は、「両国のデカップリングは目指さず、両国の企業と労働者のための公平な競争条件 (level playing field) を確保するという目的を歓迎する」と宣言した[16]。

しかし、2024年4月のイエレン長官の訪中の際、広州でのアメリカ商工会議所メンバーに対するスピーチでは、「過剰生産への懸念」が強く押し出された[17]。イエレン長官は、中国の急激な輸出拡大が、輸入国側の産業基盤への大きな緊張を与え、社会経済全体を破壊する懸念を問題として掲げている。産業政策の経済分析が、その弊害として指摘していた社会的緊張そのものである。

中国の主張

こうした欧米の経済摩擦への懸念に対する、中国側の反応として、世界銀行のチーフエコノミストを務め、一貫して中国政府の積極的でナショナリスティックな経済政策を支持してきている林毅夫の2024年8月の第20期三中全会 (中国共産党中央委員会・第3回全体会議) 直後のインタビューをみてみよう[18]。

中国の産業政策が過剰生産を生み出しているという、欧米の批判にも関わらず、中国政府は自らが好ましいと考えるセクターに資源を配分し続けているのではないか、という問いかけに対し、小宮らの研究の自国経済厚生の確保という論理に則って反論している。つまり、研究開発の分野にはあきらかに産業育成に関する市場の失敗があり、自国の産業の育成の権利があると答えている[19]。

さらに、産業政策について、「産業政策は、長い間間違った政策だと考えられてきたが、世界経済をけん引するリーダーのポジションにある先進国で産業政策をおこなわずにその立場を維持していた国はない。政府が基礎研究を支援しなければ、技術進歩は停滞してしまう」と必要性を強調している。

この上で、日本は、産業政策を放棄したがゆえに経済成長が停滞し、「失われた30年」を経験している、と主張している[20]。しかし、この林に発言には、小宮らの研究が指摘した産業政策の弊害に関する視点が抜け落ちている。現在の中国は、多くの国にとっての最大の貿易相手国であり、その政策は、中国の産業の総合的な価格競争力（交易条件）を本質的に変化させる力がある。中国は、開発経済学の分類では依然として1人当たりGDPが先進国のレベルに達しない新興国であるが、国際経済学でいうところの大国でもあり、その産業政策に関しては、その弊害が他国に害を与えないような配慮を求められる規模になっている。林の発言には、そうした自国の位置づけに関する認識がない。

中国と世界経済の摩擦の大きな特徴は、「新興国」でありながら、「大国」であるところにある。こうした存在を規律づけるルールや国際合意をいまだ築くことができていない。

◆ 日本と中国の共通点──開発主義、過剰生産

日本と中国の経験している経済摩擦には、次のような共通点がある。(1) 行動としては村上のいう「開発主義」的な政策を取っていること、(2) 現象として、過剰生産、ダンピングが問題になっていること、(3) その原因として糾弾されている要因として、「補助金」の供与をおこなう行為と同時に「構造問題」が取り上げられた。日本の場合は、市場取引慣行などの「非関税障壁[21]」、中国の場合は、「強制技術移転[22]」「国有企業」「見えない補助金[23]」である。これらの要因は、紛争が進行中のときは、現象との因果関係があまり明瞭でなく、非難される側が強い違和感を示していることである。習近平のフォンデアライエンに対する発言がその例である。過去において、日本はアメリカに対して、過剰生産やダンピングはおこなっていないと繰り

返し主張した。一方で、日本も現在に至っては、過剰生産の問題で中国側を
非難する立場に回っている。

開発主義の手段としての産業政策

　村上は、開発主義の手段としての産業政策を構成する要素を表5-1のよう
にまとめている。同表は、村上が日本についてまとめた産業政策に関する整
理を、筆者が中国の情報を加えて、比較したものである。

　この表の限りでは、日本と中国の政府はかなり似通った政策を取っていた

表5-1　「開発主義」(村上)としての産業政策の構成要素と日本と中国の比較

	日本	中国	WTOルール
A　基礎的政策			
1. 産業の指定	○	五カ年計画・規画	
2. 産業別指示計画	○	産業別産業政策	
3. 技術革新とその普及	○	○多数	
4. 比較優位への意識[24]	−	○	
5. WTOルールへの意識[25]	−	2001年以降	
B　広義の保護政策			
1. 貿易保護政策	ある時期まで	○	WTOルール全体
2. 補助金政策	ある時期まで	○	補助金協定
C　多占維持政策(競争政策)			
1. 価格規制政策	弱い	1990年代までは強い	
2. 投資規制政策	かなりの産業で	○	
3. 生産量規制政策	○	○	
4. 独占禁止法の運用[26]	○	2008年以降	ルール不在
C　間接の金融統制政策	1980年代まで		
D　参入規制政策	重点産業	外資、民営企業	内国民待遇
E　紛争解決手段	二国間交渉	多国間ルール 経済的威圧	一方的措置の禁止 紛争解決プロセスへ の寄託

出典：村上(前掲)の分類に筆者が加筆。日本への評価は村上、中国およびWTOルールへの評価、摩擦への
　　　対抗手段は筆者による。

といえる。明確な違いがあることを指摘できるのは、(1) 中国の体制からくる問題、(2) 日本に比べて中国は国際化の進んだ時代に産業政策を実施していたことであろう。(1) については、たとえば、C-1 の価格政策に関しては、中国では 1990 年代までは計画経済期の名残でかなり広範囲に残っていたこと、D の参入規制について、企業の所有別の差別が存在することが指摘できる。

(2) については、A のうち、産業政策の実施にあたって、比較的優位や WTO ルールへの意識があったかどうか、という点である。

日本の過剰生産

日本とアメリカの間の経済摩擦は、繊維、カラー TV、鉄鋼、自動車、そして半導体[27]といった産業の間で起こった。繊維、鉄鋼、自動車といった産業において、アメリカとの摩擦で非難の対象になったのは、日本政府の産業政策、自動車産業の下請けネットワークや、家電産業その他の流通ネットワークといった取引慣行であった。

また、日本も過去に、アメリカに対し現在の中国と同様の主張をしていた。1985 年 8 月から 9 月にかけて、日本とアメリカの間で、半導体問題に関して、「神学論争」が起こっていた。アメリカは、「日本の産業のやりかたは不公正である。成長の過程で政府の過度の支援をうけた。ダンピング販売をおこなって、アメリカから市場のシェアを奪い取っている」とし、301 条提訴も視野に入れていると伝えてきていた。これに対し、日本側は、「過去の支援策は、正当化可能であり、現在はなんら非難をしていない。設備投資は企業の判断である。当初はコスト割れに見える価格も、一定程度の生産量を超えれば採算が取れる[28]」と、反論していた。

中国の開発主義

中国の政策が開発主義に基づいたものであることは、前節の林毅夫のインタビューの中での議論からも明らかである。そして、実際のそれは、小宮らの研究が描いた日本の 1960 年代、70 年代に比べて、より系統立ったものに

なっているといえる。

　現在の中国の産業政策は、国家の官僚体制がその時々の国家目標を達成するための手段の延長にある。1949年の建国後の計画経済、1978年からの市場経済への移行経済、そして現在の社会主義市場経済を進める五カ年計画というように目的を変更しながらも、一貫して中央から地方までの官僚制を動かすための政策の方向性を示す計画となっている。

　こうした経済計画の目標が、体制転換から狭義の産業育成への転換したのは、2006年から開始された第11次五カ年規画からである。このとき、折しも、五カ年計画もそれまでの政府の計画から、政府が提示するビジョンという意味合いに変化し、五カ年「規画」に改称した。この時期は、新興国として先進国の経済成長プロセスにキャッチアップすることが主眼に掲げられ、同時に科学技術立国を目指すことが宣言され、中期科学発展計画（2006-2030）という25年にわたる長期計画も発表された。続く2011年からの第12次五カ年計画の際に、戦略支柱産業の選定を開始する。

　そして、2015年から始まる第13次五カ年規画では、製造業とインターネットの融合という新しい論点を提示し、それまでのキャッチアップ志向から転換し、新しい価値創造を目指すことも示された。李克強総理が主導した『中国製造2025』とテンセント、アリババなどのプラットフォーム企業が計画作成に参加したと言われる「インターネット＋」というサブ計画、さらにイノベーション主導の経済成長を目指す『国家創新駆動発展戦略綱要』が公表された。この計画のうち、特に『中国製造2025』はアメリカの警戒感を呼び起こし、米中経済摩擦がスタートする契機となった。

　しかしながら、同時に生産能力の削減についての政策の実施も迫られていた。「供給側構造性改革」と呼ぶもので、「生産能力、在庫、レバレッジの3つを削減し、コストを低下させ、足りない部分を補い、ゾンビ企業の淘汰を謳ったものであった。

　現在進行中の第14次五カ年計画は、『デジタル・チャイナ』を目標に掲げ、さらにプラットフォーム企業主導から製造業への回帰と製造業のデジタル化を謳っている。

こうした経済計画は、中央および各地方の政府とそこに属するシンクタンクが作成していく。五カ年計画本体に関しては、おおよそ2年前に作成案の活動が始まり、最終年にはそれまでの計画のレビューとともに新計画のための議論を1年かけておこなう。そして、最終的には、3月におこなわれる全国人民代表大会で政府の計画として提出されたあと、党の決定として承認される。中国の政策の中でももっとも格の高い扱いを受けて作成、承認、実施がされる。

　この系統だった計画策定を巡る研究と立案のプロセスには、村上のいう「開発主義」の姿勢が明確に表れている。

◆相違点

相違点1──発展段階の違い

　アメリカとの緊張関係が生まれた段階での、日本と中国の違いはおもに、経済発展の段階の違いと安全保障上の位置づけの問題である。

　図5-1は、長期にわたる比較が可能なひとり当たりGDPの変遷である[29]。日本がアメリカとの間で経済摩擦を経験していた1980年代には、アメリカと日本の1人当たりGDPは、同じスピードで(すなわち平行して)成長している。これは、日本がすでに先進国の経済成長の軌道にのっていたことを示している。水準としては日本がややアメリカを下回っていた。一方、2000年代の中国の実質1人当たりGDPは、アメリカのほぼ6分の1である。中国は1978年の改革開放政策への転換により、先進国の成長軌道にキャッチアップするべく急成長する成長軌道に乗ることに成功している。これは、いわば新興国の段階であり、いまだ先進国の段階には達していない。

　ある国の経済的な国力を示す指標は、GDP総額ではなく、1人当たりGDPである。その意味で、日本とアメリカの摩擦は、先進国同士の摩擦であったといえる。しかし、アメリカと中国の間の摩擦は、先進国と新興国の間の摩擦である。国力には圧倒的な差があるのが現実である。ただし、歴史を振り返ると、日本とドイツがアメリカに戦争を挑んだ1930年代には、日本とドイツが新興国であり、アメリカが先進国であるという国力の差があっ

132　　第Ⅱ部•中国の対アメリカ政策とその文脈

図5-1　1800年以降の1人当たりGDPの伸び（ドル、対数）

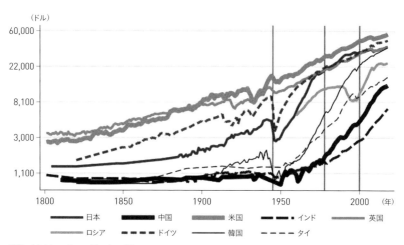

出典：Maddison Project Database. Version 2020.
注：縦線はそれぞれ1945、1978、2000年を示す。また1990年の基準購買力平価で比較可能にしている。

た。

相違点2──安全保障上の立場の違い

　安全保障上の違いは、1980年代の日本とアメリカは同盟国同士であったのに対し、2000年代の中国はアメリカとの間の軍事的・安全保障上の結びつきがないことである。

　中国は、アメリカが仕切る世界の中では自らの居場所がないという強い不安感を抱えている。中国側の論理では、世界秩序を構成しているのはパクス・アメリカーナ、普遍的価値、国連主義であり、中国としてパクス・アメリカーナというアメリカの軍事力の傘の中に入る選択肢は当然ありえず、また習政権では普遍的価値についても否定している。残るは国連主義であり、ゆえに中国は国連を軸とした秩序を国際秩序と呼び、その中で自分たちのポジション、影響力を強化し、自らの生存する空間を広げていこうとして

いると考えられる[30]。

　また、中国にとっては恣意的にみえるアメリカへの行動に対する危機意識が非常に強く、2015年の国家安全法制定はその危機意識の表れである。「国家安全第一」との見地に基づき、いろいろな分野での法制化・制度化が進めている。情報やデータの取り扱い、あるいは香港での社会的な緊張に対して国家安全法の制定で対応したことも、同じ論理の中で進んでいるといえるだろう。

　こうしたアメリカとの間にある緊張関係は、経済・通商分野にとどまらず、安全保障、国際秩序上の問題にまでエスカレートさせる可能性を持っている。

相違点3──日本の経験した非自由貿易的措置

　新興国が「開発主義」アプローチをとることで、覇権国であるアメリカとの摩擦を生む状況は、日本も中国も、さらには韓国も経験している。日本は、輸出自主規制、数値目標、さらには輸入拡大などを、政治的にコミットすることを求められた。

　日本は、アメリカとの2国間交渉を経て、輸出制限、数値目標といった「非自由貿易的措置」を甘んじて受け入れることになった。ルールによる「積極的自由」の担保される環境がなかったからである。しかし、このアメリカの「非自由貿易的な」措置は、結果として経済的には日本もアメリカも傷つけることになっていた。

　自動車については、1981年に輸出自主規制（Voluntary Export Restriction, VER）をはじめた。さらにトヨタがカリフォルニアでGMとの合弁として作ったNUMMI（ニュー・ユナイテッド・モーター・マニュファクチャリング）および独資のトヨタ・モーター・マニュファクチャリングなど、アメリカでの直接投資をおこなった[31]。

　この自動車産業における対米輸出自主規制は、アメリカの企業部門の利潤は増やしたものの、消費者の厚生を大きく損なった（図5-2）ことが、その後の経済学的な分析で明らかになっている[32]。これは、輸出自主規制の結果、

図5-2 自動車VERのアメリカ経済への影響

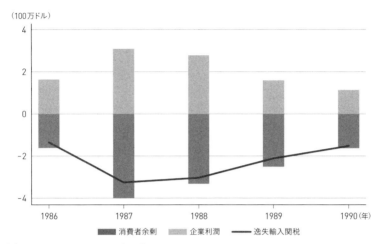

出典：Berry, Levinsohn and Pakes (1999).

規制がなかった場合に比べて日本車の価格が大きく跳ね上がり、アメリカ車の価格も維持された。対米自主規制の裏では、ヨーロッパへの自動車輸出が増えていたこともあり、ヨーロッパ車の価格は日本の対米輸出規制の結果下落し（図5-3）、ヨーロッパでの売り上げを拡大していたと考えられる。

半導体産業では、同様の「非自由貿易的措置」として、アメリカ製半導体の日本への輸入の拡大への協力（Voluntary Import Expansion, VIE）という要求を日本は受け入れた。半導体産業においては、1977年にアメリカの半導体企業の一部が設立した業界団体が、日本のライバルに対して「公平な競争条件」を求めるロビー活動を始めた。そして、1985年、産業政策や政府の補助を受けた企業は公平な競争をしていない、として、アメリカ政府が通商法301条に従って日本企業を提訴し一方的に措置をおこなうアクションを取ることで、「①アメリカ企業にふさわしい日本での市場シェアの回復（外国製の市場シェア20%という数値目標を設定）、②ダンピングの防止を求める」を骨子とする半導体協定を結ぶにいたった[33]。

図5-3　自動車VERの価格への影響

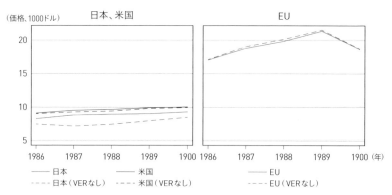

出典：Berry, Levinsohn and Pakes（1999）.

　1995年に成立したWTOでは、一方的措置、数値目標、数量制限といった手段は、原則禁止された。その代わりに、輸入国側が自国の産業を一定期間する保護するための手段として、貿易救済措置（アンチダンピング協定、補助金相殺関税、セーフガード協定）が公式なルールとなった。そして、日本は1996年に半導体協定が終了し、その後も再度アメリカからの数値目標、数量制限を求められ、スーパー301条を発動されたのに対し、1998年、EUとともにアメリカをWTOに提訴するに至った。これ以降、アメリカが日本に対し「数値目標」措置を導入することはなくなり、「一方的措置」も鳴りを潜めることになった[34]。

　半導体産業は、当時も最先端の技術であり、規模の利益の分配が焦点となる産業であった。この技術の利益の分配の手段として、民間の産業協力の世界半導体会議（World Semiconductor Council）、政府間協議（Global Governance Forum）などの半導体ガバナンスのスキームが構築された。また、1997年にWTO協定のひとつとして、デジタル分野の関税引き下げを目指すITA（情報技術協定）が成立した[35]。この協定のもと、情報技術製品の関税撤廃は進み、2020年現在82カ国・地域が加盟しており、ITA対象製品の世界貿易の97%

をカバーするに至っている。

日本は、WTOの成立によって「積極的自由」の担保[36]がされることで、ようやく一対一のくびきから逃れることができた。そして、このルールによる積極的自由の担保は、実際のところ日本のみならず、アメリカ以外の国もルールの恩恵に浴することができ、貿易と投資の活発化だけでなく、国際的な所得格差の解消にもつながった。いくつかの経済成長と格差に関する実証研究は、2000年代以降、途上国・新興国の1人当たりGDPの伸びが先進国のそれをうわまわるスピードで伸び[37]、国際的な所得格差を縮小することができたことを確認している[38]。

相違点4——中国のルールを通じた対抗

中国は、2001年にWTOに加盟することで、グローバリゼーションに接合することになる。このルールのもとで世界経済に参加することになった。日本の経験したような2国間交渉は、トランプ政権になるまで経験していない。

2001年のWTO加盟時、中国は次のようなコミットメントを受け入れている。まず、当然のことながらWTOのルールを遵守することである。これに加えて、国有企業・知的財産権・技術移転に関する追加条項など、中国の「WTO加盟議定書」という中国だけに課された約束、つまりWTOの一般ルールを超えた中国のみを対象としたルールが幾つか存在する。さらに、2001年加盟時に、相殺関税やアンチダンピングに関する非市場経済国待遇について、2016年までにこれを撤廃するとの約束があった[39]。

ルールの履行に関して、WTOは中国のみならず、全加盟国に対しても、透明性向上のための定期的な貿易政策レビュー（Trade Policy Review）をおこなっており、中国はこのレビューにおいても説明責任を負っている。これらに加えて、アメリカ通商代表部による独自のWTOルール履行に関するモニタリングや、アメリカ政府による継続的なスペシャル301条違反調査など、中国はWTO並びにアメリカの両方から監視を受ける状況に置かれている。

このような状況で、中国は欧米との経済摩擦に対し、ルールを梃子に対応

第5章●日米摩擦と米中摩擦 137

してきたといえる。中国に対するアメリカの異議申し立ては、実はオバマ期から始まっている。当時は「ルールベース」という原則は存在していた。2007年から2012年にかけて、アメリカは中国からの輸入品に対して、相殺関税を連続的に課しはじめた。アメリカは中国の安価な製品は、国有企業との取引による「隠れた補助金」によるものであり、貿易を歪めているという主張であった。中国は、このアンチダンピング税、補助金相殺関税の賦課を不服として、2010年にWTOに協議要請をし、アメリカの「隠れた補助金論」の正当性は認められなかった。アメリカは、この判断のあとも、中国の状況を不服とし、32の案件について調査をおこない、17の案件について相殺関税を課した。これに対して、2012年に中国は改めてWTOに協議要請をし、2015年に中国の主張が認められる上級委員会報告が出され、アメリカに対してこの報告の勧告の実施を求める誓約をした（WTO紛争案件番号DS379、DS437[40]）。その後も、アメリカは、中国の経済体制が他の経済に損害を与えているという問題提起を続けている。2016年にアルミ、鉄鋼の補助金を問題視するレポートを、アメリカ鉄鋼業協会、ヨーロッパ商工会議所がそれぞれ発表している。

　トランプ政権のもとでは、このほかにも、ファーウェイに対する厳しい輸出管理や、TikTok、WeChatのアメリカ市場からの排除などもおこなっている[41]。

　バイデン政権は、事前の予測に反して中国に対して厳しい姿勢を継続し、対中制裁の他にも、明らかに対中排除的な産業政策を実施している。例えば2022年に成立したインフレーション抑制法では、中国製原料の比率が高いバッテリーを使用したEV（電気自動車）はほぼ輸入できないなど、露骨な対中排除的条項が付されている。このあからさまな中国排除条項についても、中国はアメリカを2024年3月にWTOに提訴している（同上、DS623[42]）。

　一方、2022年10月の半導体輸出管理規制の強化し、2023年4月にジェイク・サリバン大統領補佐官とイエレン財務長官がスモールヤード・ハイフェンスという原則を唱えるようになったあたりから、アメリカはある意味冷静になったと筆者は考えている。この規制では、スマートフォン、自動運転の

ような商業用半導体チップは完全に対象外とし、コンピューティング能力を構成する要素、データセンター、高性能演算チップなどに対して、中国がほぼアクセスできないような規制をおこなった。同時に、アメリカ国籍の市民が中国の先端半導体製造に従事することも禁止した。つまり、軍事技術レベルの輸出管理、特に高性能なコンピューティングを構成する技術に関しては規制強化をするが、コンピューティング技術の中でも、一般的なものに関しては規制の対象外とした。すなわち、安全保障上の問題であるとの論理であれば、通商ルールの中でも許容されるとして整理を進めているのではないか、と筆者は推測している。EUとの間でも、ルールを使っての攻防が続いている。2023年から24年にかけては、EVに関する「過剰生産」がEUとの間で争点となっている。EUは、2023年に経済的なデリスキングを唱えた時期に、中国国内というEUの域外で供与された補助金がもたらしたダンピングを、EUがEU域内で独自に追加的な規律づけをおこなう外国補助金規制（Foreign Subsidy Regulation）を成立させている[43]。そして、中国からのEV輸入に関して、アンチダンピング調査をおこない、2024年7月にアンチダンピング課税を発動した[44]。これに対して、2024年8月、中国はこのアンチダンピング課税がWTOルール違反であるとして、協議要請をおこなっている（同上、DS626）[45]。

とはいえ、この時期を経て、現在の通商ルールが十全ではないことは否定できないことが明らかになった。EUは、ルールベースでの改善方法を模索し、WTOの貿易救済措置だけでは不十分だとして、EU域内では、外国輸出国での補助金に対する規制を追加的に作って、対応を始めている。アメリカは、政治的な場での交渉も視野に入れて、中国の「開発主義」に対する違和感を引き続き示している。これは、第3節のはじめに紹介したイエレン長官のスピーチの内容からも明らかである。中国は、オバマ政権の措置に対してはWTOの紛争解決制度により自国の利益を守ることができたが、トランプ政権のより強度の強い「場外乱闘」に対しては、紛争解決制度のレベルでは自国の主張を認めてもらうことはできたものの、アメリカの行動変容を勝ち取ることはできなかった。つまり、中国自身にとっても、通商ルールは不

第5章●日米摩擦と米中摩擦　139

十分なままである。

4 ▶ 「国際的な市場の失敗」にどう向き合うか

　小宮らの研究は、経済成長を各国が模索するとき、産業を育成する政策を採用することは認められるべきである、しかし、その国の経済規模が大きくなり、その政策が交易条件を変化させ、自国の産業によって世界の市場を占有し、他国の経済基盤に強い緊張をもたらすのであれば、一定のルールが必要である、と訴えていた。

　21世紀に入って中国が経験している経済摩擦と、1980年代の日本が経験していたそれとは、同じ経済的な構造を持っている。中国政府は、自国の経済厚生を引き上げるために、明確な意思を持って産業の発展を目指していた。自国の厚生を引き上げることはひとつの国家を運営する政府としては当然の権利であることは否定できない。この結果、海外企業の独占的な支配力による弊害を弱める効果がある一方で、規模の経済がもたらすコストの低下により、他国の市場を奪う結果ももたらしていた。とくに後者は、小宮らが指摘しているように、「国際的な市場の失敗」である。政策による産業の推進がもたらす摩擦は、市場メカニズムの中で自律的に解消することは期待できない。小宮がいうように、国際的ななんらかの政治的な合意が必要となるのである。

　伊藤らの研究は、「産業政策の国際的協調」について注意すべき論点として、「(a) 少数国間の協定や2国間の交渉によってではなく、真の国際協定によって包括的な経済取引の枠組みを作ること、(b) この枠組みは、単に財貨・サービスの取引を包括するにとどまらず、各国の国内法規や規制のシステムに関する取極めにまで及ぶものであること、(c) この枠組みをつかさどる国際機関は、明文化されたルールにもとづいて公正な運用をおこなうこと」、とまとめている[46]。「自由貿易体制」について、消極的自由ではなく、積極的自由を担保するシステムの構築を訴えている。

　その後の40年間に、WTOが成立し地域貿易協定や投資協定の締結が世

界各地で進んだ。より広い地域をカバーするCPTPP（環太平洋パートナーシップに関する包括的および先進的な協定）やRCEP（地域的な包括的経済連携）協定がアジアでは成立している。WTO全体の仕組みの高度化は停滞しているものの、一部有志国により、電子商取引などの新しい分野でのルール形成も続いている。その中で (a) から (c) の条件を満たす枠組みは構築され修正が加えられてきている。その結果、日米経済摩擦が収束し、世界経済は急速なグローバリゼーションと包括的な高度成長の時代を迎えた。「積極的自由」を確保するための制度構築は進められてきたといえよう。

しかしながら、現在のルールが依然として十分ではないのは確かである。しかし、WTO体制を全否定することでは意味がない。現在の摩擦の根源を緩和するために、どのような追加的な規律づけが望ましいのか。この点について、引き続き研究と模索を重ねる必要がある。

注

1——伊藤元重、清野一治、奥野正寛、鈴村興太郎『産業政策の経済分析』東京大学出版会、1988年、54頁。

2——伊藤ほか、前掲。小宮隆太郎、奥野正寛、鈴村興太郎『日本の産業政策』1984年。

3——小宮ほか、前掲。伊藤ほか、前掲。

4——村上泰亮『反古典の政治経済学』中央公論社、1994年。

5——村上、前掲、第24条。

6——この産業政策の正当性と弊害をめぐる経済学的分析については、以下の研究に経済モデルをもちいた理論的な議論の紹介とその後の研究の発展、実証分析の発見についてまとめている。渡邉真理子「産業政策と通商ルール――中国の『過剰生産』現象に関する理論的、実証的評価と政策的示唆」『RIETI Discussion Paper』（刊行予定）。

7——Uchiyama Takashi and Kiyono Kazuharu, "Marshallian External Economies in International Trade," *The Japan Society of International Economics*, No. 9., 2004.

8——こうした規模の経済がもたらす経済摩擦の状況を回避する論点については、渡邉（前掲）で整理している。

9——David, Autor, Dorn David, and Hanson Gordon H., "The China Shock: Learning from Labor-Market Adjustment to Large Changes in Trade," *Annual Review of Economics* , No. 8, 2016; David Autor, David Dorn, and Gordon Hanson, "On the Persistence of the China Shock", *NBER Working Paper*, 2021（doi: 10.3386/w29401）.

10——Dani Rodrik and Blanchard Olivier, eds., Combating Inequality: Rethinking Government's Role, MIT Press, 2021.

11——ブランコ・ミラノビッチ（梶谷懐ほか訳）『資本主義だけ残った——世界を制するシステムの未来』みすず書房、2021年。

12——小宮、奥野、鈴村、前掲。大矢根聡『日米韓半導体摩擦——通商交渉の政治経済学』有信堂高文社、2001年。Urata Shujiro, "US-Japan Trade Frictions: The Past, the Present, and Implications for the US-China Trade War," *Asian Economic Policy Review*, No. 15, 2020.

13——『人民網』（日本語版）、2024年5月7日 <http://j.people.com.cn/n3/2024/0507/c94474-20165779.html>。

14——以下、それぞれのスピーチを筆者が翻訳した。直訳の箇所を「 」で括ってある。

15——Remarks by Secretary of the Treasury Janet L. Yellen on the U.S. - China Economic Relationship at Johns Hopkins School of Advanced International Studies, April 20, 2023 <https://home.treasury.gov/news/ press-releases/jy1425>.

16——READOUT, Secretary of the Treasury Janet L. Yellen's Bilateral Meetings with People's Republic of China Vice Premier He Lifeng in San Francisco, California <https://home.treasury.gov/news/press-releases/ jy1896>.

17——Remarks by Secretary of the Treasury Janet L. Yellen at American Chamber of Commerce Event in Guangzhou, the People's Republic of China <https://home.treasury.gov/news/press-releases/jy2227>.

18——Open questions, Justin Lin Yifu on China's third plenum, overcapacity and avoiding Japan's fate <https://www.scmp.com/economy/china-economy/article/3272650/ justin-lin-yifu-chinas-third-plenum-overcapacity-and-avoiding-japans-fate>.

19——「経済成長のためには継続的に技術革新と産業の高度化、つまり研究開発が必要である。そのとき、市場の失敗が発生するのは不可避である。研究開発は公共財であるため高い利益を生まないからである。」「政府が、ファーストムーバーに支援をしなければ、誰も研究開発にトライしようとせず、他人のコピーだけをするであろう。」「発展途上国は、産業の高度化を継続しなければならない。その際に、比較優位に従って、産業構造の高度化をするべきである」と答えている。

20——以下のように主張している。「1980年代のアメリカの日本への態度は、ちょうど現在の中国への態度に似ている。お前は、わたしたちを追い越すことはできない、という姿勢である。」「日本の自動車産業に対して、過剰生産という言い訳のもとに、輸出自主規制とアメリカへの直接投資を求めた。」「日本の半導体産業の輸出は、アメリカの国家安全を脅かすと主張し、アメリカ企業との合弁をもとめ、日本での生産を集中することのないように要請した。この結果、サムソンやTSMCに技術が流出し、アメリカに戻った。」「この結果が、日本の『失われた30年』になる。1980年代に日本の1人当たりGDPは、アメリカの1.3倍だった。今は、アメリカの半分以下に落ち込んでおり、GDP総額はアメリカの2割に満たなくなっている。」「考えてみよう。1980年代以降、日本から世界をけん引する産業は出てきているか？　新しい産業を創出する産業政策を

日本が放棄して以来、日本の経済成長は停滞してしまった。中国は絶対その轍は踏まない」。

21—— 小宮、奥野、鈴村、前掲。大矢根、前掲。

22—— Urata, op. cit.

23—— Petros C. Mavroidis, *China and the WTO: Why Multilateralism Still Matters*. Princeton University Press, 2021.

24—— 筆者による追加。林毅夫インタビュー。

25—— 筆者による追加。大野健一『産業政策の作り方——アジアのベストプラクティスに学ぶ』有斐閣、2013年。

26—— 筆者による追加。

27—— 小宮ほか、前掲。大矢根、前掲。

28—— これは、学習（ラーニング）曲線による限界費用低減のメカニズムを語っている。大矢根、130・137頁。

29—— 経済史家アンガス・マディソンが作成したデータベース <https://www.rug.nl/ggdc/historicaldevelopment/maddison/releases/maddison-project-database-2023?lang=en>。長期にわたりGDPなどの経済指標を比較可能なものにするには、合理的な価格指数を作成する必要がある。その価格指数で名目1人当たりGDPを割り引いた実質1人当たりGDP がこの図で用いている指標である。前節で、林毅夫が1980年代日本の1人当たりGDP がアメリカを超えていた指摘しているときに参照しているのは、この実質化をおこなっていない名目での1人当たりGDP を指していると考えられる。

30—— 渡邉真理子、加茂具樹、川島富士雄、川瀬剛志「中国のCPTPP 参加意思表明の背関する考察」『RIETI Policy Discussion Paper』21-P-016、2021年。

31—— 「北米で現地生産をスタート」『トヨタ自動車75 年史』<https://www.toyota.co.jp/jpn/company/history/75years/text/leaping_forward_as_a_global_corporation/chapter1/section1/item1.html>。

32—— Berry Steven, Levinsohn James, and Pakes Ariel, "Voluntary Export Restraints on Automobiles: Evaluating a Trade Policy," *American Economic Review*, No. 89, June 1999, pp. 400-431.

33—— 大矢根、前掲、第5・6章。

34—— 大矢根、前掲。

35—— 大矢根、前掲、第9章。

36—— 伊藤元重らは、経済の国際化と産業政策において、自由貿易という言葉に関して、消極的自由と積極的自由の混同をせず、後者で取り組むことを推奨している。これが現在のルールをめぐる議論の混乱を整理するひとつの立場ではないかと考える（伊藤、清野、奥野、鈴村、前掲、第22章）。

37—— Michael Kremer, Willis Jack, and You Yang, "Converging to Convergence," *NBER macroeconomics annual*, No. 36, 2022, pp.337-412.

38—— Kremer, Ibib.; Branko Milanovic, "The three eras of global inequality, 1820-2020 with the focus on the past thirty years," *World Development*, Vol. 177, 2024.

39 —— しかし、アメリカは機が熟していないという理由でこれを見送り、米中間の争点となった

40 —— 渡邉真理子「米中は何を対立しているのか——多国間自由貿易体制の紛争解決ルールと場外乱闘」『比較経済研究』58号、2021年、参照。

41 —— 渡邉、前掲。

42 —— China initiates dispute regarding US tax credits for electric vehicles, renewable energy <https://www.wto. org/english/news_e/news24_e/ds623rfc_28mar24_e.htm>.

43 —— Foreign Subsidy Regulation rules to ensure fair and open EU market set into force <https://ec.europa. eu/commission/presscorner/detail/en/ip_23_129 >.

44 —— EU anti-subsidy probe into electric vehicle imports from China。この資料で、2022年から中国からのEVの輸出が突然拡大したことを示している。 <https://www.europarl.europa.eu/RegData/etudes/ATAG/2023/ 754553/EPRS_ATA(2023)754553_EN.pdf >. アンチダンピング課税の決定は、<https://ec.europa.eu/commission/presscorner/api/files/document/print/en/ip_24_3231/IP_24_3231_EN.pdf>.

45 —— China initiates WTO dispute complaint regarding EU subsidy duties on electric vehicles China has requested <https : //www.wto.org/english/newse /news24e /ds626rfc_14aug24e. htm>.

46 —— 伊藤ほか、前掲、309頁。

第6章

「一帯一路」における
インフラ輸出と米中関係
―― 産業政策の視点から読み解く

李彦銘 Li Yanming

1 ▸ 「一帯一路」と産業政策

　中国が2013年に打ち出した「一帯一路」構想は、よく米中対立を象徴するものとしてメディアなどに捉えられ、一帯一路の対外政策の側面がもっぱら重視されてきた。一方で、「いろいろなものを束ねたもの」という評価もあるように、一帯一路は産業政策、景気対策や金融政策などの側面ももちあわせている。

　そこで本章は、産業政策の形成過程・継続性を念頭に置き、産業政策と対外政策のリンケージから、一帯一路をめぐる米中の関係性を分析してみたい。紙幅の制約もあり、世界経済をめぐる国際秩序やルール形成に言及することはあるものの、本章は地政学的変動の分析までは踏み込まないようにし、焦点を機械製造業など工業基盤の強化と一帯一路の関連に置く。第1節では一帯一路の中核を占めるインフラ・装備製造業の輸出の現状を検討し、具体的にどのような産業政策の延長線上に位置づけられるかを提示する。第2節では装備製造業に関わる産業高度化政策の歴史を振り返り、初歩的な分析をおこなう。

　第3節は、アメリカ側の反応、さらに米中の主な争点となった産業政策のあり方を整理し、認識のギャップの存在を指摘したい。第4節は、産業政策の役割に関する中国国内の反省と議論を中心に紹介しながら、今後の可能性

を展望したい。膨大な先行研究があるなか、本章はなるべく簡潔にまとめ、中米の政策的な相関性を、産業政策の形成という視点から俯瞰してみたい。

◆ 一帯一路提起の流れ

　一帯一路イニシアチブは2013年、習近平国家主席が外遊中、カザフスタンとインドネシアでそれぞれ提起した「陸のシルクロード」と「海のシクロード」の構想をまとめたものである。その後、しばらくの準備期間を経て、実際に中央政府の施策が動き出したのは2015年頃だった。まずは一帯一路関連プロジェクトの融資のために、シルクロード基金 (出資額400億ドル) が2014年12月に設立された。2015年に「シルクロード経済ベルトと21世紀海上シルクロード共同建設推進のビジョンとアクション」を発表し、建設の原則、協力の重点、メカニズムを初めて詳細に説明した。同年12月にAIIB (アジア・インフラ投資銀行) を設立し、翌年から運営が始まった。

　政府系シンクタンクの中国現代国際関係研究院のまとめによると、具体的な地理範囲はアジア大陸とヨーロッパ大陸を、陸と海で繋げる68の沿線国だが、「開放」を理念としているため、南太平洋諸国など、興味をもつ国をすべて歓迎している。主な方法はインフラ建設と「産能」輸出の促進であり、これはかつて「マーシャル・プラン」との大きな違いでもある[1]。「産能」とは生産能力のことで、「産能転移」、「国際産能協力」も産能輸出とほぼ同義語として使われており、直接投資を含めた生産拠点の移転と理解できよう。2015年5月に公表された「国際産能と装備製造協力に関する国務院の指導意見」(指導意見) は産能協力のガイドラインであるが、産能協力の概念は2014年12月、李克強総理が一帯一路建設重点国であるカザフスタンを訪問した際に、両国の首脳間で得られたコンセンサスであり、その時に初めて公式に提起されたのである[2]。一方、インフラ建設とは、最近は直接投資による建設も増えてきたが、構想が打ち出された当初はもっぱら対外工事請負のことを指し、日本でいうインフラ・システム輸出に近い概念である。

　その後、中国政府は2017年5月に一帯一路国際協力サミット・フォーラムを北京で開催した。シルクロード基金に対し1000億元の追加出資を発表

したほか、国家開発銀行や中国輸出銀行などにも専用の貸付を用意するなど一帯一路に対する金融面の支援政策がより具体的、体系的になった。中国輸出信用保険公司や中国輸出銀行と各国同業機関との協力を強化することを表明し、同時に「『一帯一路』融資指導原則」を関係各国に提案した。2019年4月の第2回一帯一路国際協力サミット・フォーラムでは、多国間および第三国や国際機関との協力がさらに強調されるようになった。また、中国財政部の部長が「『一帯一路』の債務持続可能性に関する分析枠組み」を確立すると表明した。そして2023年10月に第3回一帯一路国際協力サミット・フォーラムを開催し、債務持続可能性に関する分析枠組みの改訂版を公開した。

　2023年6月までに、中国は152の国および32の国際機関と協議書を結んでいる[3]。対象国との間で、政治・経済関係が強化されたほか、6大経済回廊を形成している。貿易効果でみると、2013年から2021年まで、中国と一帯一路参加国の間の貿易量(輸出入総額)の年間平均成長率が6%に達し、中国と全世界の間より約1%高かった[4]。国際収支バランスも改善され、一帯一路参加国対中国の貿易赤字状況は2013年頃を期に黒字状況に転じた。同期間において、一帯一路参加国に対する中国の直接投資と銀行の貸付は、累計額で約1兆3000億ドルに達し、そのなか7割以上が銀行貸付であった[5]。また、中国政府が2023年10月に公表した白書「『一帯一路』共同建設：人類運命共同体構築の重大な実践」によると、2013〜2022年の間に、中国と一帯一路参加国との間の輸出入総額は累計19兆1000億ドルであった。中国による直接投資の累計額は2400億ドルを越えたが、工事請負(インフラ建設)の新規契約総額、実行契約総額の累計がそれぞれ2兆ドルと1兆3000億ドルに達し、インフラ建設が圧倒的な主体であることが窺える。

◆中国によるインフラ建設の特徴

　一帯一路沿線国の発展を推進する具体的な方法として、中国政府がインフラ建設と産能輸出を提起しているが、現状ではその最大の特徴はやはりインフラ建設にある。以下では中国本土発の最大級の投資銀行である中金公司

(中国国際金融、1995年設立) 研究院がまとめたデータに依拠し、一帯一路の特徴を深掘りしたい。

　まず道路、湾岸、電力、通信などを中心とするハード・インフラ (経済インフラ、有形インフラ) が占める割合が多い。また、インフラ建設のなかでも突出して多いのが交通と資源開発であり、2013〜2021年の合計金額は全体の76%に達している[6]。

　こうしたハード・インフラの推進は、中国政府が提唱する「対外経済協力」にあたる。それは、そもそも欧米型ODA (政府開発援助) の概念とは異なるところが大きい[7]。まず、欧米型の対外援助は医療システム、教育システムなどのソフト・インフラ (社会インフラ、無形インフラ) を中心としている。OECD (経済協力開発機構) のDAC (開発援助委員会) は1970年代に入ってから、自国の輸出振興につながるタイド (ひもつき) 案件の数を厳しく制限するようになり、特に欧米は無償援助の比率が高い。また、人権などの普遍的価値を全面に押し出し、援助対象国にさまざま政治的条件をつけている。さらにOECD貿易委員会では、参加国間で公的輸出信用に関する共通ルール (OECD輸出信用アレンジメント) も設けているため、対外援助だけでなく商業案件の資金源の透明性と公開性も保障されている[8]。一方、中国の対外経済協力は無償援助、政策銀行による優遇借款の2つの部分で実施されている。発展途上国に対する対外経済協力は「南南協力」 (発展途上国間の協力) であるため、「ウィン・ウィン」関係を謳い、政策銀行による優遇借款は基本的にひもつきであるといわれ、輸出振興の側面が強い。この点は1980年代までの日本の対外援助とかなり類似している[9]。

　中国政府による対外経済協力の歴史は長く、1960〜70年代は経済的合理性に基づく考慮ではなく、社会主義陣営や第三世界諸国への政治的、戦略的な支援の意味が強かった。改革開放期に入ってからは南南協力、外資獲得に重心を移したが[10]、中国はOECDに加入していないため、DACのルールに従う必要がなかった。金利などについての情報公開も遅れている。2011年と2014年に「対外援助白書」、2021年に「新時代の中国の国際開発協力白書」を公表したものの[13]、商業銀行による貸付は公式発表がないため、一帯

表6-1　一帯一路参加国に対する中国の投資と融資対象の構成(単位：%)[11]

	直接投資(2013〜2021年)	貸付(2013〜2017年)
交通物流	18	13
エネルギー	40	18
金属・化学工業	18	21
金融・不動産	10	4
科学技術	3	2
多部門	0	29
その他	10	14
合計	100	100

出典：AEI (アメリカ企業公共政策研究所)、AidData 、中金研究院。
注：対外援助とバイヤーズ／サプライズクレジットは貸付に含まれていない。金属・化学工業の貸付には鉱物
　　採掘、工業及び建築業を含めている。

　一路が発展途上国に「債務の罠」をもたらすという議論は根強い。「債務の罠」論調に力強く反論するため、商務部シンクタンクの研究員も早くデータを整理して公開する必要があると訴えていたが[14]、まだ実現していない。なお、中国が海外で実行しているインフラ建設を示す公式データは、中国対外工事請負商会(中国対外承包工程商会、1988年設立。以下、請負商会)が2005年から『中国対外承包工程発展報告』を公表している[15]。ただし、融資状況の情報公開はやはり不十分である。

　もう1つの大きな特徴は、現在の一帯一路に対する直接投資は政府機関と国有企業によるものがメインであり、60%ぐらいを占めている点である[16]。この状況は、一帯一路の各種施策を、特定産業を育成するためのターゲティング政策として捉えることが可能なため、データ公開の難しさに繋がっていることも考えられる。

　ただし、中国の目標を的確に理解するためには、一帯一路が打ち出される前の状況を振り返る必要があると提起したい。世界金融危機の直後、請負商会会長の刁春和はインタビューで、中国企業による海外工事建設は2000年から高速成長期に入り、2009年は大型契約の増加傾向が顕著(新規契約金額

第6章◆「一帯一路」におけるインフラ輸出と米中関係　｜　149

図6-1 2001〜2019年対外工事請負業務の推移[17]

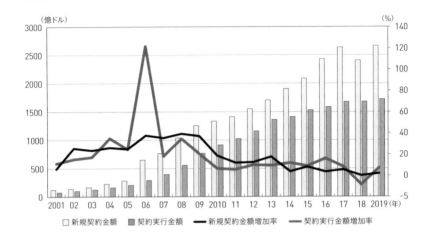

の約半分を占める)だと述べた[18]。また、2009年の新規契約数では、一般建築(23.7%)、電子通信(16.1%)、交通運輸(15.2%)、電力工業14.9%という順位となった(図6-1を参照)。対象地域をみると、アジア・アフリカ向けが主要市場だが、イランの大型石油化学プロジェクトなどによって中東向けが急伸した。

一方、一帯一路が始まって以降、交通運輸分野の成長が著しい。また、年度によって順位の入れ替わりがあるものの、基本的に交通運輸分野、一般建築、電力工業の3大分野が海外工事建設の主体となった。その背後には、高速鉄道輸出のような、インフラ建設を象徴する業界の成長がむろんあったが、実は建設機械など幅広い機械工業の著しい成長と長期的な推進がより注目すべきである。これらの「装備製造」の発展と高度化こそが、中国政府の目指すところであった。

2▶ 装備製造業の推進

　装備製造とは中国の概念であるが、日本でいう装置産業（組み立て産業の対語）という概念が最も近く、鉄鋼や重化学工業など、多くの素材産業、電力、鉄道を初めとするインフラ関連産業もそのなかに含められる。大規模な投資を必要とし、また規模の経済性も高く、工場を作るために必要なさまざまな設備とインフラを提供する製造業だと理解でき、一国の工業基盤力を代表している。造船など特定の業界に提供する専門設備もあるが、多くの場合は汎用設備の製造であるため、厳密に定義するのは難しい[19]。

　装備製造という言葉は、少なくとも1980年代にすでに政策文書の中で使われていた。しかし政策文書のタイトルに登場し、施策の対象として頻繁に言及されたのは2000年代以降であった。

　毛沢東時代において、工業化戦略はもっぱら重工業を中心とした。特にソビエト連邦からの大規模な技術支援を皮切りに、幅広い機械工業を建設したことが中国工業化のスタートともなった[20]。これら機械工業の各部門を運営するために、最終的には8つの機械工業部が作られた。ポスト文革期に入って、装備製造に関わる産業を統括し、必要な政策を立案したのは国家計画委員会であった。その政策の典型例は、1977・78年頃の大型プラント導入である[21]。しかし1980年代に入ってから、企業の経済性を高めるために、政府機能と企業機能を切り離すことが一貫して中国政府の課題であった。

　数度の政府機構改革（1982年、1988年、1993年）を経て、特に1998年の改革は、経済部門の各産業・業界を管轄していた組織をほとんどなくし、政府と企業の線引きを明確にした。同時に、国家計画委員会は国家発展計画委員会（1998～2003年）に名称変更され、産業政策立案の権限が国家経済貿易委員会（1998～2003年）に転出された。さらに、1993年に復活を果たしたばかりの機械工業部（1982年設立、1988年に電子部と合併して機械電子部となった）もこの時解体された。ただし電子工業、通信およびソフトウェア産業を管轄する信息産業部を新たに設置した。総じて1990年代には、経済活動に対する政府の支援と介入が縮小傾向にあり、計画経済から市場経済へと転身する中国政府の

決心と姿勢が示された。

◆ 装備製造業と「国家経済安全」

WTO 加盟（2001年）の直後、胡錦濤党総書記と温家宝総理の率いる新政権が第16回共産党大会（2002年秋）をもって発足した。彼らはすぐさま大規模な政府機構改革に着手した。2003年5月に、国家経済貿易委員会の一部の機能を吸収し、国家発展改革委員会（発改委）が新たに誕生した。さらに、長期計画の政策手法と元計画委員会の幹部も再び活用されるようになった[22]。

第16・17回党大会はともに装備製造業の振興に言及し、後者はさらに「2020年に工業化を基本的に実現する」と提起した。そしてこの工業化の基礎条件は、まさに装備製造業の存立である。2006年2月に「国務院による装備製造業を振興し、加速させるための若干の意見」（若干意見）が公表された。この「若干意見」は関連する産業のなかから16の重点分野を確認し、産業構造の高度化、業界再編と技術発展の促進、海外市場の開拓、技術開発に対する資金供給などを今後の政策方向とした。その上で、関連部門の協調を図り、装備製造業の振興を担うのは発改委であると明確に規定した[23]。2007年には、産業構造調整指導目録が公表された。これらは、特定産業に対する直接な補助金や強力な行政指導ではなく、あくまで政策的な誘導であり、WTOルールに則った手法であったが、いうまでもなく、WTO加盟と外国資本への市場開放に際し、中国経済、特に既存の産業・企業が受けるダメージを強く意識したものである。

実は政府機構改革の直後から、外資利用の歴史に対する回顧と反省がすでに盛んにおこなわれていた。2003年末から2004年ごろまで、外資流入によって中国経済が「ラテンアメリカ化」するという問題提起が、『中国企業家』や『国際金融報』など一般向けのメディアでいち早く展開され、外資利用の賛否をめぐる議論がブームとなった。そのなか発改委主任の馬凱が、全国人民代表大会開催の際に、記者会見でラテンアメリカ現象を説明し、中国経済の将来について警鐘を鳴らした。最終的には、商務部が2007年に『中国外商投資報告』を発表し、外資による独占の状況は中国のあらゆる分野で

発生していないと説明し、外資企業によるM&A（合併・買収）も外資利用の重要な方法だと肯定した。それ以降、外資利用の議論が沈静化したようにみえる[24]。

このラテンアメリカ化危惧とは[25]、具体的には工業基盤が外資にコントロールされることに対する危機感であり、それは工業生産部門では根強く存在していた。ラテンアメリカ化という言葉を回避しながらも、2005〜2007年に『中国工業報』、『工人日報』などの業界専門誌は、外資による中国企業のM&Aを頻繁に報じた。影響が特に大きいのは『中国工業報』によるシリーズ報道「合弁という変局」である。これらの報道は装備製造に属する複数の企業を事例として取りあげ、外資企業によるM&Aの特徴を、装備製造業における良質な国有企業を低価格で買収し、目的は中国市場を独占することであり、さらに契約のリード役が企業ではなく地方政府だったと集約した。結果的に、国有資産の流出と、長年培ってきた自主開発能力と人材を失う局面を招くとシリーズ報道は警告した[26]。

2007年後半になると、中国の外資利用の傾向に変化が生じた。装備製造業に関しては、立法の形で海外資本による投資を厳密に審査、監督する制度が必要と発展改革委員会の研究員が主張し、アメリカの法律体系を学習すべきだと提起した。また、装備製造業は国家安全、経済の根本に関わるものであるから、外資の導入は、国内企業の成長、特に自主開発能力を妨げるものになってはならないとした[27]。ただしここで言及した「産業安全」、「国家経済安全」概念は、国家主権もしくは独立の維持の意味に近い。これはアメリカの産業安全保障概念とはかなり異なる[28]。

このような背景の下、2008年3月の第11回全国人民代表大会第1次会議で、工業和信息化部（工信部）を新たに設立することが決定された。工信部の主な業務は6つあり、その1番目は工業全体・各業界の長期計画と産業政策、基準を策定し、実施することである。2番目は工業全体・各業界の日常運営を監督することで、3番目が重大な技術・装備の発展と自主イノベーションを押し進めることである[29]。そして発改委のなかにあった工業部門は工信部に移された。

◆政策目標の重層化

2009年になると、当時工信部の副部長である苗圩（2010～2020年、工信部部長）が、装備製造業は「我が国の核心的競争力の重要な部分であり、産業の高度化、技術進歩、国家経済安全の重要な保障」だと明言するようになった。世界金融危機と国際経済の構造調整は、挑戦であると同時に新しい発展をもたらし、中国企業によるM&A、海外企業の技術導入、人材誘致など多様な方式を通じ、技術レベルの向上を図るチャンスだと主張した[30]。この時期から、装備製造業においては、産業構造の高度化と「自主創新」（自主イノベーション）能力の推進がより強調され、そして結果的には輸出振興の効果につながった。

リーマン・ショックの直後、2008年末に中国政府は4兆元に上る大規模な景気刺激策を素早く打ち出した。そして2009年3月、国務院は「装備製造業における調整と振興の規画」（調整規画[31]）を公表した。これは金融危機の影響を受けて、装備製造業を対象に3年間という期限つきの対応策であった[32]。しかし業界再編、大型企業集団の形成、国内市場の活用など産業構造調整が主眼であるため、装備製造業の高度化こそが根本的な目標である。特に目新しい提起は、ビッグ・プロジェクトの推進を通じ、重大技術の国産化、技術導入依存から自主イノベーションへの転換を実現することである。また2006年の若干意見が定めた原則に沿って、輸出促進のために税還付、金融機関による輸出信用供与の拡大、海外大型プロジェクト受注につながる金融支援の具体策を規定した。

2009年度の中国の対外貿易総額は、昨年度比マイナス13.9%となり、輸出総額はマイナス16%という危機的な状況に落ち込んだ。しかし工事請負は、2009年度も3割以上の成長率を保ち、機械類・電子機器の輸出を大きく牽引し、中国経済に対する貢献度が特に高かった[33]。それ以降も順調に拡大し（図6-1も参照）、装備製造業全体の成長を牽引するものとなった。なお、こうした工事請負の急成長は、『中国対外承包工程／労務合作発展報告 2005～2006』がまったく予見できなかった状況である。

154　　第Ⅱ部・中国の対アメリカ政策とその文脈

そのなか、装備製造業の海外進出が中国経済の成長と構造調整・高度化につながることが特に重要視されるようになり、2015年の指導意見はその認識を集中的に反映した。この指導意見は直接投資、工事請負、技術協力、技術援助などホスト国の需要と特徴に合う方法を機転的に選ぶように呼びかけ、企業の海外進出を促したが、「工事請負＋融資」、「工事請負＋融資＋運営」など、工事請負の優位性に基づく方法を展開するように求めた[34]。『「一帯一路」読本』も同じような認識を明確に示していた。つまり、一帯一路建設が中国にもたらすチャンスとして、第一に、経済発展の新たなエンジンを作り出すこと、第二に、改革開放がもたらした沿海部優先という地理的な不均衡構造を改め、内陸部のインフラ建設を通じ、「対外開放戦略2.0」を実現できること、第三は、資本と生産能力の輸出を通じ、国内のイノベーションを促すことを示した[35]。

　一方、装備製造業で培ってきた自主イノベーションの成果（特に発電・電力輸送設備、建設機械、軌道交通分野）と相俟って、科学技術の産業転化の経験もより重視されるようになった。戦略的新興産業の育成および発展の加速に関する決定（2010年）、国家「十二五」現代サービス業に関する発展規画（2011年）、知的財産業の育成および発展の加速に関する指導的意見（2012年）、「十二五」国家戦略的新興産業発展規画（2012年）などを次々と打ち出した。中国政府はもう一段階の高度化、一部最先端の技術を追求する自信をもつようになった。やがて『中国製造2025』が2015年3月に公表された。今後10年間の行動綱領として、次世代情報技術や新エネルギー車などを含む10の重点分野を規定し、さらなる産業構造の高度化を目指そうとした。同年6月に制造強国領導小組を成立し、そのトップには馬凱（2013年から副総理に昇任）が就任した。

　『中国製造2025』は、大規模な政府補助金につながるものだと問題視され、アメリカの強い反発を受けた。その後あまり表舞台に出なくなったが、製造業全般の高度化を目指すことは今でも変わっていない。なかでも特に装備製造は、関連産業と就業者数が多いため、中所得国の罠の克服、社会の安定につながるものであると位置づけられ[36]、むしろその重要性を増した。

2009年以降装備製造業の振興は、国家経済安全以外に景気対策、産業構造の高度化政策、イノベーションの促進政策、産能輸出など多岐に渡るものになった。一帯一路建設の推進は、こうした経済発展戦略の延長にあると理解できよう。2015年ごろ、李克強総理によるトップセールス、高速鉄道をはじめとする「装備走出去」は一帯一路推進の象徴的なものであった。

3▶　一帯一路に対する批判と米中の争点

◆一帯一路をめぐる攻防

　一帯一路が始動する前から、中国の対外援助はすでに「新殖民主義」だと揶揄され、アフリカなどに対する資源略奪や国際秩序に対する挑戦につながる危惧がある、などと欧米メディアで叫ばれていた。一帯一路も、経済性を度外視しているのではないか、地政学上の影響力の拡大が本当の目的なのではないか、などとしてアメリカから冷ややかな態度がとられた。AIIB設立をめぐっては、アメリカは傍観し、同盟国の参加を牽制した。さらに2017年ごろからアメリカ国内では、一帯一路被支援国を「債務の罠」に引きずり込むという批判が噴出した。

　こうした疑念に対し、中国国際経済交流中心（2009年設立、発改委管轄下）のエコノミストは、首脳外交のほかに、アメリカが一帯一路に参加することを歓迎する態度を明確に、そして焦らずに表明していくことが重要だと提案した。さらに米中包括経済対話の下に一帯一路部会を設置すること、米中間のシンクタンク交流を強めること、地方政府交流のメカニズムを創設すること、企業団体などアメリカ民間との交流チャンネルを重視することを具体的に提言した[37]。

　債務の罠論に対し、元中国人民銀行長の周小川は正面から対応しなければならないと主張した。債務の罠論の主張者の動機を批判するだけでは解決にならず、中国の融資に疑念を抱きはじめた対象国も少なからず現れたからだ。また、債権者としての経験がまだ浅いため、中国自身にも深い研究と論証がなく、コンセンサスを得た対策体系はまだ存在しないため、さらなる研

究が必要だとした[38]。中国政府は反論するとともに、第2回と第3回一帯一路国際協力サミット・フォーラムで、債務の持続可能性を提起するようになった（第1節第1項を参照）。2019年のG20大阪サミット（20ヵ国・地域首脳会議）では、途上国の返済余力に配慮した「質の高いインフラ投資原則」にも賛同した。さらにインフラ建設の実行において、融資条件の厳格化とそれによる2019年以降の融資総額の大幅の落ち込みがみられた[39]。

　アメリカの立場からみれば、OECDに加盟してない中国は、開発援助における国際ルールひいては国際秩序に挑戦するように受けとめられるかもしれない。しかし、一帯一路沿線国である発展途上国の立場からみれば、国際ルールの変化はそもそも望ましいという側面があった。融資には政治的条件を加えないことを原則とし、南南協力というより平等な関係に基づく中国の対外経済協力は、非常に魅力的であった。さらに2000年代以降、特にアジアではインフラ建設の需要が旺盛である上に、発展途上国は価格に敏感で、効率（建設速度）重視という特徴が著しい。そこで、価格優位性をもつ中国のインフラ建設と機械・電子設備は、積極的に受け入れられたのだと、中国の外交官は認識していた[40]。

　欧米の専門家にも、こうした中国のアプローチを経済開発の視点から肯定的に捉える見方がある[41]。DACは中国政府によるアフリカでの開発経験を共有するために、中国・DACスタディ・グループを2009年に立ち上げ、既存のルール・規範に異質な存在を容認し、パラダイム転換の可能性があると議論した[42]。

　また、一帯一路推進がもたらした外部性が現れはじめ、インフラ関連設備の輸出能力などをもっている先進国は、中国と「第三国市場」において協力することに次々と合意した。第1次ドナルド・トランプ政権下のアメリカ政府でさえ、2017年に初めて歓迎の態度を示し、一帯一路ハイレベル・サミットに企業団体を連れて参加した。日本も同じ時期に安倍晋三政権下で積極的な態度に転じ、第三国市場協力にも乗り出した[43]。

　このように、中国政府は欧米の批判にある程度対応した。国際社会では新たなルールを形成する可能性も示唆されている。そもそも一帯一路の発想に

は、アメリカとの正面衝突を避けるために西側に位置する国々と関係強化をすべきだという提起があり、国際協調を図る側面があったともいわれている[44]。高すぎる自国の貯蓄率と外貨準備高の問題を解決し、一帯一路沿線国との間の貿易収支のアンバランスを解消しようとする、国際公共財提供の意識もあった。現在の米中対立の状況下、中国がいきなりOECDに加入して情報公開するなどは想像ができないが、G20サミット（20カ国・地域首脳会議）などの多国間協議の場で、中国から交渉・妥協を引き出す余地はまだ十分あるといえよう。さらに、一帯一路の効果は限定的だとも指摘されているため[45]、国際社会からの反発は、近年少し下火になったようにみえる。

　一方、経済活動に対する中国政府の介入に対し、アメリカの反応は激しさを増していった。米中経済包括対話は、結局は一回しかおこなわれず、成果もほとんどなかった。その後、トランプ政権の対中政策は大きく転換し、貿易戦争の勃発という局面を迎えた。その発端の1つは、WTOの枠組みのなかで解決に失敗してしまった産業政策のあり方だった。

◆米中貿易戦とその中核となった争点

　WTOルールには、特定産業あるいは企業を対象とする補助金を禁じる「補助金および相殺関税に関する協定」（公的主体による輸出補助金などの禁止補助金、他の加盟国の国内産業に損害を与えている補助金など、対抗可能な補助金に分類される措置を対象にしている）があるものの、発展途上国の特例や、研究開発に投資するイノベーション促進政策は許されている。そこで、中国をはじめとする新興国の現実に対応できない部分が生じた。その典型例は、中国の国有企業（国有企業改革を経て、上場企業の株式構成は多様化している）を公的主体として認めるかどうか、という点である。これをめぐって、アメリカはWTOの紛争解決機関である上級委員会に提訴したものの（代表例はDS379ケース）、結局2011年に敗訴となった[46]。他にも類似するWTOケースの敗訴を複数回経た結果、アメリカはWTO上級委員会に不満を募らせ、中国の産業政策をめぐる米中の対立は、既存のWTO枠内で解決ができないという認識に至った。

　その後2017年、トランプ政権が『中国製造2025』を厳しく批判したこ

とは、よく知られた出来事である。同年8月USTR（合衆国通商代表部）は、1974年通商法301条に基づく調査を開始し、『中国製造2025』などのイノベーションを促す産業政策が主な批判対象となった[47]。

　中国側は、これらの批判は事実ではなく、誤解であり、特に規画と産業政策を混同していること、『中国製造2025』は開かれた体系であり、国内外の企業の参加を歓迎していることを説明した[48]。一方、WTOルールに基づいて『中国製造2025』を再考し、調整することが大事だという主張も盛んにおこなわれ[49]、それ以降『中国製造2025』が表立つ動きはなかった。

　アメリカ国内では、さらなる政策連鎖を引き起こした。上記のUSTR調査では半導体産業を対象とする政府系ファンド、中国IC産業ファンドが大きく取り上げられた。さらにこれらのファンドはアメリカにおける産業政策、すなわち半導体製造に公的資金を投入する直接的な根拠となった。こうした米中の対立連鎖は、1980年代の日米経済摩擦を連想させ、覇権争いとして捉えることも可能であろう。アメリカの経済安全保障の戦略を「最先端の汎用技術を『囲い込み』、同時に他国の開発した比較優位技術の『取り込み』」[50]をしようとしたものだとすれば、『中国製造2025』による開発能力を向上する意向は、アメリカにとって脅威を感じるものであろう。ただし、アメリカが中国の産業政策の効果を現実よりもはるかに大きく捉えている可能性があることを、次節で検討してみたい[51]。

　もっとも、『中国製造2025』は技術覇権を目指す意図より、危機感から来た発想だった。苗圩は2015年、立案の背景をインタビューで以下のように紹介した[52]。まず「2010年に（中国は）製造業において世界1位という地位を150年ぶりに回復できたが」、依然として製造強國ではなく、「大きい、しかし強くない」特徴をもっている。さらに、世界金融危機を受け、各国が製造業あるいは装備製造業を振興する政策を打出したなか、中国もその流れを汲まないといけない。特にドイツの「工業化4.0」は中国と同じ方向を向いている。ただドイツは3.0から4.0へと向う段階だが、我が国の一部業界と企業は2.0から3.0までレベル・アップしなければならない。すなわち中国の工業発展の遅れや短所に注目したものだった。

4 ▸ 産業政策は高度成長の「秘訣」?

2000年代に入ってから、中国の代表的な2人の経済学者、すなわち産業政策不要論を唱える張維迎と反対の立場をとる林毅夫は、たびたび論争を引き起こしていた。2015年ごろ、「新常態」「供給側改革」が提起されると、産業政策は果たして中国の高速成長の秘訣だったのかどうか。それとも「過剰産能」現象を生んだ元凶なのか。具体的にどんな役割を果たしたのかについて、産業政策論争は白熱化した。2016年8月、復旦大学と北京大学が共同主催したシンポジウムに、政策立案に携わるエコノミストを含め、300人前後の学者が参加した。この会議は政府レベルからも社会一般からも大きく注目されたが[53]、結論からいうと、特に2000年以降の高度成長と産業政策の関係について、明晰な認識はまだ成立していない。こうした認識の曖昧さは、アメリカ側の疑念や誤解につながる一因ともいえよう。ただ、産業政策を定義すること自体がもともと難しく、中国の経済学においては共通の概念がないのが現状である[54]。多くの場合は政策議論であるため、具体的な時代や施策内容によって、実際に指すものもかなり違う。例えば、特定産業を育成するためのターゲティング政策、産業構造政策、産業組織政策、イノベーション政策などを多岐にわたる。

本章の主眼である装備製造業の2000年代の成長要因・成功を考える際、一帯一路沿線国を中心とした発展途上国市場は、需要が旺盛であり、関連業界が提供できる製品・サービスもその需要に合致していたことがまず指摘できる。

もう1つは、貿易保険制度が代表するように、制度的空白が解消できたことも重要である。中国の貿易保険制度の発展は相当遅れていて、2001年に、つまりWTO加盟に伴い、中国輸出信用保険会社がようやく設立されたのである。しかし当初の利用企業はわずかであり、しかもそれがほとんど大型国有企業で、民営企業には情報すら行き渡らなかった。2008年末に、4兆元の景気刺激策と同時に、中国政府が金融システムの整理と抜本的改革に着手

160 │ 第II部●中国の対アメリカ政策とその文脈

し、一般金融機関による輸出信用業務の展開や、産業政策との協働がようやく重視されるようになった[55]。前記の「調整規画」も保険制度の活用した政策支援に言及し、関連業界の期待を高めた。その後、装備製造業の後押しとなる各種貿易保険制度が活発化した。プラント類の輸出や大型プロジェクトの受注に際し、企業が負うリスクは非常に高いため、こうした制度の整備と円滑な運営は、海外建設事業にとって本来必要不可欠のものだった[56]。

　一帯一路が生まれる重要な背景の1つは、市場経済に向けた改革が短い期間中におこなわれたため、制度の空白と管理の混乱が生じたことである。対外工事請負については、長い間、専門の法律が制定されなかった。2001年に「対外貿易法」が制定されたが、細則である「対外承包工程資格管理弁法」が公表されたのは2008年だった。2000年代前半まで、資格の管理、プロジェクト実行の監督が行き届いたとはいい難い状況であった。また、1998年に打ち出された走出去戦略も、2000年代前半までは具体的な施策がなく、重点地域や重点産業の策定も、中国企業の海外進出に伴う安全問題や危機管理の制度設計もなかった。これらの制度的空白や混乱の解消は、関連業界の高成長の重要な後押しとなったと考えられる。

　最後に、地方政府の役割とイノベーション能力向上のメカニズムについて、研究と解明が必要な課題がまだまだ多いことを指摘したい。中央の施策にとって、地方政府の役割は二面性がある。中央政府が定めた重点産業は地方政府の政策呼応で、投資を得ることが容易な一方、地方政府は地元企業の利益を優先する傾向が強く、結果的に中央が望む方向にならないことが多い。高度化をある程度実現できた装備製造業においてさえ、中央政府は常にこのような悩みを抱え、目指したい業界再編はなかなか実現できていない[57]。

　イノベーション促進政策の成功と失敗も究明の必要がある。興味深い論考として、北京大学管理学院の路風の主張を紹介したい。路は早くから産業構造の高度化政策が必要で、そのために企業の自主開発能力が重要だと主張している。また改革開放期の技術導入政策は成功とはいい難く、実質には輸入依存と自主開発の放棄だと彼は酷評した[58]。個別企業に対する調査の結果、

製造工程や実践のなかに重要なイノベーションが発生することが確認できたため、企業内部、業界内部のイノベーション能力を重視すべきだと路は結論づけた[59]。しかし現実には、自主開発能力をもつ企業は、往々にして地方政府の政策支援の対象にならなかった[60]。路は正しい政策が必要だとしながらも、リーマン・ショック後の4兆元の刺激策と一連の産業構造政策は、中央政府の立案能力の乏しさを露呈していると指摘している[61]。

　もし路の調査と分析が実情を反映したものであれば、装備製造業が海外市場で大きく成長できた鍵は、やはり企業による努力と市場の変化だと理解できよう。ターゲティング産業に対する支援策などはどこまで有効だったのか。有効だとみなされた中央の政策は、果たしてテーゲティング政策だったのか。あるいは貿易保険制度のような制度能力の向上なのか。これらに答えるためには、ミクロ・レベルのさらなる研究が必要であろう。

　正しい産業政策とは何かについては、議論が分かれるところであるが、代表的な見方を紹介すると、それは競争性を維持できる産業政策である。また、地方政府が地元企業を保護するインセンティブが強く働くため、いかなる産業政策でも出口戦略が必要だという[62]。

　このように、2000年以降の高度成長の「秘訣」について未解明の部分はまだ多い。ただし産業政策の内実、効果に対する解釈は、米中双方にとって誤った対応を導く危険を孕んでいる。かつて産業政策の優等生だとみられ、後にそれを自ら否定した日本政府が、産業政策をめぐる国際ルールの形成に貢献することは十分可能である。さらに日本の多くの政策担当者やエコノミストは、至近距離で中国の産業政策形成を観察する機会をもっていた[63]。これら過去の財産をどのように引き継ぐかは、今後の課題であろう。

注

1 ── 中国現代国際関係研究院『「一帯一路」読本』時事出版社、2018年、6〜11頁。
2 ──「国際産能協力」<https://www.yidaiyilu.gov.cn/p/2175.html>。
3 ── 中金研究院『「一帯一路」新十年』中信出版集団、2023年、5頁。

4——中金研究院が国連商品貿易統計（UN Comtrade）に基づいて計算した結果。中金研究院、前掲、19頁。ただ白書によると、2013〜2022年の間に、中国と「一帯一路」参加国との間の輸出入総額の年間平均成長率は6.4%だった。

5——中金研究院、前掲、21頁。

6——データの出所はAEIと中金研究院。中金研究院、前掲、24頁。

7——小林誉明はこれを「市場取引と渾然一体となった援助アプローチ」とよび、大橋英夫がさらに一歩進んでその特質を「非援助型」だと名づけている。小林誉明「中国援助に関する「通説」の再検討——伝統ドナーからの乖離と途上国への開発効果」および大橋英夫「中国の非援助型対外経済協力——「対外経済合作」を中心に」『中国の対外援助』日本国際問題研究所、2012年。

8——このアレンジメントは、償還期間が2年以上の財及びサービスの輸出等に公的輸出信用を供与する際の共通条件（最低保険料水準、頭金、最長償還期間、最低貸出金利及び償還方法等）を規定している。

9——日本は1964年にOECDに加入したため、1970年代におけるDACルール変化のもと、円借款における一般アンタイド比率が増加した。その結果、1992年に「政府開発援助大網」が制定された頃、アンタイドの比率は90%以上に達している。また、日本もハード・インフラを中心にしていたが、2000年代に入ってからソフト・インフラの比率も大きく上昇した。下村恭民『日本型開発協力の形成——政策史1・1980年代まで』東京大学出版会、2012年、参照。

10——対外経済協力は労務協力（労働者の海外派遣）と対外工事請負という2つの部分から構成されるが、2010年代に入ってから工事請負の契約金額が労務協力を大幅に越えるようになり、中国企業による海外進出の主な方式となった。2010年ごろまでの具体的な展開は、大橋、前掲を参照。

11——中金研究院、前掲、22頁。

12——アメリカのウィリアム・アンド・メアリー大学にある研究機関 <https://china.aiddata.org/>。

13——「新時代の中国の国際開発協力白書」は2013〜2018年の間に累計無利子貸付113億元と優遇貸付1311億元を提供したと総額を公開したが、その内訳と優遇条件は不明である。

14——宋微「賛比亜債務違約　有人頼中国」環球ネット、2020年11月9日公開。宋微は商務部国際貿易経済作研究院の研究員。

15——報告書の公表は中国対外承包工程商会の業務であるが、2018年から商務部が編集を担当するようになった。中華人民共和国商務部・中国対外承包工程商会『中国対外承包工程発展報告　2017〜2018』2018年。

16——AEIの推定。中金研究院から孫引き、前掲、28頁。

17——中華人民共和国商務部・中国対外承包工程商会『中国対外承包工程発展報告2019〜2020』2020年、3頁。

18——劉朝霞「対外承包工程業務延続高増長勢頭」『国際商報』2009年7月2日。

19——直近の定義では「農業機械、内燃機関（ディーゼルエンジン）、建設機械、儀器儀表（精密機械器具に近い）、事務用機械機器、石油化学汎用機械、鉱山用重機、マザーマシン、電気機械器具、汎用基礎器具、食品包装機械、自動車産業およびその他の民生用機械工業。ただし電子機器（エレクトロニクス産業）と家庭用電気機械器具は含まれない」と紹介されている。国務院発展研究中心『借鑑徳国工業4.0　推動中国製造業転型昇級』機械工業出版社、2018年、144頁。

20——趙学軍「『156項』建設項目対中国工業化的歴史貢献」『中国経済史研究』2021年4期、26〜37頁。

21——この輸入ブームは「洋躍進」とも呼ばれ、華国峰や鄧小平など、最高指導者からの直接の指示が後押しとなった。詳細については、李彦銘『日中関係と日本経済界——国交正常化から「政冷経熱」まで』勁草書房、2016年、75〜84頁を参照。

22——Sebastian Heilmann（韓博天）・Oliver Melton「中国政策過程的核心機制：規劃」『開放時代』2008年第6期。なお本論文は、Sebastian Heilmann, *Red Swan : how unorthodox policy-making facilitated China's rise,* The Chinese University Press, 2018所収。

23——「国務院関於加快振興装備製造業的若干意見」。16の重点分野は電力、石化、冶金、石炭、交通、建設、環境保全、農業、紡績、電子、航空、等。

24——李彦銘「外資利用と国際社会への参与」国分良成・小嶋華津子編『現代中国政治外交の原点』慶應義塾大学出版会、2013年、346〜348頁。そして田中修『現代中国の経済政策決定』日本経済新聞出版社、2007年、277〜289頁も参照。田中は商務部が国際派、発改委は民族派を代表していると分析した。

25——2007年に世界銀行が「中所得の罠」という概念を提起して以降、「ラテンアメリカ化」という言葉が登場する回数が少なくなった。

26——郭麗岩・路風「自強還是自残？——有関外資収購中国骨乾企業的深層議題」『国際経済評論』2006年第6期、27〜29頁。また、地方政府の動機は、（1）外資導入の実績を作り官僚の昇進につなげる。（2）国有企業改革という難しい業務を回避する。（3）国有企業の土地を獲得する、など直接な利益があると指摘された。

27——刑国均「合理利用外資与中国装備製造業的崛起」『装備製造』2007年第10期、126〜127頁。刑国均は発改委国際合作中心研究員。

28——アメリカの産業安全保障は「軍民両用技術の開発と製造に携わる企業や研究機関からの技術流出を未然に防止する」ことだと、山本が定義している、『山本武彦著作選集（3）——科学技術と国際関係』志學社、2020年、219頁。

29——これは全国テレビ・電話会議で李毅中部長・党書記が口頭で伝えた内容である。内容の詳細は「工業和信息化部伝達『三定』規定部署下半年工作」、2008年7月2日を参照。<https://www.gov.cn/gzdt/2008-07/02/content_1033872.htm>.

30——苗圩「推動我国装備製造業邁上新台階」『求是雑誌』2009年第13期、28〜30頁。

31——市場化改革を機に、「計画」という語は徐々に政策文書のなかから消えてしまい、代わりに「規画」頻繁に使われるようになった。「規画」は、計画経済時代の行政命令である生産計画ではなく、拘束力が弱い長期計画あるいはビジョンの意味が強い。ま

た、2005年から、50年以上も続いた「5カ年計画」の編集作業は、立案と審議中から第11次5カ年規劃と正式に名称が変わった。

32——「装備製造業調整和振興規劃」。

33——なお、中国政府は1998年に「走出去」（海外進出）戦略は打ち出し、中国企業による資源開発やM&Aを含めた直接投資を促したが、具体的な制度設計はなく、呼びかけに近い形だった。実質に中国企業の「走出去」の主体的地位にあったのは対外工事請負である（対外直接投資の爆発的な成長は2015年以降のこと）。たとえば2009年度の新規契約金額でみると、対外工事請負は1065.1億ドルに上ったが、労務協力はわずか65.7億ドルであり、前年度比マイナスだった。劉朝霞「対外承包与労務合作風雨兼程2009」『国際商報』2009年12月31日。対外工事請負が中国経済に対する貢献度が高いことを、大橋も推測していた。大橋、前掲、76頁。

34——「国務院関於国際産能与装備製造協力的指導意見」。

35—— 中国現代国際関係研究院、前掲、14〜15頁。

36—— 国務院発展研究中心、前掲、193〜197頁。

37——陳文玲・顔少君「推動中美両国邁向新型戦略合作伙伴関係」『全球化』2018年第1期、77〜80頁。同中心の初代理事長は国家発展計画委員会主任、副総理などを歴任した曾培炎である。曽は周小川とともに、現在でも政界OBとしてボアオ・アジア・フォーラムの重要メンバーを務めている。

38——中金研究院、前掲、5〜6頁。中金研究院の認識では、債務の罠は実際に確認できず、中国による貸付は古典的なやり方に類似している。1978年中国政府が日本などから得たれた貸付はその古典的なやり方の典型例だと、同書は説明した、206頁。

39——佐野淳也「現実路線にシフトした中国の一帯一路——巨大経済圏構想から持続可能な対外経済協力策へ」『環太平洋ビジネス情報』23巻89号、2023年。

40—— 李家忠「学搞経済外交的幾件事」趙進軍編『中国外交官与改革開放』世界知識出版社、2013年、217頁。李家忠は元中国駐ベトナム大使。なお、2019年ごろから欧米日企業が中・低所得国市場に巻き返し、中国企業との間の競争が激しくなった、中国対外承包工程発展報告　2019〜2020』2020年、18頁。

41——小林、前掲、42頁。

42——下村、前掲、3頁。

43——科学技術振興機構中国総合研究・さくらサイエンスセンター『一帯一路の現況分析と戦略展望』2019年、16〜17頁。

44——西村豪太『米中経済戦争　AIIB対TPP——日本に残された大逆転のチャンス』東洋経済新報社、2015年、40頁。

45——例えば、佐野純也「一帯一路、沿線諸国による見直しの動きをどうとらえるのか」『JRIレビュー』Vol. 4、No.65、2019年。

46——西脇修『米中対立下における国際通商秩序——パワーバランスの急速な変化と国際秩序の再構築』文眞堂、2022年、36〜37・113〜117頁。

47——USTR, "Findings of the Investigation into China's Acts, Policies, and Practices Related to Technology Transfer, Intellectual Property, and Innovation under Section 301 of the Trade Act of 1974." March 22, 2018.

48——「曲解"中国製造2025"美国是無知還是刻意？」『人民日報』2018年4月7日。また、実際に日本などの外資企業も対象となった。酒向浩二『現代中国の産業振興策の推進力——中央政府・地方政府・国有企業の政策協調』文真堂、2023年、78〜80頁。

49——詳細は沈偉「WTO框架下的産業政策：規則約束和政策優化」『上海対外経貿大学学報』2019年第4期を参照。

50——山本、前掲、221頁。

51——知的財産権分野にも同じような情報不足と誤解が存在し、それが米中貿易戦争の引き金となったと、最近指摘されるようになった。Dan Prud'homme, "The US-China Trade War and Myths about Intellectual Property and Innovation in China", in Erik Baark, Bert Hofman, and Jiwei Qian, eds., *Innovation and China's Global Emergence,* NUS Press, 2021. また、中国IC産業ファンドのような政府引導基金に対するアメリカ側の認識も不足している。まず、これは返済義務のない補助金ではなく、政府が一部を出資しているに過ぎない。基金の運営は市場メカニズムに基づいている。さらに、その実際の効果は生産性や研究開発の向上にまだつながっていない、という指摘もなされている。具体的には、藍小歓『置身事内——中国政府与経済発展』2021年、上海人民出版社、149〜163頁。梶谷らによる計量分析の結果も、生産性や研究開発の向上は実現していないと示唆している。Kai Kajitani, Kuang-hui Chen, Kohei Mitsunami, "How Do Industrial Guidance Funds Affect the Performance of Chinese Enterprises ?," *RIETI Discussion Paper Series*, 22-E-110, December 2022.

52——「力推中国製造由大変強」『瞭望』2015年5月23日。

53——この会議の発言や主な主張は、林毅夫・張軍など編『産業政策　総結、反思与展望』北京大学出版社、2018年に所収されている。

54——大橋弘「『新しい産業』政策と新しい『産業政策』」、*RIETI Discussion Paper Series*, 15-P-020、November 2015、3頁。

55——「国務院弁公庁関於当前金融促進経済発展的若干意見」2008年12月。

56——資金不足の発展途上国に向けてプラント類を輸出する際、成約の可否にとって、政府の金融支援および貿易保険制度は特に重要である。

57——例えば、斉志新「産業大並購浪潮中装備製造業」『装備製造』2016年第1期。

58——「産業昇級与中国経済発展的政策選択」『文化縦横』2016年8月号、85頁。木村も1990年代イノベーション政策はそこまで成功していなかったと指摘していた。木村公一朗「技術開発環境とR&D——電機・電子産業のケース」加藤弘之・梶谷懐編『二重の罠を超えて進む中国型資本主義——「曖昧な制度」の実証分析』ミネルヴァ書房、2016年、127〜144頁。

59——路風「中国数控機床の"逆襲"掲密」2016年5月20日。論文としての公開は遅いものの、路の個別企業（原子力発電、マザーマシン、液晶パネル、高速鉄道）に対する調査・研究は2006年ごろからすでにはじまっていた。それぞれ成果は当時報告書として

政策立案部門に提出していたが、『新火』中国人民大学出版社、2020年にまとめられている。その延長線上で、路は2006年ごろから地方政府のリードに任せ、優良企業を外資に売却すべきでないと呼びかけていた。

60——日置史郎による計量分析の結果も、路のこの主張と一致している。「中国における産業高度化と産業政策に関する一考察——江蘇省・浙江省の繊維・アパレル産業の企業調査に基づき」*DSSR Discussion Papers*、48号、2015年、1〜20頁。

61——路風「関与産業振興規劃的一個問題」『商務週刊』2009年9月20日、89〜90頁。

62——藍、前掲、147〜149頁。出口戦略に関わる制度はまだまだ不十分だと藍は指摘した。

63——直近の一例として、日本のメガバンクのシンクタンクも商務部の産業振興にかかわる共同研究（2008〜2016年）に参加した。酒向、前掲、29頁。

第III部

米中対立の波及

第7章

日本のミャンマー政策と米中対立
―「自由で開かれたインド太平洋」の同床異夢

服部龍二　HATTORI Ryuji

1 ▸ 米中対立をめぐる安全保障概念の多様化

　第1次ドナルド・トランプ政権期に顕在化し、ジョー・バイデン政権期に激化した米中対立のはざまで、日本はどのような対外政策を進めてきたであろうか。米中対立下の日本外交は複眼的でなければならなかった。日本は安全保障で日米同盟を基軸とするのみならず、人権や民主主義などの価値観においてもアメリカや西欧と親和性が高い[1]。安全保障概念が多様化するなか、日本は国家の存立にかかわる伝統的な安全保障に加え、個々人に着目する「人間の安全保障」を重視してきた。他方、2000年代後半から現在に至るまで20年近く、日本にとって中国はアメリカをしのぐ最大の貿易相手国であり続けている。このため日本は、人権が重視されているとは言い難い中国との関係を維持しつつ、地政学的リスクを分散するためにも諸外国、とりわけ東南アジア諸国やオーストラリア、インド、西欧諸国との連携を強化してきた。文在寅政権下では戦後最悪とまでいわれた韓国との関係についても、日本は尹錫悦政権発足後に安全保障や経済分野で改善を図った。

　米中対立下の日本外交で最も耳目を集めてきたのは、東シナ海や台湾、さらには南シナ海をめぐる安全保障であり、日米は安保体制を強化することで中国の台頭に対処している。安倍晋三首相が2016年に提唱し、トランプ政権やヨーロッパ諸国にも取り入れられた「自由で開かれたインド太平洋」構

第7章●日本のミャンマー政策と米中対立　171

想は菅義偉、岸田文雄、石破茂内閣にも受け継がれており、概して日本は西側陣営、とりわけアメリカと協調的な外交を展開してきた。2022年2月に勃発したウクライナ戦争でも、日本はアメリカを軸とする主要7カ国、いわゆるG7と共同歩調をとっている。岸田首相は同年6月、「中国とロシアは、近年緊密な関係を維持し、軍事協力も緊密化しており、我が国としてもその動向を関心を持って注視しています。ウクライナ情勢に関し、我が国としても中国に対し、様々な機会に責任ある行動を呼びかけてきています。……(中略)……台湾をめぐる問題が、対話により平和的に解決されることを期待するというのが従来から一貫した日本の立場であり、この点はこれまでも日米やG7、日EUで台湾海峡の平和と安定の重要性について一致してきています」と述べ、ロシアだけでなく、ロシアと緊密な中国を牽制した[2]。

だが、ここには留意すべき点がある。米中対立下において日米安保体制の強化が注目されるあまり、日本の東南アジア政策、とりわけ大陸部の東南アジアにおいて、日本がアメリカの方針に反しつつ独自に政策をおこなってきた事実は看過されがちなことである。その好例としてミャンマーが挙げられよう。かつてアウンサンスーチーが率いていたミャンマーには約430社の日系企業が進出して「アジア最後のフロンティア」と呼ばれ[3]、日本の対ミャンマーODA(政府開発援助)は、インド、バングラデシュに次ぐ第3位に上った。そこに起こったのが2021年2月1日のミャンマー国軍による軍事クーデターであり、ミャンマーではスーチーらが拘束された末に民主主義が後退し、軍事政権が続いている。アメリカと戦略や価値観を共有するはずの日本は、欧米とは対応を異にして制裁を科さず、人権を蹂躙する国軍との「太いパイプ」を維持し、ミャンマーとの連携を強めていた中国に独自の対抗を試みた。このことは、米中対立下における日本外交の大きな特徴であるのみならず、日本と欧米の価値観には温度差があり、日本は人権や民主主義を軽視しているのではないかとの疑問を抱かせる。「人間の安全保障」という理念を国連で提唱してきた日本は、人権重視のはずではなかったのか。

そこで本章は2021年2月1日にミャンマーで発生したクーデターに対する日本の政策を分析する。ミャンマーに焦点を当てる理由は、日本が政治的経

済的にミャンマーと深くかかわっており、かつ「自由で開かれたインド太平洋」構想でもミャンマーは東南アジア、南アジア、中国のいわば三叉路(さんきろ)に位置するためである[4]。ミャンマー・クーデターへの日本の対応について先行研究がないわけではない[5]が、外交文書を用いて系統的に日本外交を同時代史的に論じたものはまだ現れていない。このため2節以降では、情報公開請求で得た外務省文書に基づきながら、クーデターやODAについての日本側対応を論じたい[6]。

　ここでのリサーチ・クエスチョンは、「人間の安全保障」という理念、とりわけ中心的概念の1つである人権が日本の対ミャンマー政策でどの程度まで考慮され機能しているかである。あまり機能していないとすれば、それはいかなる理由によるものであり、どのように改善しうるのだろうか。以下では第2節で「人間の安全保障」概念を整理し、第3節でクーデター直後の反応、第4節でODAと制裁、第5節で「太いパイプ」と呼ばれる民間アクター、第6節で欧米との比較をおこない、第7節で議論を総括したい。

2 ▸ 「人間の安全保障」とネガティブ・リンケージ

　日本の対ミャンマー政策を論じるうえであらためて問われるのは、日本が推進してきた「人間の安全保障」に示される理念の内実である。その背景を知るには、前世紀にさかのぼらねばならない。20世紀末から日本は「人間の安全保障」を外交理念に取り入れてきた。この概念は主として「恐怖からの自由」と「欠乏からの自由」から成る[7]。カナダも日本と同様に「人間の安全保障」の概念を外交に取り入れた。カナダが「恐怖からの自由」に焦点を当てるのに対して、日本は「欠乏からの自由」を重視している[8]。前者は人権重視、後者は開発重視といい換えてもよいだろう。「人間の安全保障」の所管である地球規模課題総括課が、日本外務省の国際協力局に位置づけられていることは、日本の開発重視を端的に示している。日本は憲法上の制約により軍事力を使用せず、ODAを用いて開発に寄与し、紛争の原因を軽減しようとしてきた[9]。他方、日本は国連で「人間の安全保障」の概念を推進

した[10]ものの、国連を除けば日本が地域政策で「人間の安全保障」の理念を現実に遂行することはまれであった[11]。

　「人間の安全保障」は、国連を舞台とする外交だけでなく、開発援助とも関連する。援助国は、被援助国に望ましい改善が見られた場合には援助を増加させ、その逆の場合には援助を減少させる。前者はポジティブ・リンケージ、後者はネガティブ・リンケージと呼ばれる。日本の場合、今世紀に入ってからネガティブ・リンケージは大幅に減少している。途上国の市民が援助の削減や停止によって深刻な影響を受ける可能性があることなどから、ネガティブ・リンケージを控えるためである[12]。東アジアにおける「人間の安全保障」のリスクには、自然災害と環境、国際関係、国内または地域の紛争、社会問題があり、とりわけ国内紛争は大きなリスクとなっている[13]。

　また、日本は近年、「人間の安全保障」を気候変動やSDGs（持続可能な開発目標）、紛争、テロ、人身取引、自然災害、感染症などの広い文脈で用いている[14]。したがって、日本が「人間の安全保障」を唱えていることは、必ずしも人権の尊重を意味しない。それどころか、日本外交には人権軽視になりかねないところがあり、米中対立下において日米協調からの逸脱が生じうる。その顕著な例が、近年のミャンマー・クーデターに対する日本の方策にほかならない。

　このことは外務省の官僚機構からも説明できる。外務省の国際協力局には「人間の安全保障」を扱う部局として地球規模課題総括課がある一方、ミャンマーを担当する地域局はアジア大洋州局南部アジア部の南東アジア第1課であり、北米局と連携した形跡はみられない[15]。また、人権を扱う課としては、総合外交政策局に人権人道課がある。一般的にクーデターのような非常時に際しては、国際協力局のような機能局よりもアジア大洋州局のような地域局が前面に出る。このため仮説的に、地球規模課題総括課が「人間の安全保障」を担当するとしても、対ミャンマー外交は南東アジア第1課によって主導されるため、「人間の安全保障」の理念は対ミャンマー外交に反映されにくいと推測される。これらの点を情報開示請求で得た文書をもとに検証したい。

3 ▸ クーデター直後の反応

　ミャンマー国軍は2021年2月1日にアウンサンスーチーらを首都ネピドーで拘束し、最高意思決定機関としてSAC（the State Administration Council, 国家統治評議会）を設置した。菅内閣の茂木敏充外相は懸念を表明し、民主的体制の回復を求めた[16]。文書で確認できる限り、クーデター後の日本とミャンマー国軍の最初の接触は、3月8日に丸山市郎大使が軍政によって外相に任命されたワナマウンルインと会った時である。丸山は暴力の停止、スーチーらの解放、民主制の復旧を求めた。これらの3点は、2月1日の茂木声明と基本的には同じものであった[17]。過去最大級の死傷者が生じた3月27日にも、外務省は茂木外相の名で非難声明を発した[18]。しかし、日本は国軍に制裁を科しておらず、これらの文書に「人間の安全保障」に類する表現はなかった。

　国軍関係者の資産を凍結した欧米とは対照的に、日本は制裁を科せばミャンマーが中国に傾斜すると危惧した。日本はまた、430社以上もの日系企業がミャンマーに進出していることにも鑑みて、軍事政権との「パイプ」を維持すべきと考えた。日本の対ミャンマー政策は、軍事政権を承認しないものの「パイプ」は保つという微妙なものだった。他方、在京ミャンマー大使館書記官2人が国軍による市民弾圧に抗議して5月に解雇されたにもかかわらず、日本外務省は7月に外交官身分の維持を認めた。これらの政策を主導したのは南東アジア第1課だった[19]。

　菅内閣は2021年3月9日、ミャンマーに対して新規にODAをおこなわないことを決めた。同時に日本は、これが制裁と見なされないように配慮し、既存のODAは継続した。このことは、菅内閣が安倍前内閣の「自由で開かれたインド太平洋」を踏襲していたことと関連する。かつて安倍首相はアウンサンスーチーに「自由で開かれたインド太平洋」の意義を説き、ミャンマーが東南アジアとインドを結ぶ要所に位置すると論じていた[20]。NLD（The National League for Democracy, 国民民主連盟）側に立つミャンマーのチョーモートゥン国連大使は日本のODAに批判的であり、民政復帰まで日本はODA

第7章●日本のミャンマー政策と米中対立　｜　175

を停止すべきと主張した[21]。

しかし日本は既存ODAの停止に慎重であり、むしろミャンマー国軍との「パイプ」を活かそうとした[22]。この「パイプ」とは第5節で論じるように、主に日本財団や日本ミャンマー協会を指すが、自衛隊を含むこともある。自衛隊は国軍と長らく人的交流をおこなってきた[23]。茂木は国会でミャンマー軍事政権の承認について問われ、自身もミンアウンフライン最高司令官にかつて会ったことに触れつつ、承認の可能性を否定しなかった[24]。加藤勝信官房長官も同様な立場であり、ODAの停止はミャンマーにおける中国の影響力を強めかねないと考えた[25]。日本は国軍との「パイプ」を維持しつつ、少なくとも当面は承認や制裁はおこなわないという姿勢だった。

日本の外交スタンスが明らかになったのは、8月6日の第14回日本・メコン外相会議だった。議長国の日本は、軍政が国際協力大臣に任命したココフラインを会議に招いたのである。この結果、カンボジア、日本、ラオス、ミャンマー、タイ、ベトナムの6カ国がこの会議に参加した。茂木はここでメコンがインド太平洋の中心的地位にあると論じ、各国との協力を表明しつつ、ミャンマーの民政復帰を促した[26]。日本がミャンマー軍事政権の参加を認めたことは、国会内の超党派議員連盟の批判を招いた。日本は「人間の安全保障」の中心的概念である人権よりも、「自由で開かれたインド太平洋」に象徴される戦略的配慮を優先した。「自由で開かれたインド太平洋」という文言は、南東アジア第1課や緊急・人道支援課が進めた避難民に対する緊急無償資金協力の文書からも読み取れる[27]。

4 ▶ 継続されるODA

額を公表していない中国を除けば、ミャンマーにとって日本は最大のドナー国であった。日本のODA継続は、ミャンマーにおいて国軍と関連する企業を利しかねなかった。国軍は、MEHL（Myanmar Economic Holdings Limited, ミャンマー・エコノミック・ホールディング・リミテッド）およびMEC（Myanmar Economic Cooperation, ミャンマー経済公社）という2つのコングロマリットを営ん

176 　第Ⅲ部●米中対立の波及

でおり、いずれも日本ODAの潜在的受益者だったからである。国軍を利す
る日本の開発援助として、しばしば批判されるのは、ヤンゴンにある商業施
設のYコンプレックスやバゴー橋の建設事業である。Yコンプレックスは国
軍の所有地にあり、国軍は賃料を得ている。この事業には民間会社の東京建
物やフジタに加えて、日本政府の出資を受けたJOIN（海外交通・都市開発事業
支援機構）が参画し、JBIC（国際協力銀行）も融資している。他方、バゴー橋の
建設事業はODAのプロジェクトである。バゴー橋では横河ブリッジが工事
を受注しているが、MECを下請けにしている。これについては国会でも問
題視されており、例えば立憲民主党の阿久津幸彦が2021年4月2日の衆議院
外務委員会で追及した[28]。

　このように対ミャンマー開発援助には、人権侵害が明らかなミャンマー国
軍を利するところが見受けられる。そのため、日本が外交理念として掲げる
「人間の安全保障」に反しかねない。日本がODAを停止しにくいのは、現
地企業の破綻や失業の増加につながりうるほか、日本が撤退すればミャン
マーで中国の影響力が支配的になってしまうこと警戒したからである[29]。

　「人間の安全保障」の観点からは、制裁はどのようにあるべきであろうか。
包括的な制裁（comprehensive sanctions）はインパクトが大きく、無辜の民を苦し
めるという人道的問題を起こしかねない。このため、資産凍結のように特定
の個人や組織に制裁を科す標的制裁（targeted sanctions）が主流となってきてい
る。標的制裁はスマート制裁（smart sanctions）とも呼ばれる[30]。標的制裁では
FATF（Financial Action Task Force, 金融活動作業部会）基準が採用されることが多い。
FATFは、オーストラリア、中国、フランス、ドイツ、日本、ロシア、韓
国、イギリス、アメリカなど39の国と地域が加盟する国際組織で、マネー
ロンダリング防止やテロ資金対策に関する基準を定めている。人権を蹂躙し
ている国軍やその系列にある企業に対して、日本は欧米とともに標的制裁を
科すべきだという議論も十分にありえるだろう。

　他方、「人間の安全保障」は人権とともに開発を構成要素としており、そ
の観点からは単に制裁を科せばよいということには必ずしもならない。一案
として、個別のODAプロジェクトを国軍とのかかわりについて精査し、よ

第7章●日本のミャンマー政策と米中対立　│　177

りスペシフィックに制裁を科すことが考えられうるのではなかろうか。これによって、ミャンマーのような国では人権と開発を同時には達成し難いという「人間の安全保障」のジレンマを打開しうるだろう。総じて、ミャンマー・クーデターに対する日本の反応は、国軍を利しかねないプロジェクトを含めてODAを継続しており、「人間の安全保障」の中心的概念である人権と相容れない感がぬぐえない。日本のODAに関する基本方針を定めた開発協力大綱には、「開発協力の軍事的用途及び国際紛争助長への使用を回避する」と明記されていた[31]。

5 ▶ 「太いパイプ」——日本財団と日本ミャンマー協会

先にも触れたように、日本の対ミャンマー政策においては開発援助のみならず、「太いパイプ」と呼ばれる民間アクターを検討する必要がある[32]。「太いパイプ」として知られるのは、日本財団の笹川陽平会長や日本ミャンマー協会の渡邉秀央会長である。クーデター前から日本財団は、ミャンマーのハンセン病対策や学校建設に携わっており[33]、ミャンマーの軍人と自衛隊の交流を図っていた[34]。2020年のミャンマー総選挙で、笹川は日本政府の特使だった[35]。

2021年のクーデター後、抑留されていたある日本人ジャーナリストの解放は、笹川の影響力を示す一例である。外務省の電報は、笹川の「沈黙の外交」に論及しているものの、その行動については詳述できていない。笹川によると「沈黙の外交」とは、「結果が出たことは報告するが、その経過でどのような話があったかは申し上げられない」というものだった。笹川は2021年11月にミャンマーを訪れた際にも、「沈黙の外交」を変えなかった。笹川はミンアウンフラインらと11月13・14日に会談したほか、100万回のワクチン提供や1700万ドルの人道支援を提示したものの、会談内容を明らかにしなかった。その立場は「人道支援活動に国家も個人もない」というものだった。笹川はこのとき政府代表ではなく日本財団会長としてミャンマーを訪れていたため、外務省は笹川の行動や会談内容を十分に把握できなかっ

た[36]。

　一方の日本ミャンマー協会は、投資や貿易、技術協力など民間交流を目的とした。渡邉がミャンマーにかかわったのは、中曽根康弘内閣の官房副長官としてマウンマウンカ首相を日本に招き、支援に携わって以来である[37]。日本ミャンマー協会には150もの会社や銀行が加盟しており、麻生太郎副総理・財務相を最高顧問にしていた[38]。渡邉は、クーデター前後にミンアウンフラインらと会っており、ミンアウンフラインに直接アクセスできる数少ない日本人だった。渡邉が2022年5月上旬、ミンアウンフラインや6人の閣僚と会い、ティラワ経済特別区などについて協議したとき、丸山大使は同席しなかった[39]。

　このように、日本の対ミャンマー政策は二重外交の観を呈した。日本は国軍につながる「太いパイプ」を維持する半面、ミャンマーの民主派のNUG（National Unity Government of Myanmar, 国民統一政府）と新たな関係を築くことに慎重だった。日本はクーデターを批判し、民主制の回復を求めたものの、必ずしも行動を伴っていなかったのである。

6 ▸ 深まる欧米との溝

　日本が制裁を科さなかったのに対して、アメリカはミャンマー国軍に制裁を科した最初の国であり、イギリスやカナダ、EUがこれに続いた。アメリカなど各国は、ミンアウンフラインや、国軍が営むコングロマリットのMEHLおよびMECに制裁を科したのである[40]。他方で日本は2021年2月3日、アメリカ、カナダ、イギリス、ドイツ、フランス、イタリアとともに、G7の外相非難声明に賛同した[41]。同年4月16日には菅とバイデンが会談し、日米共同声明を発した。共同声明は、ミャンマー・クーデターへの非難を含んでいたものの、制裁に関する文言はなかった[42]。6月11日から13日にイギリスで開かれたG7の共同声明もミャンマーへの非難と民主制の回復を主張した[43]。しかし、日本がミャンマー国軍に制裁を科さないことは、欧米との相違であり続けた[44]。

ミャンマーの民主派が2021年4月に結成したNUGへの対応についても、日本は欧米と立場を異にした。NUGは、同年2月のクーデターで実権を掌握したミャンマー国軍に対抗するため、民主派の議員らが創設したものである。日本がNUGにアプローチしなかったのに対して、アメリカはNUGとの関係構築に熱心であった。アメリカ国務省は2022年4月8日、NUGの人権大臣や外務副大臣をワシントンD.C.に迎え、NUGの人権促進に賛同した[45]。5月12日には、アメリカのウェンディ・シャーマン国務副長官がNUGの外務大臣らとワシントンD.C.で会談し、民主制への復帰を協議している[46]。

　2022年5月23日には、バイデンが訪日して岸田首相とともに日米共同声明を発した。共同声明は、ミャンマー国軍による人権弾圧を非難し、民主主義の回復を促していた[47]。しかし現実には、日米の対ミャンマー政策は相容れなかった[48]。とりわけバイデンは国連総会で9月21日、「ミャンマー軍政による民主派や少数民族に対する恐るべき虐待」を非難した[49]。アメリカ財務省は10月6日にミャンマー国軍に追加制裁を科した[50]。さらにバイデンは12月23日、ビルマ法改正案を含む国防権限法 (National Defense Authorization Act) に署名した[51]。ビルマ法改正案は、NUGや少数民族武装グループに対する非武装支援を規定していた[52]。

　ところが日本は、バイデン政権に匹敵する措置をとらなかった。日本はミャンマー国軍とのつながりを維持する半面で、NUGとのパートナーシップ構築にも極めて消極的だった。このことを暗示するのが、2023年1月9日から15日にかけて岸田首相がおこなったフランス、イタリア、イギリス、カナダ、アメリカの歴訪であろう。このとき岸田は、2022年12月制定の新しい国家安全保障戦略を説明したものの、ミャンマーに論及しなかった。新しい国家安全保障戦略は「自由で開かれたインド太平洋」構想のもとで平和と安定の確保を目指しており、力による現状変更をおこなおうとする中国には、同盟国や同志国との連携によって対応するとしていた[53]。しかし日本は、「自由で開かれたインド太平洋」構想の要衝に位置するミャンマーでは欧米と方針を異にし、ミャンマーが中国の影響下に陥らないようにすべく、

国軍との「パイプ」を保っていた。このため岸田は、各国首脳との会談で、ミャンマーに触れなかった[54]。総じて日本の立場は、ミャンマーにおいて人権や民主主義を重んじる西洋諸国と、安定を求める中国などアジア各国の間に位置していた[55]。

　このように中国ファクターは、日本が対ミャンマー政策で欧米と異なる対応をおこなう主因となった。クーデター当時、防衛副大臣だった中山泰秀は、「この問題に適切にアプローチしなければ、ミャンマーは政治的に自由な民主主義国家からさらに遠ざかり、中国の陣営に加わる可能性がある。……（中略）……我々が〔ミャンマー国軍と自衛隊の軍事交流を——引用者注〕止めれば、ミャンマー軍と中国軍の関係はより強固になり、彼らはアメリカ、日本、イギリスを含む自由国家からさらに遠ざかることになる」とロイター紙で主張していた[56]。中山発言が象徴するように、日本は戦略的な観点から独自に対ミャンマー関与政策を進めた。その方針は中国の海洋政策に対する警戒とも連動しており、このころ中国は海警による外国船舶への発砲を許可する新法を可決していた。

　同様に日本ミャンマー協会会長の渡邉は、対ミャンマー政策でアメリカとは異なる「独自の外交手腕」を発揮することが「日本外交にとって、今後の試金石になる」とある対談で語った。「米国はミャンマーに直接、利害関係はありません」が、「中国は米国に対抗するだけの政治力も経済力もあります。こうした米中の間で、日本は米国に付き従うだけではなく、自主的かつ独自の歩み方を検討していかなければなりません。いくら防衛予算を増やして、装備を近代化しても米国、中国、ロシアには敵いません。そういうなかで政治を考え、外交を執行する上には、相当な努力、きめ細かな、かつ気配り、目配り、思いやりが必要です。そして、日本が大戦後、多くの国々に助けられ、育んできた民主主義と経済力を維持していくには、独自の外交手腕でなければ、これから先、生きていくことはできません。その意味でミャンマー外交は、日本外交にとって、今後の試金石だと思います」というのである[57]。つまり渡邉は、日本が米中対立下で外交努力を通じた独自の路線を模索し、対米協調を逸脱してでも中国に対抗すべきと考えた。現実にはミャン

マーにおける中国のプレゼンスはあらゆる面で強まっており、日本が意図した対中抑止は奏功しなかったにせよ、米中対立下での日米協調という既定路線に日本の対ミャンマー政策が収まらずに展開したことは記憶されてよいだろう。

7 ▶ 米中対立下での「自由で開かれたインド太平洋」という同床異夢

　以上を要するに、ミャンマー・クーデターに対する日本のアプローチは、外交的に説得をおこない、新規ODAを停止しながらも従来のプロジェクトは継続することで、制裁を回避するものだった。したがって日本の対ミャンマー政策は、民主主義の後退と援助の間の弱いネガティブ・リンケージによって特徴づけられ、「人間の安全保障」の中心的概念の1つである人権を重視したとはいい難い。本章では十分に触れられないが、開発援助の一部に加えて、日本がおこなってきた人道支援も公平に行き渡っていないようである[58]。

　弱いネガティブ・リンケージをもたらした要因は、3つに要約できるだろう。第一は、日本外交の戦略である。日本は中国やロシアの台頭を危惧し、「自由で開かれたインド太平洋」の観点からミャンマー国軍と一定の関係を保っていた。日本は中国から企業を他国に分散しようとしており、ミャンマーは「アジア最後のフロンティア」と位置づけられた。

　第二は、官僚政治である。かつての小渕恵三首相や森喜朗首相のように「人間の安全保障」を唱える有力政治家が減少したことにより、外務省が日本の地域政策やODAを主導した。外務省内では国際協力局がODAを担当しており、新規ODAこそ停止したものの継続性を重視する傾向にあり、クーデター後のミャンマーに対して大きな政策的転換はなされなかった。というのも、地域政策ではアジア大洋州局南部アジア部の南東アジア第1課が主導的役割を果たすからである。「人間の安全保障」を担当する地球規模課題総括課や北米局は、その政策過程から排除されており、地球規模課題総

括課はSDGsや気候変動など包括的な案件を扱っている。同様に人権人道課も、これまでに得た文書でみる限り、国内における難民の受け入れなどを除いて顕著な役割を果たしていないようであった。本来であれば、日米は中国を念頭においた対ミャンマー政策で協議し、国軍への制裁やNUGとの関係についてすり合わせてもよさそうなものである。日本が対ミャンマー政策で人権重視に転換する契機があったとすれば、それは日米協議に基づくアメリカからの外圧であった可能性が高い。しかしながら、南東アジア第1課が人権を重んじるアメリカ管轄の北米局と協議した形跡は、少なくとも情報公開請求で得た外務省文書にはみられない。「人間の安全保障」の中心的概念としての人権がクーデター後のミャンマーに対する政策において重視されなかったとすれば、そのことは官僚政治のセクショナリズムに起因するといい換えることもできよう。

　第三はインフォーマル・アクターである。クーデター前から日本財団や日本ミャンマー協会は「太いパイプ」として知られ、国軍とかかわりが深かった。「太いパイプ」は日本の対ミャンマー政策におけるセカンド・トラックとして機能し、二重外交の観を呈した。これらの結果、日本は民主主義国として例外的に国軍と関係を保ち、今日に至っている。

　このように日本は対ミャンマー政策に関する限り、ネガティブ・リンケージが弱く、「人間の安全保障」の主要概念である人権や民主主義を重視してはいなかった。その政策過程は、外務省を軸とした官僚政治にインフォーマル・アクターが加わった二重外交である。この点で日本の方策は、同じく「自由で開かれたインド太平洋」構想を共有しながらも、ミャンマー国軍に制裁を科した欧米と対照的である。米中対立下の「自由で開かれたインド太平洋」構想で一致しているかにみえた日米欧だが、少なくとも対ミャンマー政策に関する限り同床異夢といわねばならない。

　そのことを端的に指摘したのが、ミャンマーの人権を調査する国連特別報告者トーマス・アンドリュースの報告書である。アンドリュースは2023年1月31日の報告書で、日本やオーストラリア、ニュージーランド、韓国がウクライナ戦争で制裁を発動していながらも、ミャンマーを制裁していない事

実を指摘し、日本などは「直ちにSACに制裁を科すべきだ」と主張した[59]。さらに報告書でアンドリュースは日本に対して、防衛省で訓練を受けているSAC関係者を追放し、ミャンマーに対するあらゆる開発援助がSACを利さないように見直すことを求めた。つまり報告書は、日本が欧米の対ミャンマー制裁網に加わることを説いたのである。この勧告はミャンマーについて、「自由で開かれたインド太平洋」構想が日本と欧米の間で合致していないことの裏返しだった。日本はウクライナ戦争ではG7と協調したにもかかわらず、ミャンマーでは共同歩調をとらなかったのである。

アンドリュース報告書の指摘にもかかわらず、岸田内閣が2023年6月9日に開発協力大綱の改定を閣議決定した際、「人間の安全保障」は理念として論及された半面、人権が抑圧されている国において開発援助が軍政を利していないかをチェックする仕組みは盛り込まれなかった[60]。このことは、先に述べた日本と欧米の相違がミャンマーに限定されないことを示唆しており、改善の余地があるのではなかろうか。

注

1 ——Maiko Ichihara, *Japan's International Democracy Assistance as Soft Power: Neoclassical Realist Analysis* (Routledge, 2018), pp. 36-40; Saori N. Katada, *Japan's New Regional Reality: Geoeconomic Strategy in the Asia-Pacific* (Columbia University Press, 2020), pp. 168-169. 佐橋亮『米中対立』中公新書、2021年、276〜278頁では、米中対立下の日本外交がパワーと価値観の両立を構想すべきであり、「人間の安全保障」を推進してきた日本は価値観抜きの外交をしてこなかったと論じられている。他方、保城広至『ODAの国際政治経済学——戦後日本外交と対外援助 1952-2022』千倉書房、2024年、239頁は、「途上国の民主主義国家／非民主主義国家という区別は、日本の援助分配行動にほとんど影響を及ぼさない」と分析した。

2 ——岸田文雄インタビュー、2022年6月28日 <https://www.mofa.go.jp/mofaj/p_pd/ip/page6_000560_00012.html>。

3 ——アジア大洋州課「ミャンマー日本商工会議所が声明文発表」2021年3月18日 <https://www.jetro.go.jp/biznews/2021/03/a05ef0a84a3f9f22.html>。

4 ——Moe Thuzar, "Human Security and Development in Myanmar: Issues and Implications," in Yoichi Mine, Oscar A. Gómez, and Ako Muto, eds., *Human Security Norms in East Asia,*

Palgrave Macmillan, 2019, pp. 183, 195, 197. 山田順一『インフラ協力の歩み——自助努力支援というメッセージ』東京大学出版会、2021年、79～95頁。

5──北川成史『ミャンマー政変——クーデターの深層を探る』ちくま新書、2021年。永杉豊『ミャンマー危機——選択を迫られる日本』扶桑社新書、2021年。Rumi Aoyama, "China's Mediation Diplomacy in Myanmar," *JIIA Research Reports*, July 15, 2022 <https://www.jiia.or.jp/en/column/2022/07/china-fy2021-07.html>; 中西嘉宏『ミャンマー現代史』岩波新書、2022年。大矢根聡「序論：ミャンマー政変と地域・国際構造——地域研究と理論研究の交点から」『アジア研究』69巻3号、2023年。Ryuji Hattori, "Intersections of Health, Border, and Marginality: Field Research Enriches Understanding of Japanese Engagement with Post-Coup Myanmar," *Kyoto Review of Southeast Asia*, Issue 38 (2024) <https://kyotoreview.org/issue-38/field-research-enriches-understanding-of-japanese-engagement-with-post-coup-myanmar/>.

6──外務省文書の保存公開や情報公開請求については、拙著『外交を記録し、公開する——なぜ公文書管理が重要なのか』東京大学出版会、2020年で論じたことがある。

7──United Nations Development Programme, *Human Development Report 1994*, Oxford University Press, 1994; United Nations General Assembly, Resolution A/RES/66/290, September 10, 2012 <https://documents-dds-ny.un.org/doc/UNDOC/GEN/N11/476/22/PDF/N1147622.pdf?OpenElement>. 長有紀枝『入門 人間の安全保障 増補版』中公新書、2021年。Koji Makino, "Human Security and Development Cooperation Today," *Human Security Today*, Vol. 1, 2022.

8──福島安紀子『人間の安全保障——グローバル化する多様な脅威と政策フレームワーク』千倉書房、2010年。東大作・峯陽一「人間の安全保障の理論的なフレームワークと平和構築」東大作編『人間の安全保障と平和構築』日本評論社、2017年。

9──佐藤安信「平和構築論の射程——難民から学ぶ平和構築をめざして」高橋哲哉・山影進編『人間の安全保障』東京大学出版会、2008年。

10──Kaoru Kurusu, "Japan as a Norm Entrepreneur for Human Security," in Mary M. McCarthy, eds., *Routledge Handbook of Japanese Foreign Policy*, Routledge, 2018.

11──長有紀枝「『人間の安全保障』概念を外交にどう活かすか」東大作編『人間の安全保障と平和構築』日本評論社、2017年。

12──下村恭民『日本の開発協力史を問いなおす 2 最大ドナー日本の登場とその後——政策史 (2)・1990年代以降』東京大学出版会、2022年、42～46頁。

13──Kaoru Kurusu, "An Analysis of Japanese Stakeholder Perceptions," in Yoichi Mine, Oscar A. Gómez, and Ako Muto, eds., *Human Security Norms in East Asia*, Palgrave Macmillan, 2019, pp. 138-139.

14──服部龍二編「北村俊博 外務省ODA出前講座 日本の国際協力と人間の安全保障——開発協力大綱の改定と気候変動を中心に」『政策文化総合研究所年報』27号、2024年。

15──Global Issues Cooperation Division, "The Trust Fund for Human Security: For the

'Human-centered' 21st Century," August 2009 <https://www.mofa.go.jp/policy/human_secu/t_fund21.pdf>.

16——茂木敏充「ミャンマー国内情勢について」2021年2月1日（情報公開法による外務省開示文書、2021-781-1）。

17——丸山市郎駐ミャンマー大使から茂木敏充外相、2021年3月9日、第622号（情報公開法による外務省開示文書、2021-785-1）。

18——Ministry of Foreign Affairs, "Civilian Casualties in Myanmar (Statement by Foreign Minister MOTEGI Toshimitsu)," March 28, 2021 <https://www.mofa.go.jp/press/danwa/press6e_000275.html>.

19——南東アジア第1課「不服従運動（CDM）に参加する在京ミャンマー大使館書記官」2021年7月14日（情報公開法による外務省開示文書、2021-783-1）。

20——岸田文雄外相から樋口建史駐ミャンマー大使、2016年11月9日、第117222号（案）（情報公開法による外務省開示文書、2020-819-3）。

21——『日本経済新聞』2021年4月2日（夕刊）。

22——Ministry of Foreign Affairs, "Press Conference by Foreign Minister MOTEGI Toshimitsu," April 2, 2021 <https://www.mofa.go.jp/press/kaiken/kaiken24e_000048.html>.

23——*Reuters*, February 2, 2021 <https://www.reuters.com/article/us-myanmar-politics-japan-idUSKBN2A20PX>; Human Rights Watch, "Japan: Cut Defense Ties with Myanmar Military," December 20, 2021 https://www.hrw.org/news/2021/12/21/japan-cut-defense-ties-myanmar-military; Teppei Kasai, "Japan's Government should Stop Training Myanmar's Military," *Human Rights Watch*, January 19, 2022 <https://www.hrw.org/news/2022/01/19/japans-government-should-stop-training-myanmars-military>.

24——*Reuters*, March 25, 2021 <https://jp.reuters.com/article/myanmar-politics-japan-idJPKBN2BH0ZT>; 衆議院外務委員会議録、5号、2021年4月2日 <https://kokkai.ndl.go.jp/minutes/api/v1/detailPDF/img/120403968X00520210402 >.

25——『日本経済新聞』2021年4月3日。

26——外務省「第14回メコン外相会議の開催」2021年8月6日（情報公開法による外務省開示文書，2021-910-1）。

27——南東アジア第1課・南西アジア課・緊急・人道支援課「ミャンマー国内避難民及びバングラデシュに流入した避難民等に対する緊急無償協力」2021年3月9日（情報公開法による外務省開示文書、2021-792-6）。

28——衆議院外務委員会議録、5号、2021年4月2日 <https://kokkai.ndl.go.jp/minutes/api/v1/detailPDF/img/120403968X00520210402 >。

29——工藤年博「ミャンマー・クーデターが突きつける日本の政府開発援助（ODA）の課題」『IDEスクエア』2021年10月号、1～10頁。

30——Thomas J. Biersteker, Sue E. Eckert, and Marcos Tourinho, eds., *Targeted Sanctions: The Impacts and Effectiveness of United Nations Action*, Cambridge University Press, 2016, pp. 1-4.

31——Ministry of Foreign Affairs, "Shinzō Abe's Cabinet Decision on the Development

Cooperation Charter," February 10, 2015 <https://www.mofa.go.jp/mofaj/gaiko/oda/files/000067701.pdf>.

32──Peng Er Lam, "Myanmar: Japan's 'Last Frontier' in Asia?" *Asian Survey*, Vol. 56, No. 3, May/June 2016, pp. 524-527.

33──日本財団「ミャンマー支援プログラム」年代不明。

34──日本財団「ミャンマー支援活動一覧」2021年。

35──Ministry of Foreign Affairs, "Special Envoy of the Government of Japan Yōhei Sasakawa Visits Myanmar," November 20, 2015 <https://www.mofa.go.jp/press/release/press4e_000946.html>.

36──丸山から林芳正外相、2021年11月15日、第2234号(情報公開法による外務省開示文書、2021-911-1)。丸山から林、2021年11月19日、第2255号(情報公開法による外務省開示文書、2021-954-1)。

37──渡邉秀央「日本ミャンマー協会会長ご挨拶」年月日不明 <http://japanmyanmar.or.jp/aisatsu.html>。

38──日本ミャンマー協会「事業計画」2016年。

39──丸山から林、2022年5月16日、第913号(情報公開法による外務省開示文書、2022-129-1)。

40──Department of the Treasury, "Treasury Sanctions Military Holding Companies in Burma," March 25, 2021 〈https://home.treasury.gov/news/press-releases/jy0078〉. Antony J. Blinken, secretary of state, "Sanctions on Two Burmese Entities in Connection with the Military Regime," March 25, 2021 <https://www.state.gov/sanctions-on-two-burmese-entities-in-connection-with-the-military-regime/>; The Council of the EU, "Myanmar/Burma: EU Imposes Sanctions on 10 Individuals and Two Military-Controlled Companies over the February Military Coup and Subsequent Repression," April 19, 2021 <https://www.consilium.europa.eu/en/press/press-releases/2021/04/19/myanmar-burma-eu-imposes-sanctions-on-10-individuals-and-two-military-controlled-companies-over-the-february-military-coup-and-subsequent-repression/>.

41──Foreign, Commonwealth and Development Office, "Condemning the Coup in Myanmar: G7 Foreign Ministers' Statement," February 3, 2021 <https://www.gov.uk/government/news/condemning-the-coup-in-myanmar-g7-foreign-ministers-statement>.

42──The White House, "U.S.–Japan Joint Leaders' Statement: 'U.S.–Japan Global Partnership for a New Era,'" April 16, 2021 <https://www.whitehouse.gov/briefing-room/statements-releases/2021/04/16/u-s-japan-joint-leaders-statement-u-s-japan-global-partnership-for-a-new-era/>.

43──Carbis Bay G7 Summit Communiqué, "Our Shared Agenda for Global Action to Build Back Better," June 13, 2021 <https://www.consilium.europa.eu/en/press/press-releases/2021/06/13/2021-g7-leaders-communique/>.

44──Philip Heijmans and Kwan Wei Kevin Tan, "Japan's Refusal to Sanction Myanmar

Undermines Biden's Strategy," *Japan Times*, June 20, 2021.

45 —— Department of State, "Counselor Chollet's Meeting with NUG Representatives," April 8, 2022 <https://www.state.gov/counselor-chollets-meeting-with-nug-representatives-2/>.

46 —— Department of State, "The Deputy Secretary's Meeting with NUG Representatives," May 12, 2022 <https://www.state.gov/the-deputy-secretarys-meeting-with-nug-representatives/>.

47 —— The White House, "Japan–U.S. Joint Leaders' Statement: Strengthening the Free and Open International Order," May 23, 2022 <https://www.whitehouse.gov/briefing-room/statements-releases/2022/05/23/japan-u-s-joint-leaders-statement-strengthening-the-free-and-open-international-order/>.

48 —— *Irrawaddy*, June 8, 2022 <https://www.irrawaddy.com/news/burma/aseans-engagement-with-myanmars-shadow-govt-needed-to-solve-political-crisis-us.html>.

49 —— Joe Biden, remarks before the 77th Session of the UNGA, September 21, 2022 <https://www.whitehouse.gov/briefing-room/speeches-remarks/2022/09/21/remarks-by-president-biden-before-the-77th-session-of-the-united-nations-general-assembly/>.

50 —— U.S. Department of the Treasury, "Treasury Sanctions Arms Dealers for Providing Support to Burma's Military Regime," October 6, 2022 <https://home.treasury.gov/news/press-releases/jy0996>.

51 —— The White House, "Statement by the President on H.R. 7776, the James M. Inhofe National Defense Authorization Act for Fiscal Year 2023," December 23, 2022 <https://www.whitehouse.gov/briefing-room/statements-releases/2022/12/23/statement-by-the-president-on-h-r-7776-the-james-m-inhofe-national-defense-authorization-act-for-fiscal-year-2023/>.

52 —— Congress, James M. Inhofe National Defense Authorization Act for Fiscal Year 2023, December 23, 2022 <https://www.congress.gov/bill/117th-congress/house-bill/7776/text>.

53 —— 国家安全保障会議決定・岸田閣議決定「国家安全保障戦略について」2022年12月16日 <https://www.cas.go.jp/jp/siryou/221216anzenhoshou/nss-j.pdf>.

54 —— Ministry of Foreign Affairs, "Prime Minister Kishida Visits France, Italy, the United Kingdom, Canada and the United States of America," January 13, 2023 <https://www.mofa.go.jp/erp/we/page4e_001310.html>.

55 —— Patrick Strefford, "Japan's Response to the Coup in Myanmar," *East Asia Forum*, April 17, 2021<https://www.eastasiaforum.org/2021/04/17/japans-response-to-the-coup-in-myanmar/>.

56 —— *Reuters*, February 2, 2021.

57 —— 渡邉秀央・工藤年博「ミャンマー情勢に関する緊急対談」2021年10月、日本ミャンマー協会 <http://japanmyanmar.or.jp/shr/pdf/_memi/memi_kudoutaidan.pdf>。Yūsuke Watanabe, "On Myanmar, Japan Must Lead by Example," *Diplomat*, May 26, 2021 <https://thediplomat.com/2021/05/on-myanmar-japan-must-lead-by-example/> も参照。

58 —— UNICEF Myanmar, "Final Report to the Government of Japan: Emergency Grant Aid for Humanitarian Assistance to the Populations Affected by the Coup in the South East Area

of Myanmar," May 17, 2022, MOFA documents disclosed under the Information Disclosure Law, 2022-126-6. 服部龍二・三浦純子編「石橋通宏参議院議員インタビュー――対ミャンマー支援の現状と課題」『総合政策研究』33号、2025年。

59――A/HRC/52/CRP.2, January 31, 2023 <https://www.ohchr.org/sites/default/files/documents/countries/mm/2023-01-27/crp-sr-myanmar-2023-01-31.pdf>.

60――開発協力大綱の改定に関する岸田内閣閣議決定、2023年6月9日 <https://www.mofa.go.jp/mofaj/press/release/press7_000038.html>。

付記　本章は、拙稿「ミャンマー・クーデターと日本外交――2021-2023」『政策文化総合研究所年報』27号、2024年を下敷きとして、大幅に加筆修正したものである。

第8章

気候変動問題をめぐる
米中協力と米中経済摩擦
―― 脱炭素化のジレンマに直面するアメリカ

小尾美千代　OBI Michiyo

1 ▶ 気候変動問題をめぐる米中協力と脱炭素化の推進

　地球温暖化をもたらしている気候変動問題に対しては、1994年に発効した国連気候変動枠組み条約を中心に国際的な取り組みがおこなわれてきているが、2023年は「史上最も暑い年」[1]となり、国連のアントニオ・グテーレス事務総長が「地球温暖化の時代は終わり、地球沸騰化の時代が到来した」[2]と述べたように、状況は悪化している。気候変動問題は、国際社会全体での取り組みが必要な国際政治の課題であるとともに、エネルギーの脱炭素化という経済活動の根幹にも深く関わっているという点で、国際政治と国際経済の相互作用に注目する国際政治経済学における主要な課題である。気候変動そのものを緩和するためには、産業革命以降の世界平均気温上昇を1.5℃までに抑える必要があるとされており、この「1.5℃目標」を達成するために二酸化炭素やメタンなどの温室効果ガスの排出を2050年までに実質ゼロにする、カーボン・ニュートラルの達成が求められている。

　その点で、温室効果ガス排出量が世界1位である中国と2位であるアメリカの役割は、気候変動対策にとって非常に重要となっている。両国は2014年にバラク・オバマ大統領と習近平国家主席の間で気候変動に関して初めて2国間合意に至り、パリ協定を中心とする国際的な気候変動対策に大きく貢献した。気候変動問題はアメリカと中国が協力可能な数少ない分野とい

われてきたものの、特に第1次ドナルド・トランプ政権以降の米中経済摩擦による影響はこの分野にも及ぶようになっている[3]。多国間レベルでの気候変動対策に関しては、国連気候変動枠組み条約の締約国会議（COP）を中心として、米中協力は維持されているものの、2国間レベルでは、1979年の米中国交樹立直後に形成され、5年ごとに更新されてきた科学技術協力協定が2024年8月に失効するなど、協力の維持が困難になってきている。

　2021年に就任したジョー・バイデン大統領は、気候変動問題を優先課題と位置づけ、エネルギーの脱炭素化を推進してきた。そのため、太陽光発電パネルやEV（電気自動車）など脱炭素化にとって重要な製品を対象として、強靱な供給体制（サプライチェーン）の構築を目的として中国製品の輸入を規制してきた。しかしながら、こうした輸入規制による価格上昇によって脱炭素化のコストが増加するなど、結果的にアメリカでの脱炭素化が阻害されうるというジレンマに陥っている。

　本章ではこうした状況に注目しつつ、米中経済摩擦による気候変動問題をめぐる米中協力への影響について明らかにしていく。まず次節では、多国間レベルでの国際的な気候変動対策をめぐる米中協力と2国間レベルでの米中協力の現状について、米中経済摩擦発生以降の変化も含めて概観する。そして第3節では、アメリカにおける気候変動政策と経済に関する2つの対照的な見方をふまえて、バイデン政権が対中規制を強める中で脱炭素化推進とのジレンマに直面するようになった経緯について、太陽光発電パネルを事例として分析する。最後に第4節において、気候変動や脱炭素化をめぐる日本外交への含意について考察する。

2▶ 多国間レベルでの気候変動をめぐる米中協力と2国間レベルでの科学技術協力

◆ 多国間レベルでの気候変動対策をめぐる米中協力

　気候変動対策の国際制度形成において、アメリカと中国の協力は非常に重要な役割を果たしてきた。1997年には国連気候変動枠組み条約の第3回締

約国会議 (COP3) で、具体的な温室効果ガスの削減ルールを定めた京都議定書が採択されたものの、最終的にアメリカが参加しなかったことに加えて、そもそも中国を含めた発展途上国には排出削減義務がなかったことから、気候変動対策としての実効性は低かった。こうした状況をふまえて、2009年12月にコペンハーゲンで開催された第15回締約国会議 (COP15) では、多数の首脳が参加して京都議定書に代わる新たな制度について協議がなされた。その際にオバマ大統領が中国に強く働きかけたこともあり、先進国が排出削減目標を、発展途上国が排出削減行動をそれぞれ自発的に誓約し、その実施を約束する形とすることや、発展途上国も含めたすべての締約国の行動を測定・報告・検証の対象とすることなどの基本的な枠組みについて合意 (コペンハーゲン合意) が形成された[4]。

　そして、2014年11月にはオバマ大統領と習近平国家主席が「気候変動に関する米中共同声明」を発表し、直後に開催が予定されていたCOP20での合意形成に向けて他の国々と協力することや、野心的な合意を形成することを約束した[5]。同時に、2030年までに1990年比40%削減との新たな温室効果ガス排出削減目標を公表していたEU (欧州連合) と歩調をそろえる形で、アメリカは2025年までに2005年比26〜28%削減との目標を、中国は2030年までに排出量を減少に転じさせ (ピークアウト)、一次エネルギー消費に占める非化石燃料の比率を約20%にするとの目標をそれぞれ発表した。

　2015年のCOP21において、前述のコペンハーゲン合意を盛り込んだパリ協定が採択された背景には、こうした米中協力による貢献が指摘される。特にそれまで、「共通だが差異のある責任」という、環境問題に関しては先進国が途上国よりも重い責任を負うとの原則に基づいて、自国が発展途上国であることを強調しつつ、温室効果ガス排出削減に積極的に取り組んでこなかった中国が検証可能な数値目標を提示したことの意義は大きい[6]。

　また、パリ協定はアメリカと中国の協力によって予想よりも早期に発効した。パリ協定の発効要件として、国連気候変動枠組み条約に加盟している55カ国以上かつ、温室効果ガス排出量が世界全体の55%以上となる国による批准が必要であったが、温室効果ガス排出の世界シェア20%の中国と

第8章●気候変動問題をめぐる米中協力と米中経済摩擦　193

18％のアメリカが2016年9月に同時に批准したことで、採択から1年も経たない2016年11月4日に発効した[7]。

　その後、2017年に発足した第1次トランプ政権はパリ協定からの離脱を決定し、中国との気候対話も中断されたが、2021年1月に就任したバイデン大統領は、気候変動を外交政策と国家安全保障の優先課題として、パリ協定への再加盟を指示するとともに、中国との気候対話を再開させた。バイデン大統領は、NSC（国家安全保障会議）にも出席するポストとして気候変動問題担当大統領特使（気候変動特使）を設置し、かつて国務長官としてパリ協定に署名した経験をもつジョン・ケリーを任命した。これに対して中国は、長らく国際交渉で政府代表団長を務めた解振華を、実質的に引退状態にあったにもかかわらず気候変動事務特使に任命した。

　4月に上海でおこなわれたケリーと解振華による会談を通じて、アメリカと中国は気候危機に対する2国間および多国間での協力を約束し、両国が1.5℃目標に向けて取り組むことなどを盛り込んだ「気候危機対応に関する米中共同声明」を発表した。その後、共同声明に記載されていた通り、バイデン大統領が40カ国の首脳に呼びかけて4月22日に開催した気候リーダーズサミットに習近平国家主席が参加し、イギリスのグラスゴーで同年に開催予定であったCOP26に向けてグローバルな気候目標を引き上げるという目標が共有された[8]。

　そして、11月に開催されたCOP26において、アメリカと中国は「2020年代の気候行動の促進に関するグラスゴー共同宣言」（米中グラスゴー共同宣言）[9]を発表し、気候危機による壊滅的な影響を回避するために、2030年までの温室効果ガス排出削減に向けて協力を強化する方針を示した。両国は、二酸化炭素回収・利用・貯留（CCUS）や大気直接回収（DAC）といった、脱炭素化関連の技術開発などについて相互協力をおこなうほか、近年、排出削減効果の点で取り組みが重視されているメタン[10]の排出削減についても共同研究を促進することで合意した。共同宣言の発表に際して解振華は「世界の大国、中国とアメリカは特別な国際的責任と義務を負っている」[11]と述べており、排出大国として温室効果ガス排出削減に積極的に取り組む姿勢がうかが

える。こうして、パリ協定を離脱した第1次トランプ政権とは対照的に、世界の温室効果ガス排出量の約40％を占める米中による協力が推進されたことで、国際的な気候変動の取り組みは促進された。

しかしながら、翌2022年夏に民主党のナンシー・ペロシ下院議長がアジア歴訪の際に台湾を訪問すると、中国政府はこれに強く反発し、台湾近海において過去最大級の軍事演習を実施したことに加えて、アメリカへの制裁として気候変動に関する協議を中止した[12]。当時、9月にグラスゴー米中共同宣言に基づく実質的な協力として、初めての作業部会が開催される予定であったが、会合は中止された。ケリーは気候変動特使への就任直後から、気候変動は政治問題でもなく地政学的な武器でもなく、グローバルな課題である、との立場から中国との気候協力を推進していく姿勢を示していたのに対して、中国側は気候協力と他の政治課題を切り離すことはできない、としており、こうした姿勢の違いが大きく影響した結果となった[13]。

米中間の対話は、11月にインドネシアで開かれたG20サミット（20カ国・地域首脳会談）に合わせておこなわれた米中首脳会談で再開され、米中関係を安定させる必要性については確認されたものの、2023年初めに、アメリカ上空に飛来した中国のスパイ気球と疑われる物体を米軍機が撃墜する事件が発生したことで、新たな摩擦が生じた[14]。にもかかわらず、気候協力についてはこうした米中摩擦とは切り離す形で、7月にはケリーが北京を訪問して気候変動の協議は再開された[15]。また、9月にはアメリカと中国を含めたG20サミットがインドで開催され、脱炭素化に向けて、再生可能エネルギーの設備容量を2030年までに3倍にすることがG20首脳宣言に盛り込まれた[16]。その上で、11月末から開催予定であったCOP28に先立ち、ケリーと解振華がカリフォルニア州サニーランズで会談し、「米中の気候危機対応協力強化に関する声明」（サニーランズ宣言）を発表した。この中で、アメリカと中国は1.5℃目標の達成に向けて努力するとして、9月のG20首脳宣言への支持を改めて示した上で、エネルギー転換やメタンなどの二酸化炭素以外の温室効果ガスに加えて、プラスチック汚染や森林破壊、さらには省・州・市などの地方政府レベルを含めた協力を表明した。この発表直後には習近平

が訪米して米中首脳会談が開催され、今後10年間に気候危機への対応を加速させるために協力する意向が示された[17]。

その後、米中ともに気候変動特使が2023年末で辞任し、アメリカではクリーンエネルギー・イノベーションおよび導入担当大統領上級顧問のジョン・ポデスタが、中国では劉振民が後任となったが、その後もサニーランズ宣言に沿った協力が推進された。サニーランズ宣言に盛り込まれていた、具体的な行動計画を策定して実行する「2020年代の気候変動行動強化に関する作業部会」については、第1回会合が2024年5月にワシントンD.C.で、第2回会合は9月に北京で、それぞれポデスタと劉振民が参加して開催され、2024年のCOP29でメタンや二酸化炭素以外の温室効果ガス排出抑制・削減に関する多国間のサミットを共同開催することや、関連分野での2国間協力や能力構築の推進などが合意された[18]。

◆2国間レベルでの科学技術協力の停滞

これまでみてきたように、アメリカと中国は多国間レベルでの気候変動については、米中経済摩擦にもかかわらず協力関係を維持してきたが、そのこととは対照的に、2国間レベルでは米中協力が困難な状況となっていった。アメリカと中国は、1979年1月の国交樹立直後に米中科学技術協力協定[19]に合意し、それ以来、物理学や化学などの基礎科学、医療、エネルギー、環境、気象・海洋、農業など幅広い分野を対象に、大学・研究機関やNGO（非政府組織）なども含めた多元的な協力・交流を実施してきた。特に気候変動対策に関しては、両国間で共通点が多く、そのことが協力の促進要因ともなってきた。まず、何よりも、アメリカと中国は世界的な温室効果ガスの排出大国として、国際社会において排出削減の責任が求められている。また、両国ともに（多くの温室効果ガスを排出する）石炭資源が豊富で利用量も多い一方で、広大な国土に風力や太陽光などの再生可能エネルギーが豊富にあるものの、そうした場所は人口が多い電力需要地から離れており、送電線網などの電力インフラやエネルギー効率が日本やヨーロッパよりも遅れている、といった点も指摘されている[20]。

196 　第Ⅲ部・米中対立の波及

科学技術協定は5年ごとに更新されることになっており、経済摩擦が生じた第1次トランプ政権期でも更新されたものの、バイデン政権では更新されず2023年8月に失効した。その際に2024年2月までを期限として更新条件について協議がおこなわれたものの調整がつかず、再度、8月まで延長して検討を続けたが、結局、協定は更新されずに失効した。

　なお、オバマ政権期の2009年には科学技術協定に基づいて、エネルギー効率、二酸化炭素回収・貯留を含むクリーン石炭、クリーン自動車を優先課題とする、米中クリーンエネルギー研究センターが設立され、大学や研究所、産業界など多数が参加した。それまでの米中協力は基本的に政策対話や技術交流に限られていたことから、この取り組みは野心的なイニシアチブと評価された。同研究センターは第1次トランプ政権下でも継続された数少ない米中協力枠組みであったが、バイデン政権になって廃止されている[21]。

　もちろん、トランプ政権はエネルギー分野をめぐる米中協力に好意的であったわけではなく、中国との協力には批判的であり、中国による産業スパイや特許などの知的財産の窃盗に対抗するために「チャイナ・イニシアチブ」政策を導入した。しかしながら、このイニシアチブはアメリカのマサチューセッツ工科大学（MIT）の調査によって、本来の目的とは大きく外れて、中国人やアジア系アメリカ人の研究者に対する差別的な扱いが助長され、科学研究に悪影響を与える結果となったとして批判され、バイデン政権によって終了されている[22]。

　しかしながら、中国が研究開発能力を高めていることへの警戒感や米中協力によって中国が不当に利益を得ているなどの見方を背景として、共和党を中心に、国家安全保障の観点から科学技術協力協定の完全破棄やチャイナ・イニシアチブの復活を求める声が議会で強まっている。2024年8月には、下院の中国特別委員会（Select Committee on the Chinese Communist Party）で、国防総省やNASA（アメリカ航空宇宙局）を含む政府機関による資金援助によって、2010年以降、バイオテクノロジーや半導体などの分野を含めて、中国に拠点を置く研究者が1020件のアメリカ特許を取得していたことが報告され、米中協力への批判が強まった[23]。

第8章●気候変動問題をめぐる米中協力と米中経済摩擦　197

こうした中で、共和党が与党となっている下院では9月に様々な中国関連法案を集中的に審議する「中国ウィーク」が開催され、米中関係に関する25の法案が採択された。その1つが、チャイナ・イニシアチブの復活を求める法案（H.R.1398）である。また、科学技術協定に関しては、中国と協定を結ぶ際には事前に議会に通知することを国務省に対して義務づける法案（H.R.5245）も可決された。この法案には、国務省が法案成立後60日以内に協定について議会に通知しない限り、既存の協定はすべて破棄されることも含まれている[24]。

　このように、アメリカ国内においては特に議会を中心として、対中協力に対する批判や警戒心が高まり、多国間の気候変動対策をめぐる協力関係とは対照的に、2国間レベルでは協力関係の維持が非常に難しい状況となった。その一方で、中国は太陽光パネルやEV用バッテリーなど再生可能エネルギー関連分野において高い世界市場シェアを占めていることから、バイデン政権は脱炭素化を推進する上で、中国との関係をめぐってジレンマともいえる難しい状況に直面することとなった。

3 ▶ バイデン政権が直面するジレンマ

◆エネルギーの脱炭素化と経済に対する2つの見方

　気候変動対策の中心となるエネルギーの脱炭素化と経済の関係については、2つの対照的な見方がある。1つは、エネルギー転換に伴う経済的コストに注目する見方であり、脱炭素化は経済成長にとってはマイナス要因とみなされる。もう1つは、脱炭素化を新たな産業分野としてとらえる見方であり、脱炭素は経済成長の機会とみなされる。気候変動を優先課題としたバイデン大統領は後者の見方にたち、脱炭素化を雇用創出の機会として位置づけた。しかしながら、それまでのアメリカでは民主党政権の際に、COPなどの多国間レベルでの国際協力が推進された時期でも、国内では温室効果ガス排出削減に伴う経済的コストが重視されてきた。ジョージ・W・ブッシュ大統領は2001年に京都議定書からの離脱を表明したが、京都議定書が採択

されたCOP3の開催前の1997年7月には、上院において実質的に京都議定書の批准に反対するバード＝ヘーゲル決議案が全会一致で可決されていた。京都議定書では先進国のみに温室効果ガス排出削減が義務づけられていたことから、同決議案では、発展途上国を対象としない制度は地球温暖化防止策としての効果がないだけではなく、アメリカ経済に深刻な打撃を与えかねないとの懸念が示されていた。

　このような状況はオバマ政権期でも同様であった。オバマ大統領は、10年間で1500億ドルの再生可能エネルギーへの投資や500万人のグリーン雇用の創出などを含むグリーン・ニューディール政策を「景気対策」として掲げ、アメリカ再生・再投資法（景気対策法）[25]の成立に成功した。しかしながら、民主党が上院と下院で与党であったにもかからず、温室効果ガス排出量取引制度を含む包括的なエネルギー法案は成立しなかった。当時の失業率は10％近い水準で高止まりしており、光熱費やガソリン代の値上がりにつながりうる政策には支持が集まらず、下院で提出された法案（ワックスマン＝マーキー法案）には民主党議員44名が反対した。そして、2010年の中間選挙で民主党は1948年以来の大敗を喫する結果となった[26]。

　こうした中でバイデン大統領は、上院議員の頃から気候変動問題に積極的に取り組んでおり、当時から脱炭素化を経済成長の原動力とみなして、雇用を拡大させるとともにエネルギー安全保障を強化するものと位置づけてきた。2005年には、上院外交委員長であった共和党のリチャード・ルーガーと、アメリカは地球規模の気候変動への取り組みに関して国際的な交渉に関与すべきとのルーガー＝バイデン気候変動決議案[27]を提出し、採択された。このことは、上で述べたバード＝ヘーゲル決議による方針の転換を意味している。ルーガー＝バイデン決議では、脱炭素化は原油の輸入依存削減やエネルギー源の多様化などによってエネルギー安全保障の強化につながることや、アメリカの労働者や企業にビジネスの機会を提供すること、さらには他の先進諸国がすでに脱炭素化に着手しており、世界市場で優位にあることなどが示された。

　脱炭素化に関するこうした見方は、大統領就任以降の政策にも反映されて

第8章・気候変動問題をめぐる米中協力と米中経済摩擦　199

いる。主にインフラ整備とエネルギーを中心とするインフラ投資・雇用法が2021年に超党派で成立したのに続いて、予算の85％に相当する約3690億ドルが気候変動対策に充てられる、史上最大の気候変動対策法といわれるインフレ抑制法が2022年8月に成立した[28]。同時に、バイ・アメリカン法の要件を強化して政府調達におけるアメリカ製品の比率を高めるなど、雇用創出を重視した脱炭素化が進められた。そして、11月におこなわれた中間選挙では、共和党の圧勝と予想されていたにもかかわらず民主党は善戦し、上院では多数党を維持した。

　バイデン政権は脱炭素化による経済成長を追求しているが、同時に中国の技術革新そのものに対しては国家安全保障上の脅威とみなし、それまでの対中技術政策戦略を大きく転換させている[29]。コロナ禍に中国からの供給が停止してサプライチェーンが大混乱となった経験もふまえて、重要物資をめぐる海外や敵対国への過度な依存は「安全保障上の脅威」であるとして、先端半導体、大容量バッテリー（EV用含む）、重要鉱物（レアアースなど）[30]、医薬品の4つを重要品目として指定し、実質的には中国とのデカップリング（切り離し）を意図した、サプライチェーンの強靭化を推進した。こうして対中貿易の規制が拡大される中で、太陽光発電パネルやEVも規制対象となっていったが、特に太陽光パネルの規制はアメリカの国内市場に大きな影響を与えることとなった。

◆ アメリカにおける太陽光発電パネルの対中輸入規制

　バイデン政権は、2030年までに温室効果ガス排出を2005年比で50〜52％削減し、2035年までにすべての電力を脱炭素化することを中期目標とした。脱炭素化の中心となるのは再生可能エネルギーへの転換であり、同政権は2035年の電源構成を再生可能エネルギー81％（太陽光37％、風力37％など）、原子力13％、天然ガス5％などと予測し、特に太陽光発電、風力発電、蓄電池をもっとも重要な技術と位置づけた。中でも太陽光発電については、アメリカで新規に導入される発電容量の半分以上を占めており、今後も増加が予想されている[31]。

アメリカでは太陽光発電パネルに関しては、オバマ政権であった2012年から現在まで、さまざまな制度を利用して対中輸入規制がおこなわれている。相殺関税、反ダンピング[32]、セーフガード（緊急輸入制限措置）、1974年通商法301条、ウイグル人強制労働防止法など、多くの制度によって中国製品に対する輸入が規制されてきた。中国は世界の太陽光発電市場において、原材料（ポリシリコン）から部品の太陽電池セルや、セルを組み合わせた太陽光パネル（モジュール）など、サプライチェーン全体で80％を超えるシェアを占めており、国際エネルギー機関によると2025年までに95％になると予想されている[33]。

　アメリカでは、2009年頃から世界的な供給過剰により太陽電池セルや太陽光パネルの価格が大幅に下落したことを受けて、アメリカの太陽電池メーカーが経営破綻していった[34]。そうした状況を受けて2011年10月に業界団体のアメリカ太陽光発電製造協会（Coalition for American Solar Manufacturing）が、中国政府による国内企業への補助金はWTO（世界貿易機関）違反であり、アメリカに不当に安い価格（ダンピング）で輸出していることで業界に損害を与えているとして、中国製太陽電池の輸入に相殺関税と反ダンピング税の賦課を求めて商務省と合衆国国際貿易委員会に提訴した[35]。そして、2012年に商務省は同委員会の調査に基づき、中国製結晶シリコン太陽電池セルと太陽光パネルの全輸入品に対し、暫定的に相殺関税と反ダンピング税を賦課することを決定した。

　こうして、中国製の太陽光発電製品を対象とする輸入規制が導入されたのであるが、これに対しては、アメリカ国内の太陽光パネルの製造や開発、小売、設置業者などからなる太陽光エネルギー推進協会（Coalition for Affordable Solar Energy）が強く反対した。太陽電池セルはいわゆる「川上」の部品であるが、アメリカの太陽電池業界における約10万人の従業員のうち半分以上が「川下」に相当する設置作業に従事しており、価格上昇による設置需要の減少が懸念された。太陽光エネルギー推進協会が委託した調査では、関税が50％になると、製造業の雇用増加を考慮しても2年間で約1万5000人から4万3000人の雇用が減少すると試算された。結局、最終的に27.64％から

第8章●気候変動問題をめぐる米中協力と米中経済摩擦　　201

49.79%の相殺関税と26.71%から165.04%の反ダンピング税が設定された。加えて、多くの中国メーカーが関税を回避するために台湾産の太陽電池セルを使用するようになったとして、台湾産の太陽電池セルとパネルに対しても11.45%から27.55%の反ダンピング税が設定された[36]。

第1次トランプ政権は反ダンピング税と相殺関税を継続させるとともに、中国製を含めたほとんどの太陽電池セルと太陽光パネルを対象として、1974年通商法第201条に基づくセーフガード関税を2022年までの4年間導入した。ただし、国内の太陽電池業界への配慮から、年間2.5GW（ギガワット）までは関税を免除し、税率も30%から毎年5%ずつ15%まで引き下げられていくこととなった[37]。また、主に大規模な太陽光発電所で利用される両面太陽光パネルや、結晶シリコン以外の太陽光パネルについては関税が免除された。しかし、2020年10月には規制が強化され、最低税率が15%から18%に引き上げられるとともに、両面太陽電池パネルも課税対象となった。この政策変更に対しては、太陽光エネルギー工業会（Solar Energy Industries Association）が差し止めを求めて提訴し、2021年11月に合衆国国際貿易裁判所によって訴えが認められた[38]。

実際には、4年間の期間終了の1カ月前まで輸入量が非関税輸入枠（上限）の2.5GWを超えなかったため、セーフガード関税は賦課されなかった。しかしこの関税措置によって、アメリカの結晶シリコンパネルの組み立て能力は2018年から2020年の間に3倍以上に増加したといわれている[39]。その一方で、セーフガード関税の導入にもかかわらず、その間にアメリカに設置された太陽光パネルの約80%は輸入品であり、国内生産はほとんど増加しなかった[40]。その要因として、太陽光発電産業に詳しい経済アナリストであるジェニー・チェイスは、そもそも太陽光発電の技術サイクルは非常に速く、投資を回収できることが難しいため、持続可能なビジネスではないと指摘している。その上で、チェイスは「世界市場で安い太陽光パネルを買えばいいだけなのに、なぜ政府が国内で製造したがるのかわからない」と述べている[41]。

◆ バイデン政権の対中経済政策と脱炭素化推進のジレンマ

　バイデン政権期においても太陽光発電関連の世界市場では中国の優位は続いていたが、アメリカの対中輸入規制が強まる中で、中国メーカーは東南アジアのマレーシア、カンボジア、タイ、ベトナムに事業をシフトさせていった。アメリカでは太陽光パネルの国内生産が拡大しない中で、これら4カ国からの輸入が増加していったことから、バイデン政権は国内生産の強化と、太陽光パネルの普及による脱炭素化の進展との間で難しい舵取りを迫られることになった。

　中国メーカーによる東南アジア諸国からの「迂回輸出」に対しては、アメリカの太陽光パネルメーカーであるオーキシン・ソーラー社が商務省に申し立てをおこない、商務省は申し立てを認める予備的判断を発表した[42]。その一方で、2022年6月にバイデン政権は、新たに1950年国防生産法に基づいて太陽光パネルなどの国内生産強化を決定するとともに、これら4カ国からの太陽電池製品に対する関税を2年間免除することを決定した。アメリカの太陽光パネル市場の約80%をこれら4カ国が占めていたことから、「国内生産が拡大する間、アメリカが発電需要を満たすのに十分な太陽光パネルの供給を確保する」ことが理由であった[43]。そのため、オーキシン・ソーラー社の申し立てに対する決定にかかわらず、4カ国の製品は2024年6月5日までは反ダンピング税と相殺関税が免除されることになった。

　これに対して議会では、この措置を撤廃する法案が2023年5月に可決されたものの、バイデン大統領は、国内で生産体制が整備されるまでの一時的な措置であるとして、就任後初となる拒否権を発動した[44]。なお、この拒否権に対して太陽光エネルギー工業会は、「4000人の太陽光発電製造業の雇用を含む、3万人のアメリカ人の雇用を奪う法案の成立を阻止した」として高く評価している[45]。

　また、太陽光発電関連製品については、ウイグル強制労働防止法でも輸入が規制されることとなった。この法律は、中国の新疆ウイグル自治区からの輸入品に対して、強制労働で生産されたものではない証拠を企業が明示できない限り、同自治区で一部でも生産されたすべての商品の輸入を禁止するも

第8章•気候変動問題をめぐる米中協力と米中経済摩擦　｜　203

のであり、2022年6月から施行された。同自治区では、太陽電池産業向け
ポリシリコンの生産が世界シェアの約45%を占めていたことから、ポリシ
リコンを含めた太陽電池製品が優先品目として指定された[46]。

その後、太陽光パネルの価格が2023年に50%近く下落するなど世界的に
急落し、国内製造工場の投資計画への影響が懸念されるようになったことを
受けて、バイデン政権は2024年5月に新たな国内太陽光発電産業の強化策
を発表した。中国が太陽光発電の過剰生産能力をさらに増強し、世界市場へ
のダンピング輸出をおこなっているとして、カンボジア、マレーシア、タ
イ、ベトナムからの輸入品を反ダンピング税と相殺関税の適用除外とする措
置を予定通り2024年6月6日に終了することが示された[47]。なお、この問題
については4月に、太陽電池メーカーによるアメリカ太陽光製造貿易委員会
連合（The American Alliance for Solar Manufacturing Trade Committee）が反ダンピング
税と相殺関税の継続を訴えていた。これに対して、1年前に拒否権発動によ
る適用除外を評価した太陽光エネルギー工業会をはじめ、アメリカ再生可能
エネルギー協議会、アメリカ・クリーン電力協会、先端エネルギー連合と
いった業界団体は連名でバイデン政権の政策を称賛する声明を発表してい
る[48]。

また、セーフガード関税に関しては、2023年2月に4年間の延長が決定さ
れつつ、関税率は14.75%から14%に引き下げられ、関税賦課の発動基準と
なる輸入上限は2.5GWから5GWに引き上げられた。両面太陽光パネルに
ついては関税が免除されることになったものの、中国からの輸入が急増した
ことから、方針が転換されて関税対象となった。ただし、アメリカ国内での
太陽電池製造を支援するために、輸入が5GWの上限に近づいた場合には上
限を7.5GWへ引き上げるよう努めるとされた。

さらに、この政策が発表される2日前には、中国に対する1974年通商法
301条に基づく追加関税の税率引き上げが発表された。その中で、半導体
やEV、バッテリー、重要鉱物などとともに太陽光発電が戦略分野に指定さ
れ、太陽光パネルの関税がそれまでの25%から50%に引き上げられること
となった。ただし、19種類の太陽光発電の製造装置については2025年5月

末まで関税引き上げの対象外とされた[49]。

　このように、アメリカの太陽光発電は、脱炭素化にとって中核的な産業の1つとして多くの制度を活用しつつ、重層的な保護措置の対象となってきた。しかし、依然としてアメリカで利用されている多くの太陽光パネルは輸入品であり、国内製造については期待されたような成果は得られていない。安全保障上の問題もあり、特に中国メーカーを対象とした輸入規制は継続されているものの、それによって太陽光パネルのコストは増加することから、脱炭素化を阻害する要因となりかねない。こうしてバイデン政権は対中政策と脱炭素化政策をめぐるジレンマに直面することとなったのである。

4 ▶ 気候変動に関する米中協力と日本の気候変動外交への含意

　これまで見てきたように、アメリカと中国はCOPを中心に、多国間レベルでは温室効果ガスの排出大国として国際的な気候変動の枠組みにおいては協力関係を維持してきた。しかし、米中経済摩擦の影響で、2国間レベルにおいては米中協力の継続が困難な状況となった。こうした情勢をふまえつつ、最後に気候変動対策をめぐる日本外交への含意について考察したい。

　多国間レベルのCOPでは排出削減と資金援助を中心に対応策がおこなわれてきている。しかし、冒頭で述べたように対応は遅れており、パリ協定の締約国による2030年までの自主的な排出削減目標（NDC）がすべて実現されたとしても1.5℃目標は達成できないと予測されている。排出削減についてはこれまでに、化石燃料からの「脱却（transition away）」を図り、2030年までに世界で再生可能エネルギーを3倍にするとともに、エネルギー効率を2倍にすることなどで合意されている。また、主に途上国を対象とした資金援助に関しては、気象災害による被害に対する「損失と損害（ロス＆ダメージ）」基金が設立されている。

　こうした国際的な気候変動対策をめぐる協議においては脱炭素化の実践、すなわち実際に温室効果ガス排出量をどれほど削減してきたのかが重要な役

割を果たす。例えば、石炭については、温室効果が高いことから石炭火力発電所の廃止が推進されている。イギリスは2024年9月にG7（主要7カ国）の中で初めて石炭火力発電を全廃させた。2017年のCOP23では、2030年までの段階的廃止を目標とする脱石炭国際連盟がイギリスとカナダの主導で結成され、現在ではアメリカを含めた61カ国が参加している。しかし、世界5位の温室効果ガス排出国である日本はG7の中で唯一、脱石炭国際連盟に参加していない。また、これまでの日本の排出削減については、科学的な評価をおこなう複数の非政府系専門機関によって1.5℃目標の達成軌道にはないと評価されている[50]。そのため、多国間レベルでの気候変動対策において日本が主導的な役割を果たすためには、排出削減や資金提供の分野で実践を重ねていくことが求められる。

　また、2国間レベルにおいては米中協力が難しくなっていることから、日米協力については拡大の可能性が指摘される。バイデン政権は脱炭素化を安全保障上の重要な課題として位置づけ、中国とのデカップリングがおこなわれてきたことから、同盟国である日本にとっては2国間レベルでの科学技術協力や対米投資を拡大させる機会となりうる。ただし、米中経済摩擦の一方で、中国のEVバッテリーメーカーのCATLがフォードと提携して大規模な工場建設計画を発表するなど、国際競争力の高い企業がアメリカ市場で投資機会を得ている[51]。EVやEV用バッテリーに関しては、韓国メーカーもインフレ抑制法による脱炭素関連の投資優遇策を利用してアメリカ市場で積極的な投資をおこなっており、日本メーカーにとっては必ずしも参入が容易になったわけではない点には注意が必要であろう。

　さらに、太陽光パネルへの関税賦課の扱いに表れているように、アメリカでは対中経済規制の制度が複雑化しており、日本企業が影響を受ける事態も生じている。例えば、クリーンカー減税については、北米での製造・組み立てなどの要件が毎年厳しくなる制度設計になっていることから、日産自動車のリーフが対象外となった[52]。そのため日本としては、脱炭素化の実践を推進していくとともに、アメリカとの2国間レベルでの外交を通じて、保護主義的な措置の撤廃などを含めた市場環境の調整を図っていくことが両国の脱

炭素化にとっても重要になるであろう。

注

1 ── United Nations Environment Programme, *Emissions Gap Report 2023: Broken Record--Temperatures hit new highs, yet world fails to cut emissions (again)*, 2023.

2 ── United Nations, "Press Conference by Secretary-General António Guterres at United Nations Headquarters," June 27, 2023.

3 ── Jennifer Dlouhy, "US, Chinese Climate Negotiators Meeting on Greenhouse Gas Curbs," *Bloomberg*, May 7, 2024.

4 ── 太田宏「米中関係と気候変動問題──グローバル・アジェンダへの対応」日本国際問題研究所平成28年度米中関係研究会『米中関係と米中をめぐる国際関係』第17章、2017年。

5 ── The White House, Office of the Press Secretary, "U.S.-China Joint Announcement on Climate Change," November 12, 2014.

6 ── Paul Joffe, "Digging Deeper into the U.S.-China Climate Change Agreement," World Resources Institute, November 12, 2014.

7 ── 『毎日新聞』(ウェブサイト)、2016年9月3日 <https://mainichi.jp/articles/20160904/k00/00m/030/031000c>。

8 ── The White House, "Leaders Summit on Climate Summary of Proceedings," April 23, 2021.

9 ── Department of State, Office of the Spokesperson, "U.S.-China Joint Glasgow Declaration on Enhancing Climate Action in the 2020s," Media Note, November 10, 2021.

10 ── メタンは温室効果ガスの1つで温暖化効果が二酸化炭素の84倍(20年間での比較)であるが、約12年で大気中から消滅するため、排出削減による効果が大きいとして期待されている。

11 ── 『日経 ESG』(ウェブサイト)、2021年11月11日 <https://project.nikkeibp.co.jp/ESG/atcl/column/00005/111100137/>。

12 ── 「中国、台湾周辺で過去最大の軍事演習を開始　米下院議長の訪台で反発」BBCニュース、2022年8月4日。「中国、米国へ8つの対抗措置、ペロシ下院議長にも制裁」JETRO ビジネス短信、2022年8月9日；防衛省(ウェブサイト)「中国弾道ミサイル発射について」2022年8月4日 <https://www.mod.go.jp/j/press/news/2022/08/04d.html>。

13 ── "Climate Change Is 'Not a Geostrategic Weapon,' Kerry Tells Chinese Leaders," *The New York Times*, September 2, 2021.

14 ── "John Kerry visits Beijing to restart stalled US-China climate talks," *FT.com*, July 16, 2023.

15——Helen Davidson, "John Kerry in China: climate crisis must be separated from politics," *The Guardian*, July 19, 2023.

16——「G20、2030年までに世界の再生可能エネルギー容量を3倍に」『ESG Journal』2023年9月14日。

17——The White House, "Readout of President Joe Biden's Meeting with President Xi Jinping of the People's Republic of China," November 15, 2023.

18——IISD, "US, China Exchange Experiences with Climate Policies and Actions," May 15, 2024.

19——この協定については以下を参照されたい。Karen Sutter and Emily Blevins, "U.S.-China Science and Technology Cooperation Agreement," *Congressional Research Service*, IF12510, 2024.

20——Joanna Lewis, "Feature Article: The State of U.S.-China Relations on Climate Change: Examining the Bilateral and Multilateral Relationship," *China Environment Series 2010/2011*, Woodrow Wilson International Center for Scholars.

21——Richard Suttmeier, "Trends in U.S.-China Science and Technology Cooperation: Collaborative Knowledge Production for the Twenty-First Century?" *U.S.-China Economic and Security Review Commission*, September 11, 2014; Joanna Lewis, *Cooperating for the Climate: Learning from International Partnerships in China's Clean Energy Sector,* The MIT Press, 2023, pp. 237-238.

22——Eileen Guo, Jess Aloe, and Karen Hao, "The US crackdown on Chinese economic espionage is a mess. We have the data to show it." *MIT Technology Review*, December 2, 2021; Michael German, "The 'China Initiative' failed US research and national security. Don't bring it back." *The Hill*, September 24, 2024.

23——"Exclusive: US government funding yielded hundreds of patents for China-based researchers," *Reuters*, August 29, 2024.

24——"CHINA WEEK RECAP: Congress Passes 25 Bills to Combat Chinese Communist Party Threats," The Select Committee on the CCP, September 12, 2024.

25——クリーンエネルギーや環境関係に800億ドル以上、省エネルギーや環境関連インフラ整備に225億ドルが充てられ、2年間で350万人の雇用創出が予想されていた。

26——Eli Stokols, "How the climate movement learned to win in Washington," *POLITICO*, April 2, 2023.

27——決議案については以下を参照 <https://www.congress.gov/bill/109th-congress/senate-resolution/312/text>。

28——Emily Tucker, "CATF Case Study: Climate and Clean Energy Legislation, 2020-2022," Clean Air Task Force, November 2022, p.6.

29——Gavin Bade, "'A sea change': Biden reverses decades of Chinese trade policy," *POLITICO*, December 26, 2022.

30——中国は、リチウム、コバルト、黒鉛、レアアースなどの精製能力において高い世

界シェアを占めており、先端半導体に使用されるガリウムについてはほぼ独占している（Matthew Funaiole, Brian Hart, and Aidan Powers-Riggs, "Mineral Monopoly: China's Control over Gallium Is a National Security Threat," *The Center for Strategic and International Studies (CSIS)*, July 2023）。

31——Department of Energy, *Solar Futures Study*, September 2021; Energy Information Agency, "Wind, solar, and batteries increasingly account for more new U.S. power capacity additions," March 6, 2023; ロマン・ジスラー「米国が2035年に電力を100％脱炭素へ、自然エネルギーに注力」自然エネルギー財団、2023年3月28日。.

32——「相殺関税」とは、外国で競争優位に立つために政府が特定の産業や製品に補助金を出すことへの対抗措置であり、「反ダンピング税」とは差別的な価格設定や原価を下回る販売を相殺する措置である。

33——IEA, *Solar PV Global Supply Chains: An IEA Special Report*, 2022.

34——磯部真一「米国——中国の攻勢に直面する太陽光発電」『ジェトロセンサー』2012年9月号。なお、その後、2012年4月には世界最大のメーカーであったドイツのQセルズも経営破綻している。

35——「太陽電池の米7社、中国メーカーをダンピング提訴」『日本経済新聞』2011年10月20日。

36——Gary Clyde Hufbauer, and Martin Vieiro, "US Anti-Dumping Duties on Chinese Solar Cells: A Costly Step," Peterson Institute for International Economics, May 25, 2021.

37——The United States Trade Representative, "FACT SHEET: Section 201 Cases: Imported Large Residential Washing Machines and Imported Solar Cells and Modules," January 22, 2018.

38——The Solar Energy Industries Association (SEIA), "U.S. Trade Court Reinstates Bifacial Tariff Exclusion, Returns Section 201 Tariff Rate to 15%," November 11, 2021.

39——Brittany Smith, Michael Woodhouse, David Feldman, and Robert Margolis, *Solar Photovoltaic (PV) Manufacturing Expansions in the United States, 2017-2019: Motives, Challenges, Opportunities, and Policy Context*, The National Renewable Energy Laboratory (NREL), April 2021.

40——David Feldman, "To understand why Biden extended tariffs on solar panels, take a closer look at their historical impact," *The Conversation*, April 6, 2022.

41——John Engel, "A conversation with solar's oracle, Jenny Chase," Renewable Energy World, January 1, 2024 < https://www.renewableenergyworld.com/podcasts/a-conversation-with-solars-oracle-jenny-chase/#gref>.

42——Eric Wesoff, "US solar deployment is on a hot streak, while manufacturing is stalled out," *Canary Media*, October 26, 2021.

43——The White House, "FACT SHEET: President Biden Takes Bold Executive Action to Spur Domestic Clean Energy Manufacturing," June 6, 2022.

44——The White House, "Message to the House of Representatives — President's Veto of H.J.

Res. 39," May 16, 2023.

45 —— The Solar Energy Industries Association, "President Biden Protects America's Clean Energy Economy with Solar Tariff Veto," May 16, 2023.

46 —— Homeland Security, "Strategy to Prevent the Importation of Goods Mined, Produced, or Manufactured with Forced Labor in the People's Republic of China," last updated August 1, 2023; Akhil Ramesh, "The new Biden trade doctrine is a death knell for neoliberalism," *The Hill*, May 16, 2023.

47 —— The White House, "FACT SHEET: Biden-Harris Administration Takes Action to Strengthen American Solar Manufacturing and Protect Manufacturers and Workers from China's Unfair Trade Practices," May 16, 2024.

48 —— Solar Energy Industries Association. "SEIA Statement on Biden Administration's Solar Manufacturing Policy Announcement," May 16, 2024.

49 —— Neil Ford, "US solar builders brace for higher costs as Biden hikes tariffs," *Reuters*, May 23, 2024; JETRO「301条対中追加関税の見直し結果と今後の展望」2024年6月18日。

50 —— Climate Action Tracker, "Japan" <https://climateactiontracker.org/countries/japan/net-zero-targets/>; InfluenceMap, "Japan's $1 Tn GX (Green Transformation) Policy: Does it Align with Science Based IPCC Recommendations and Who is Influencing It," November 2023.

51 —— Michael Wayland, "Ford to scale back plans for $3.5 billion Michigan battery plant as EV demand disappoints, labor costs rise," *CNBC*, November 21, 2023.

52 —— 「インフレ抑制法クリーンカー減税2024、対象車種が大幅減少。日産リーフも」Sustainable Japan、2024年1月3日。

第 IV 部

米中対立の理論的分析

第 9 章

自由主義的相互依存の蹉跌
——米中対立の構成的側面に着目して

和田洋典　WADA Hironori

1▸　自由主義的相互依存の限界

　米中はなぜかくも厳しい対立状況に陥ってしまったのか。眼下の状況からは世界の二大大国である米中がさまざまな分野で激しく競い合うのは自然なこととうつるかもしれない。だが、冷戦後に自由主義的国際秩序が世界を覆うとの楽観が広まり、米中関係においても貿易、投資、資本の面で築かれた経済的紐帯が両国の対立を抑制するとの論調が優勢であったことを想起すれば、やはり驚くべき状況に至ったというべきだろう。

　とりわけ 2000 年代に中国が WTO（世界貿易機関）加盟を果たし、グローバル経済へ本格的に参入して以来、アメリカと中国は緊密な相互依存関係を作り上げてきた。米中貿易は趨勢的に拡大を続け、2022 年には過去最高額を更新した。アメリカにとって中国は 2009 年以降 15 年間、輸入相手のトップであり続け、輸出相手としても 2023 年において北米諸国に次ぐ位置を保っている。貿易収支の巨額の不均衡は両国間で摩擦の種であり続けるものの、中国による対米輸出の 4 分の 1 程度はアメリカ企業による企業内貿易が占めるなど[1]、実際には直接投資やサプライチェーンを加味すれば利益はアメリカにも行き渡っていた。両国の経済統合の象徴的事例がデザインやマーケティングを本国に置き、製造組み立て部門を中国に依拠したアップルのスマイル・カーブ経営であろう。さらに不均衡に密接に関わっていた人民元レー

トの低位安定についても、中国による巨額の外貨準備によるドル資産保有と表裏一帯の関係にあった。中国によるアメリカ国債保有も2010年代以降減少傾向にあるものの、依然海外の保有主体として日本に次ぐ2位を保つ。要するに中国は黒字によって、アメリカの財政と高い支出水準を支えてきたといってよい。それゆえ、黒字や通貨安は投資・輸出主導の成長を追求する中国と双子の赤字のファイナンスを必要とするアメリカの利害が一致した均衡点とみなすことができた。

　こうした経済全般にわたる米中の相互依存は、両者の紛争を不可能にするレベルに達したとみなされるようになる。アメリカ元財務長官のローレンス・サマーズは、中国が巨額の経常黒字を使って大量のアメリカ国債を購入している状況について、対立によるアメリカ国債売却が双方に大きな打撃を与える点で金融上の「確証破壊」と称した[2]。同様に歴史家のニーアル・ファーガソンらは中国の膨大な労働力と貯蓄がアメリカの資本の収益性の源泉となるという共存共栄の状況について、両者の一体化を示唆する「チャイメリカ」と呼んでいる[3]。もちろん古くから相互依存には依存の程度の差が一方の脆弱性につながり、そこに力関係が生じうるという指摘はある。とはいえ、チャイメリカなどの形容は、もはや相互依存が双方にとって不可欠な水準に達しており、力の行使の余地が狭まったことを示唆するものであった。そして、ジョン・アイケンベリーが論じたように、中国はアメリカが主導して整備された国際経済制度に自ら包摂されることを選び、そこから裨益する存在でもあった[4]。いい換えれば相互依存を定着、安定させる制度的な支えもしっかりしていたのである。

　なぜ相互依存によるリベラリズム（自由主義）の協調促進的な作用は米中対立の激化を防ぐことができていないのだろうか[5]。第1次ドナルド・トランプ政権時の貿易制裁合戦の頃であれば、対立は時代錯誤の重商主義に囚われた大統領による一過性の現象という理解も可能だったかもしれない。だがジョー・バイデン政権に移行後、対立は経済・技術安全保障の要素を拡大させ、さらには体制・価値観の競合にまで及んだ。そして、アメリカが同盟国との間で貿易や重要物資のサプライチェーンの完結を目指せば、中国もまた

一帯一路、国内大循環やマルクス主義への回帰を掲げるというように、双方共に相手への依存からの脱却に勤しんでいる。相互依存を支えるはずの国際制度もまた、TPP（環太平洋経済パートナーシップ）から一帯一路、AIIB（アジア・インフラ投資銀行）、IPEF（インド太平洋経済枠組み）に至るまで、米中双方により互いを排除した経済圏構築というねらいを伴って推進されるに至っている。このように対立はより趨勢的、構造的なものとなった可能性が高い。

　本章ではこの問いに対し、米中間における両者の関係に関する認識の共有というコンストラクティヴィズム（構成主義）的な要因に着目した理解の提示を試みる。その際、米中が対立的状況をどう捉えているかについて、両国の研究者の議論の検討を通じてアプローチする。むろん両国の研究者の議論がそれぞれの国としての認識と等しいというわけではない。とはいえ、両国で一定の評価を得る研究者の議論は自国の政策や政策決定者、産業界、世論などの動向を観察した結果を反映したものであり、同時に国としての認識を構成する1つの重要な要素であると想定してもよいと思われる[6]。

　以下、第2節ではアメリカの対中観において、リアリズム転回と呼ぶべき米中覇権競争や中国の対米戦略の危険性を重視する議論が目立つ状況を検討する。第3節ではアメリカの対中観の変化に呼応して進む中国における対米観の調整について検討する。第4節では、前節までの議論のまとめとして、米中間に互いの敵対視に基づく一種の共有認識空間が成立していることを論ずる。第5節では対立の連鎖を生み出す共有認識空間を解消し、対立緩和の方向に向かうための手がかりについて考察する。

2 ▸ アメリカのリアリズム転回

　相互依存論の泰斗であるロバート・コヘインとジョセフ・ナイになぞらえていえば、米中両国が高度に発展した相互依存に安住しようとしなくなったことは、両国が相互依存に潜在している力の要素の抑制に信を置かなくなったこと、換言すれば相互依存が相手に対する脆弱性を増し、力の行使を受ける事態への懸念を高めるようになったことを示唆している[7]。両国はいかな

る思路からそのような懸念を高めるに至ったのだろうか。ここではまずアメリカをとりあげ、対中観において主流化しているリアリズムに基づく議論を検討したい。

◆覇権競争の視座

　アメリカでは近年、米中間で古典的な覇権争いが展開されているとの見解が広く流布している。代表的なものとしてまず挙げられるのは、グレアム・アリソンによる米中間で歴史的な「トゥキディデスの罠」が実現しつつあるという議論であろう。これは新興国の台頭と支配的大国の不安が両者の関係悪化を不可避にするという、ペロポネソス戦争以来繰り返された歴史的なパターンである。米中関係においても、政治や文化に対する価値観の相違や両国の例外主義の強さから相互の不信感は強く、かつての英米の平和的な覇権交代ではなく対立的な英独関係が再現される可能性が高いとする[8]。

　オフェンシヴ・リアリズム（攻撃的リアリズム）を掲げるジョン・ミアシャイマーも、アメリカの対中エンゲージメント（関与）政策は挑戦者の台頭を積極的に推進するという失態であったと主張する。そして大国が安全のために地域覇権を目指し、他の大国の支配を排除しようとする存在である以上、米中の新冷戦は避けられないとし、核戦争を含む軍事的な戦争のリスクも高いとする[9]。

　彼らの想定するアメリカと台頭する中国の間の宿命論的な対立は、直接今日の米中関係を念頭に置いたわけではないものの、かつて経済相互依存の中で生ずる競争的関係に焦点を当てたロバート・ギルピンによる覇権交替論の予測の範囲におさまる展開でもある。ギルピンの議論をふりかえってみれば、覇権国は世界経済にとっての利益に自国の利益を見出し、開放的な市場環境など国際公共財を負担を負って提供する。それに対し、新興の挑戦国は国際公共財へのただ乗りや工業中心の産業構造による高度成長を通じ、自らに有利な「不均等成長」を享受する。その行き着く先は両者の力の均衡であり、その際には次代の覇権の座をめぐって軍事、経済、イデオロギーにまたがる全面的な覇権戦争が生じうるという[10]。これは今日のアメリカによる対

中観にも援用されている見方であろう。そして中国がアメリカの寛大さにつけこんでいるという憤りは、アメリカ社会が他人種や非キリスト教の文化・宗教に浸食されているとする白人ナショナリズムの高揚とも共鳴して米中対立を激化させたトランプにも受け継がれていた[11]。

　こうしたリアリズム転回が生じた認識的要因については主に以下の3つに整理できる。第一に2008年からの世界金融危機を機に表出した中国の経済的台頭とアメリカの凋落という認識の広まりである。過去の大規模な経済危機であるラテンアメリカ債務危機やアジア通貨危機と異なり、先進国であるアメリカを震源とする危機は、アメリカの凋落と危機後好調さをみせた新興国の台頭を印象づけた[12]。さらに危機で表面化した大手金融機関幹部の高収入に象徴される格差や金融・IT（情報技術）をはじめとする高度サービス業への傾斜というアメリカの経済発展の歪み、その裏返しとしての工業製造部門の移管先となった中国との相互依存の行き過ぎに焦点が当たるようになる。

　主な議論として、アメリカの連邦準備制度理事会（FRB）議長を務めたベン・バーナンキが世界金融危機前から唱えていた貯蓄過剰説を援用し、危機後には中国・アジア諸国などの過剰貯蓄によるアメリカ金利押し下げ圧力を危機の一因とする見解が多くの経済学者により表明された。そして2010年代にはデヴィッド・オーターらが1990年代以降の対中輸入によるアメリカの雇用減少について地域ごとに算出し、「チャイナ・ショック」として広く流布する見解となる[13]。このようにアメリカの危機や経済不均衡を中国の責任とみなす思考は、寛大さを搾取される覇権という覇権交替論の世界観を定量的に支持し、それと共鳴する面があった。ダニエル・ドレズナーのように中国は世界金融危機に際して既存秩序と国際公共財を支える役割を果たしたとする評価もないではないが[14]、主流の見方とはいい難い状況である。

　第二に先述のミアシャイマーに代表されるよう、リベラリズムに立ったエンゲージメント政策が失敗し、あるいは裏切られたとの受けとめがある。1990年代にビル・クリントン政権が対中最恵国待遇を更新し、人権問題と絡めない方針を決めて中国のWTO加盟への道筋をつけた。これは中国を経済相互依存と国際制度の網に取り込むことが、自由主義と民主主義の受容に

つながるとの期待からであった。ジョージ・W・ブッシュ政権においても、対テロ戦争における協力を機に対中関係は改善に向かい、中国は「責任あるステークホルダー（利益や責任を共有する主体）」として位置づけられ、期待されるまでに至った。だが実際には中国のそうした意味での馴化は生じなかった。習近平体制以降、中国は経済の国家統制を強め、共産党内の集団指導すら形骸化させて権威主義化や個人崇拝を強めていった。

　第三に世界金融危機後に中国が経済統制強化や地経学シフトを進めたことから、アメリカも対抗措置をとらざるを得なくなったという視点がある。中国において国家による経済の統制はいわば常態であるが、マーガレット・ピアソンは世界金融危機後に中国の国家資本主義は更新され、党国家資本主義と呼ぶべき体制に移行したとする。すなわち従来の国家資本主義は経済後進性の克服や産業振興、競争力強化など経済的利益をねらいとしていた。それに対し、党国家資本主義は米欧との経済相互依存の不確実性向上や新疆、香港等、国内統治の動揺を受けて対外的、対内的な安全保障強化を主目的に据えたものだという。その具体的な取り組みが、第13次5か年計画の軍民融合の科学技術育成や製造強国化・自主イノベーションを国家主導で推進する『中国製造2025』などである。そしてピアソンらは、この党国家資本主義化が新しいかたちの「安全保障のジレンマ」——国内的な経済政策の越境的な影響が他国の脅威認識を高めるというジレンマ——を生み出したと論ずる。すなわち中国の党国家資本主義化という一義的には国内的な経済システム上の変化が、世界金融危機時に相対的な力の低下が露呈したアメリカに中国の意図への不信を抱かせ、対抗措置を促したというわけである[15]。

◆大戦略論

　上述の覇権競争の視座に中国共産党の異質性や敵対性の強調を加味した見方として、中国の行動に一貫した「大戦略」を措定し、中国が超長期の視野で戦略プランを遂行し、アメリカを追い落とす目標を追求しているとする見解もある。こちらは政策決定に近い立場の研究者から表明されている点で、国としてのアメリカの認識について考察するうえでの参照性は高いと言って

よい。リチャード・ニクソン政権以降、継続的に対中政策に関わってきたマイケル・ピルズベリーは、中国がアメリカとの関係開始以来、建国100年に当たる2049年に向けて世界の経済、政治、軍事のリーダーの地位を奪取する計画「100年マラソン」を秘密裏に遂行しているとする。そして共産党タカ派による長期戦略の発想源としては、戦国時代や三国志、孫子兵法といった古代史の投影による対米関係の把握があるという[16]。

2023年にはバイデン政権の国家安全保障会議で対中政策を担当するラッシュ・ドーシが、『ロング・ゲーム（邦題は『中国の大戦略』）』を著し、やはり2049年を見すえて中国が鄧小平時代以来、アメリカからの覇権奪取をねらってアメリカの影響力の「阻止」、自前の地域的勢力圏の「構築」、そのグローバルな「拡張」の3段階からなる長期戦略を遂行中であると論じた。ドーシにおいては政策文書や指導者の発言の詳細な読み込みをもとに、この3段階の措置が軍事、経済、国際制度のいずれにおいても確認できるとされるなど、中国による長期戦略遂行についてより強固な一貫性が見いだされている。そして、ドーシはアメリカ側の対処について、力の増大する中国と正面から競うのではなく、軍事、経済、国際制度面で中国の弱みに焦点を当てた非対称戦略によるべきであるとする[17]。要は、巨大な中国と資金や物量で張り合うべきではないということである。こうした議論からはアメリカ側で相対的な力の低下が認識されていることが読み取れよう。

ピルズベリーとドーシのいずれも中国について、多元主義の徹底した自らとは全く異なる存在として描いており、共産党がいわば永遠の統治者として抑制を一切受けずに単一の戦略を推進し続けているという異質性を際立たせるストーリーを提示している。他方でアメリカのとるべき対策について、まずは中国を競争相手として認識すべきことを強調していたピルズベリーに比べ、より最近に執筆されたドーシの著書においては、中国が競争相手であることは前提として、中国による秩序構築を阻止するための攻勢のあり方について詳細に論じられており、アメリカ側の切迫感の高まりがみてとれる。

これら大戦略論に通底する中国を異質な他者とみなす見方については、アメリカの国内政治における分断状況の反映であるとする指摘がある。覇権研

究などで知られるカーラ・ノーロフは、米中関係について、よくいわれる
「トゥキディデスの罠」や「キンドルバーガーの罠」ではなく、中世アラブ
の歴史家を引いて「イブン・ハルドゥーンの罠」を警戒すべきと論ずる。こ
れは王朝の盛衰の要因を部族的、血縁的な連帯意識に求めたハルドゥーンの
歴史観からの着想であり、アメリカ国内で党派や人種がいわば排他的な連帯
意識を高めたことで非妥協的な政治姿勢が蔓延し、その意識が和解不能な敵
として中国をとらえる外交姿勢にも投影されているという[18]。

　以上、本節で検討したようにリアリズムへ転回した対中関係の言説は、米
中間の不均等成長という長期的な流れにおいて、世界金融危機を契機に説得
力を高めていったのである。

3 ▶ 中国の対米観の調整

　対する中国は両国関係の悪化をどう捉えているのか。以下では中国におけ
る代表的なアメリカ研究者の見解をみていくことにしたい。総括を先取りす
ると、中国はアメリカにおける対中観とその理論的、思想的、政治的な背景
についてよく研究したうえで対米関係への方針を検討している。著名なアメ
リカ研究者である王緝思（北京大学国際関係学院）は、中米関係悪化の要因とし
て、(1) アリソン流の両大国の力の接近、(2) 政治制度、文明・文化の相違
から来る意識形態（イデオロギー）の摩擦、(3) 排他的ナショナリズム、脱グ
ローバル化、安全保障化などからなる国際環境の変化、(4) 政治的分極化、
社会の分断、経済格差によるアメリカ国内政治要因の4つをあげる。そのう
えで近年の変化が大きく、いわば関係悪化のトリガーとなった要因として4
つ目の国内政治要因を特定する。王によればアメリカは世界金融危機以降、
階級対立と排他的ナショナリズムを制御できなくなっている。そうした状況
で2大政党は国内の結束のため、対外的な脅威を誇張し、その矛先を中国に
向けるようになった。対する中国も共産党支配を強化し、意識形態の指導・
統制の強化や国際的な話語権の拡大により対抗しているとする[19]。こうした
国内政治への着目は、アメリカが関与政策につき裏切りを感じたのと同様、

220 　第Ⅳ部 ● 米中対立の理論的分析

中国側も対立は相手の都合によるとの被害者意識を抱いていることを示していよう。またアメリカの対立的姿勢を国内政治状況の反映とする把握は、前節でとりあげたアメリカにおけるノーロフの視角にも共通するものである。

　ついで復旦大学国際問題研究院の趙明昊は、中米対立の背景として、アメリカが相対的な衰退を自覚し、「覇権更新」を進めていることがあるとする。趙はこのアメリカによる衰退への憂慮について不治の病であり、歴史的に繰り返される現象であるとの達観した見方も示している。「覇権更新」の取り組みは、（1）産業・技術競争力の再興という物質的権力、（2）同盟の修復、同盟内でのサプライチェーン構築などネットワーク的権力、（3）民主主義理念の再興など観念的権力の強化からなる。このうちここでは独特の視点である観念的権力に注目してみよう。趙によれば、アメリカはトランプ時代に傷ついた民主主義理念の再興を進めている。その再興プロジェクトの外交上の取り組みは民主主義国同士の連帯強化に加え、中国脅威論の散布、中国とグローバル・サウスの関係隔絶といった敵対的な方策を含むものとなった。さらに悪いことには、この観念ないし意識形態における敵対視が貿易、技術、安全保障面での政策にも浸透しているという。このようにアメリカは覇権の更新に取り組まざるを得なくなるという、いわばその弱さがゆえに中国に対し攻撃的姿勢をとるようになったというのが趙の議論の骨子である[20]。これは対立の根底に両国の力の近接があるとみる点でアリソンらの覇権競争の視座と共通する。その一方、争いの直接的な原因をアメリカの側の焦慮にあると位置づける点で中国の立場を正当化している面もある。

　王と同じ北京大学国際関係学院の賈慶国は、やはり王同様のラインで急速な両国関係悪化の要因として、「トゥキディデスの罠」、体制・価値観の差異、貿易・技術競争、アメリカ国内政治要因に加え、両国間で批判や対抗措置の応酬が繰り返される「負の相互作用」が生じていると指摘する。この最後の「負の相互作用」は他の論者には明示的にみられなかった視点であり、注目に値する。賈はアメリカが貿易問題、新型コロナ問題、香港・新疆問題を通じ、中国を激しく批判、あるいは中国の主権を侵害しており、中国側も反撃せざるを得ない状況に追い込まれていると述べる。そして第18回党大

会における習近平の「経済建設以上に意識形態面の仕事が重要」との発言を引用し、習が思想宣伝、文芸・メディア・ネット・学術の管理を重点的に推進しているとする。そのうえで賈は、アメリカ側が対立的な姿勢を変えない以上、両国の政治体制と意識形態の差異は拡大する一方であり、それゆえ対立緩和の見込みも低いと述べる[21]。対立の責任はアメリカ側にあるという考え方は王や趙と共通しているものの、「負の相互作用」という用語は、中国側の行動にも原因の一端がある点を暗示しており、その点が中国側に自覚されているとみることも可能かもしれない。また先にピアソンらによる中国の経済統制強化がアメリカの対抗措置につながったとする議論を紹介したが、賈とピアソンらの議論からは米中双方に自らは相手側の攻勢に対し防御的措置をとっているとの見方があることがわかる。

　最後にアメリカ側が想定する中国の「大戦略」についての中国側の見方として、若手研究者である南京大学の周文星の議論を紹介しよう。周は前述のドーシ『ロング・ゲーム』の書評論文において、まさに論文タイトルにも表れているように、中国の「大戦略」をアメリカによる覇権論に基づく想像的構築物として位置づけている。そして同書は中国に関する無理解に基づいてはいるものの、アメリカ内外で広範な影響力を有しており、アメリカ戦略サークルの対中政策の現状として理解すべきであるとする[22]。このように大戦略の議論や覇権交替論の枠組みは中国や中米関係の実情に合っていないにもかかわらず、中国はアメリカがその枠組みに基づいて行動することを前提に対応すべきであるという見方が中国側に存在する。そのことは、アメリカ発の理論的視座が米中間で間主観的に共有されて、自己実現的な作用を発揮しうることを示唆している。

4 ▶　共有認識空間の成立

　以上の米中双方における両国関係に関わる議論の検討から浮き彫りになったのは、両国間における言説ないしは認識の共有という状況である。すなわち、アメリカ側で経済危機や政治的分極化、衰退論のリバイバルを受けて、

アリソンらの勢力移行（パワー・トランジション）、覇権交替の枠組みなどに則る中国理解が広まれば、中国側もまたアメリカのそうした対中観を理解したうえで、分析と対処をおこなうというように、あたかも両国が共通する覇権や勢力移行の枠組みに則って行動しているような局面が実現している。両国とも「トゥキディデスの罠」や覇権競争、あるいは中国による大戦略推進といった考え方について、少なくとも全面的に受け入れているわけではない。にもかかわらず、それらの枠組みは両国の行動を規定する作用を発揮している。

　そのような状況について、米中間において互いに相手が何らかの思考枠組みに則って自己を敵対視し、衰亡させようとしていると理解しあうという一種の共有認識空間の成立を見出すことができるだろう。ここで空間の用語を用いたのは、米中間で互いに敵対視しあう関係について間主観的に認識される状況が自己強化的な相互補完性を発揮している様を表現するためである[23]。すなわち米中双方は、共に相手による敵対的な認識を理解したうえで相手に対する認識を形成している。そのうえで、双方は相手による敵対視に対抗するうえで競争的な地経学的戦略を行使し、その応酬がさらなる共有認識空間の維持、強化をもたらすという負の連環が形成されるに至っているのである。

　共有認識空間の成立要因は1つには皮肉にも英語を含めたアメリカの持つ知識面での構造的権力であろう。ここで引用した中国側の論文にはアリソンら以外にもポール・ケネディをはじめ多数の英語圏の国際関係研究が引用されており、中国でそれらは対処すべきアメリカ側の思考枠組として念入りに咀嚼されている。加えて中国側の戦略文化として、孫子兵法の「彼を知り己を知れば百戦して危うからず」に代表される、いわば敵方を深く知ることこそ敗北を避ける最重要の策との考え方も、中国側による熱心なアメリカ研究につながっているものと思われる[24]。

　このように米中対立は経済・軍事上の競争という物質的利益の次元を超えて、さらに敵対的関係が双方に内面化されるというアイディエーショナルな次元に到達していた。その含意は、対立は案件や分野ごとの利害の調整を

第9章・自由主義的相互依存の蹉跌　｜　223

もって容易に解きほぐせるものではないということである。米中関係の実態に即していえば、第1次トランプ政権時においては貿易が主戦場であったことから経済的利益をめぐる対立であることから「ディール（取引）」による利益配分を通じた妥協の可能性を少なくとも想定することはできた。しかしバイデン政権以降、対立が体制・価値観、あるいは中国側のいう意識形態にまで及ぶと事の性質上、妥協はより困難になったといわざるをえない。そしてアメリカでは政治的分極化が進むなか、対中強硬姿勢や高関税政策は数少ない超党派的合意がある方針とされるに至っている。中国でも当初「リコノミクス」に期待が集まった李克強や広東モデルで知られた汪洋など相対的には経済自由主義に親和的にみえた政治指導者は軒並み退場し、習近平体制下で経済の統制強化と安全保障化は進む一方である。こうした状況において、米中双方においても近い将来において対立の解消は見込めないとする論調が主流となっている。

5 ▸ 対立緩和に向けて

　以上、本章では自由主義的な相互依存で結びついていたはずの米中がなぜ対立するに至ったのかについて、双方の認識の有する構成的な作用に着目した分析をおこなった。その結果、導き出されたのは、趨勢的な不均等成長の流れにおいて世界金融危機を契機に表面化した対立が、互いの敵対視により形成された共有認識空間において固着化するという理解であった。さらに本章の検討からは、相互依存の進展につれて力の要素は緩和されていくという相互依存論の限界が示された。むしろ米中関係の文脈では、経済的な相互依存が政治的な信頼関係と大きく乖離して向上したことで、双方の不信や不安が高まる状況が生じたのである。ここまでこじれ切った対立状況を解きほぐすうえでの手がかりなり方向性なりについて何か考えうるだろうか。非常に困難な道であることは疑いないが、以下では3つの面から考察したい。

◆ 相互依存の調整

　まず逆説的かもしれないが、相互依存の行き過ぎが両国関係を損なった可能性がある以上、現状、米中両国がとっている重要技術・物資の貿易・サプライチェーンにおいて距離を置こうとしている政策は対立解消に向けた一歩になりうるかもしれない。目下、米中両国共、互いへの依存からの脱却を掲げ、経済の自立性向上や経済・技術安全保障の強化、同盟国・友好国との連携による経済圏構築に勤しんでいる。中国側は双循環のスローガンを掲げて内需主導の成長モデルへの移行を進め、『中国製造2025』など産業技術政策を掲げてハイテク分野や軍民両用分野における生産力向上、技術の自前化に努めている。加えて、一帯一路、AIIB、RCEP（地域的包括経済連携）を通じて友好国や非欧米諸国との間での経済圏作りに取り組む。アメリカ側もまた、バラク・オバマ政権下で輸出倍増・雇用創出を掲げた国家輸出構想、第1次ドナルド・トランプ政権下では保護貿易主義と国内生産・投資奨励を進めた。続くバイデン政権下ではかつて日米摩擦において敵視した産業政策を推進するに至り、半導体やEVなど重要技術の国内生産を後押ししている。またオバマ時代におけるTPP、ジョー・バイデン政権におけるIPEFなど中国を除外してアジア太平洋地域の経済圏形成ややはり中国依存脱却を主なねらいとした重要技術・物資に関するAUKUS（米英豪の安全保障枠組み）、NATO（北大西洋条約機構）、IPEF等におけるサプライチェーンの構築を進めている。

　もちろん、これらの取り組みそれ自体は米中の対立状況を固定化ないし深化させる要素を持つ。しかしながら、並行して米中間で外交および各種チャネルを通じコミュニケーションをとりつつ進めていくことは不可能ではないように思われる。そして対立を管理、制御しながら進めることで双方が相対的に自立した市場とサプライチェーンを獲得できれば、互いの相互依存の「武器化」への警戒や不安は和らぎ、冷静に関係再構築に向かえるようになる可能性はあるのではないだろうか。

◆ 共通性の認識

　つぎに米中間においてリベラリズムで想定される相互依存の協調促進的な

作用が働きにくいことは、終章で大矢根聡が述べているように、両国が国際関係理論で想定する同質的な主権国家とは距離のある存在であり、むしろ山本吉宣らのいうインフォーマルな帝国に近い存在であることを示唆するものである。帝国は本質的に自らを中心とした拡張主義的な階層体系に他国を取り込もうとする存在であり、支配の範囲は軍事、経済のみならず価値にも及ぶとされる。米中がそのような帝国としての性質を有しているとすれば、排他的な勢力圏を志向し、相手への依存を周辺化ないしは帝国的支配の浸透として警戒しあうのはむしろ自然である[25]。アメリカを帝国になぞらえ、自由主義や民主主義の理念を掲げて他国へ干渉していく状況を描いた研究は特に2001年の同時多発テロ以後、多々発表されており、中国の国際秩序観について歴史的な華夷秩序との連続性を指摘する議論もある[26]。

そして米中が帝国的な性質を共に有していることは、両者の対立を緩和、抑制していくうえで、上述した相互依存の低下以外によりポジティブな方向での方策に向けたヒントを提供しているように思われる。というのも、前節までに論じたように米中は相互依存下で、互いに敵対視を応酬しあう共有認識空間を作り上げたが、その要因の1つとしてノーロフの「ハルドゥーンの罠」の概念が明瞭にしたとおり、互いを全く異なる存在とみる相互の異質視があった。だが米中が帝国的性質を共有することは両者が各々認識しているほど異質の存在というわけではないことを示唆するものではないだろうか。

さらにいえば、そもそも米中間の経済システムに一般に思われているほどの距離はなかったという見方もありうる。通常、比較政治経済の分析においてアメリカは自由市場資本主義、中国は国家資本主義というように両者は真逆の制度的特徴を有すると位置づけられてきた。他方でリンダ・ワイスやマリアナ・マッツカートによれば、アメリカの資本主義は元来国家からそれほど「自由」だったわけではない。インターネットの原型が国防総省の高等研究プロジェクトにあったことはよく知られるが、経済のけん引役であるGAFAMなどのITプラットフォーマーについてもその中核的技術は、いずれも軍事研究からのスピンオフであった。その意味で、IT大手が起業家的な自由競争の申し子だというのは一面的な神話に過ぎないと言える[27]。あ

226　　第Ⅳ部 • 米中対立の理論的分析

るいは「軍事化された新自由主義」として近年のアメリカにおける軍事安全保障戦略と市場整合的な経済政策の融合を指摘するトリシア・ウィジャヤらに沿って言えば、アメリカの情報産業分野は当初から軍事化されていたということも可能だろう[28]。こうした視点の研究を深めていくことで、米中が互いについて完全に異質な他者としてではなく、むしろ元々ある程度似た者どうしであったと認識しあうことができれば、異質視を構成要素とする敵対的な共有認識空間の緩和につながる可能性はあるのではないだろうか。かつて冷戦時代に米ソという体制・イデオロギー面で対極にあるとされた両大国について、ケネス・ウォルツが同種の2大寡占企業になぞらえた分析を展開して、長期的平和を想定したことも思い起こす価値があろう。

◆ 互いの力の尊重

　もう1つ参考になるのが、ジョナサン・カーシュナーによる古典的リアリズムの知恵へ帰れとの主張である。カーシュナーによれば米中関係についてミアシャイマーらのオフェンシヴ・リアリズムが当てはまるわけではないが、それにもかかわらず双方がオフェンシヴ・リアリズムの枠組みを信じることでその予測が自己実現するおそれがあるという。この10年以上前に発せられた警告は昨今現実のものとなりつつある観がある。それに対し、カーシュナーはより広い視野を持っていたハンス・モーゲンソー、E・H・カーらの古典的リアリズムを参照すべきであるとし、そのエッセンスは理想世界を追い求めるのではなく、力の分布の現実に順応した行動をとることにあるという。米中関係に当てはめれば、アメリカは中国の力を認め、中国が関与政策などアメリカのシナリオ通りにふるまうほど弱い存在ではないことを受け入れるべきである。そして必要な場合、中国へ譲歩もしていくという姿勢が重要であると説く[29]。

　カーシュナーの議論はアメリカに向けたものであるが、同様の指摘は中国に対しても可能だろう。「新型大国関係」の議論に透けてみえたように、中国も自らの力を過信してアメリカとの対等性を前提に行動するような傲慢さに陥るべきではないだろう。中国がいずれ経済規模でアメリカに追いつく可

能性があるとしても、人口動態などからその「天下」は長続きしないとの予測もある。いずれにせよ、構造的権力の枠組みに沿っていえば、生産構造における距離が縮まるというだけのことであって、他の安全保障、金融、知識の3構造では依然アメリカとの間で大きな差が残るとみるのが妥当である。

　米中関係の現状は決して改善に向けた楽観を許すものではない。とはいえ、その「現実」を追認することなく、ここであげたような3つの方向性を通じ、互いの衰亡は望んでいないとする新たな共有認識空間の創出につなげていくという姿勢が重要ではないだろうか。

　注

1——大橋英夫『チャイナ・ショックの経済学——米中貿易戦争の検証』勁草書房、2020年、49頁。

2——Lawrence H. Summers, "America Overdrawn," *Foreign Policy*, Vol. 143, 2009.

3——Niall Ferguson and Moritz Schularick, "'Chimerica' and the Global Asset Market Boom," *International Finance*, Vol.10, No. 3, 2007.

4——G. John Ikenberry, "The Rise of China and the Future of the West: Can the Liberal System Survive?" *Foreign Affairs*, Vol. 87, 2008.

5——もっともリベラリズムの議論のうち、相互依存や国際制度の働きのみによって紛争は抑止されるとの主張はほぼないといってよい。また米中対立は激しいといえど、執筆時においていまだ直接的な軍事的衝突は生じておらず、その意味で相互依存などリベラリズムの協調促進の作用は依然発揮されているということは可能ではある。

6——さらに中国の場合は学術研究の党国家の方針からの独立性が限定的であり、特に本章でとりあげる主流派の研究と党国家方針の大きな乖離は想定しづらい。

7——ロバート・O・コヘイン、ジョセフ・S・ナイ（滝田賢治訳）『パワーと相互依存』ミネルヴァ書房、2012年。

8——グレアム・アリソン（藤原朝子訳）『米中戦争前夜——新旧大国を衝突させる歴史の法則と回避のシナリオ』ダイヤモンド社、2017年。

9——ジョン・J・ミアシャイマー「米中対立と大国間政治の悲劇——対中エンゲージメントという大失態」『フォーリン・アフェアーズ・リポート』2021年12月。

10——ロバート・ギルピン（大蔵省世界システム研究会訳）『世界システムの政治経済学』東洋経済新報社、1990年。ロバート・ギルピン（徳川家広訳）『覇権国の交代——戦争と変動の国際政治学』勁草書房、2022年。

11——渡辺靖『白人ナショナリズム——アメリカを揺るがす「文化的反動」』中公新書、

2020年。

12──ただし世界金融危機はアメリカ側の危機感を高めた独立した要因というよりは、概ね2000年代以降から顕著になったアメリカと先進国の相対的不振および中国・新興国の急速な台頭を象徴するイベントとして理解すべきである。以降、本章における世界金融危機の扱いは同様である。

13──David H. Autor, David Dorn and Gordon H. Hanson, "The China Syndrome: Local Labor Market Effects of Import Competition in the United States," *American Economic Review*, Vol. 103, No. 6, 2013; Autor, Dorn and Hanson, "The China Shock: Learning from Labor-market Adjustment to Large Changes in Trade," *Annual Review of Economics*, Vol. 8, No .1, 2016.

14──Daniel Drezner, *The System Worked: How the World Stopped Another Great Depression*, Oxford University Press, 2014.

15──Margaret M. Pearson, Meg Rithmire, and Kellee S. Tsai, "China's Party-State Capitalism and International Backlash: From Interdependence to Insecurity," *International Security*, Vol. 47, No. 2, 2022.

16──マイケル・ピルズベリー（野方香方子訳）『China 2049』日経BP、2015年。

17──ラッシュ・ドーシ（村井浩紀訳）『中国の大戦略──覇権奪取へのロング・ゲーム』日本経済新聞出版、2023年。

18──Carla Norrlöf, "The Ibn Khaldûn Trap and Great Power Competition with China," *The Washington Quarterly*, Vol. 44, No. 1, 2021.

19──王缉思・贾庆国・唐永胜・倪峰・朱锋・谢韬・达巍・李巍「美国战略探析与中美关系前景展望」『国际经济评论』2024年、第2期。

20──趙明昊「美国霸权护持战略的调适与中美关系的未来」『外交评论』2023年、第5期。

21──贾庆国「"山穷水尽"还是"柳暗花明"？再议中美关系」『国际观察』2022年、第2期。

22──周文星「美国霸权想象下的中国"大战略"」『美国研究』2022年、第5期。

23──アイディアにより形成される空間概念の先例としては大矢根聡による規範的空間がある。本章における米中で共有されるのは、あるべき行動の基準や期待というよりも、相手に対する見方であるため規範ではなく認識の用語を用いた。大矢根聡「地域統合──東アジア地域レジーム間の規範的空間と日中関係」大矢根聡編『コンストラクティヴィズムの国際関係論』有斐閣、2013年。

24──中国の戦略文化おける孫子の重要性については、浅野亮「中国の戦略・安全保障文化」『国際政治』167号、2012年。

25──山本吉宣『「帝国」の国際政治学──冷戦後の国際システムとアメリカ』東信堂、2006年。納家政嗣「国際秩序と帝国の遺産」納家政嗣、永野隆行編『帝国の遺産と現代国際関係』勁草書房、2017年。米中関係を帝国どうしの対立ととらえる議論としてはHung (2022)がある。ただしHungは、米中対立を、世界金融危機後の中国の「国進民退」によりアメリカ多国籍企業との利益共有関係が崩れたことに求めており、その帝

国観はホブソンやレーニンの資本の拡張圧力を帝国の原動力とみる点で古典的、経済還元主義的なものとなっている。Ho-fung Hung, *Clash of Empires: From "Chimerica" to the "New Cold War"*, Cambridge University Press, 2022.

26――アメリカを「自由の帝国」と位置づけたのはたとえば、O・A・ウェスタッド（佐々木雄太他訳）『グローバル冷戦史――第三世界への介入と現代世界の形成』名古屋大学出版会、2010年。藤原帰一『デモクラシーの帝国』岩波新書、2002年。中国の華夷秩序観については岡本隆司『中国の論理――歴史から解き明かす』中公新書、2016年。

27――Linda Weiss, *America Inc.?: Innovation and Enterprise in the National Security State*, Cornell University Press, 2014. マリアナ・マッツカート（大村昭人訳）『企業家としての国家――イノベーション力で官は民に劣るという神話』経営科学出版、2023年。

28――Trissia Wijaya and Kanishka Jayasuriya, "Militarised Neoliberalism and the Reconstruction of the Global Political Economy," *New Political Economy*, Vol. 29, No. 4, 2024.

29――Jonathan Kirshner, "The Tragedy of Offensive Realism: Classical Realism and the Rise of China," *European Journal of International Relations*, Vol. 18, No. 1, 2012.

第10章

米中対立スパイラルの背景
—— 質的比較分析（QCA）からのアプローチ

藤田泰昌 FUJITA Taisuke

1 ▸ 米中対立のスパイラルはなぜ生じたのかという問い

　第1次ドナルド・トランプ政権期に通商分野で本格的に始まった米中対立は、収まる気配がない[1]。対立の焦点は通商にとどまらず、経済全般、安全保障、政治体制にまで及んでいる。さらに対立するのは政府間のみならず、議会や一般市民など多様なレベルに広がっているようにみえる。なぜ米中対立は高まってきたのだろうか。米中対立の起点をアメリカに置くと、この問いは2つに分解することができる。1つは、なぜアメリカは中国に対立的な姿勢をとるのだろうか。もう1つは、アメリカの対立姿勢は米中対立のスパイラルをもたらしているのだろうか。この2つの問いにアプローチするべく、アメリカ連邦上院議会における言動とそれに対する中国の反応を切り口に、本章は分析をおこなう[2]。起点となるアメリカの分析において連邦議会に着目するのは、日本のような議院内閣制よりも、三権分立の下で連邦議会の権限が大きいため、議会の動向を理解することはその対外関係を理解するうえで重要な位置を占めるからである。したがって本章では、米中経済紛争で重要な位置を占める法案での連邦上院議員の投票行動を左右する背景を探るとともに、その法案が米中関係にもたらした帰結を探る。

　連邦上院議会の対外姿勢を分析する既存研究は、（1）大国間の覇権競争のような国際的な要因、（2）集中豪雨的輸入への反発といった経済的要因、そ

して（3）党派性やイデオロギー対立のような国内政治要因を重要なものとしてあげてきた。これらの要因が重要なことに異論はない。だが、本章は2つの点で異なるアプローチをとる。

第一に、既存研究はどの原因が重要なのかを問うてきた。だが、後述するように、どの原因が重要なのかについて、既存研究の論争は決着がついていない。このことは、アメリカの対中姿勢の背景にある多面性・複雑性を示唆しているのではないか。この複雑性を分析するために、本章は既存研究とは異なる分析手法として質的比較分析（QCA）を用いる。

第二に、多くの既存研究は、アメリカ議会のいわゆる対中対抗法案の成立を、議員投票というスナップ・ショットで分析してきた。本章では、そうしたスナップ・ショットでの分析だけでなく、米中対立のプロセスの一局面としても捉えたい。いわゆる「安全保障のジレンマ」によれば[3]、他国に対する攻撃的な意図をもたないにもかかわらず、他国に対する不安を契機として国家間対立がエスカレートしてしまう。では、米中対立の起源は、この安全保障のジレンマの想定通り、もっぱら国外からの不安にあるのだろうか。そして、このいわゆる中国対抗法案は、中国からのどのような反応を引き起こしているのだろうか。こうしたプロセスとしての問いにアプローチしていきたい。

以下、第2節では、対中通商政策など対外政策に対する議員行動の既存研究を概観するとともに、その問題点を確認する。第3節では、既存研究の問題点を踏まえて、本章がとるアプローチについて説明をおこなう。第4節では、アメリカ連邦議会の対中姿勢の背景を探るために、いわゆる対中対抗法案に対する上院議員の投票行動についてQCAによる分析をおこなう。第4節では、同法案を中国側がどのように認識・反応したかについて叙述的に追うことで、いわゆる対中対抗法案から浮かぶ米中間の安全保障のジレンマの一側面を探ることにしよう。

2▶ 既存研究と問題の所在

いわゆる対中対抗法案に対するアメリカ連邦議員の対応を左右する原因は何か。そして同法案は中国からどのような反応をもたらしたのか。このような本章の（特に前者の）問いに関連する既存研究として、主に3つのカテゴリーをあげることができる。国際的な要因、経済的要因、そして国内的な政治要因である。以下、順に概観していこう。

◆ 国際的な要因

国際的な要因を重視する既存研究は、覇権競争や大国間の力関係といった構造的な要因を強調する[4]。無政府状態である国際政治においては、力の行使を阻む中央政府が存在しない。しかも、平和共存を望むのか勢力拡大を望むのかといった相手の意図を、互いに知ることは難しい。さらに、中国の台頭によってアメリカの国力が相対的に衰退することで、米中間の力関係が近づき、いずれ中国がアメリカ以上の大国になる可能性も低くない。このような国際政治の状況においては、大国間での対立が生起する可能性は高いというわけである。

だが、こうした構造的な要因を重視する議論には、少なくとも2つの問題点がある。1つは、大国間対立が深刻になるタイミングやメカニズムを説明できないという問題である。無政府状態は、常に存在するコンスタントな状態である。しかし、対立の生起はコンスタントではない。また、大国間の力関係の変化は、短期的に生ずる現象ではない。予期せず力関係の変化が急遽起こるということは考えにくく、少なくとも10年20年といった単位のタイムスパンで、徐々に起こるという現象であろう。その長期的なタイムスパンのどのタイミングで、どのようなメカニズムを経て、大国間対立が深刻になっていくのか。この点について、構造的な要因に基づく議論は沈黙せざるを得ない。

構造的な要因を重視する議論のもう1つの問題点は、この第一の点を考える上で国内要因を無視して良いのかという問題である。特に民主主義国であ

第10章 • 米中対立スパイラルの背景 | 233

れば、ある大国の外交政策が、大国間の力関係の変化に急遽気づいた政治指
導者の一存で、ある日突然変わるということは考えにくい。外交政策の変化
には、様々な国内政治アクターの同意がある程度必要であり、そのプロセス
をみることによって明らかにできるメカニズムがあると思われる。

◆経済的な要因

　経済的な要因がいわゆる対中経済対抗法案への議員行動を左右すること
は、直感的にも推測できる。実際、中国からの輸入の急増が、先進諸国に経
済的さらには政治的な影響を与えているという研究の蓄積が進んできた。デ
ヴィッド・オーターらは、アメリカにおいて中国からの輸入の影響が大き
かった地域ほど、失業率が高く賃金が低くなっていることを明らかにした[5]。
こうした中国からの集中豪雨的な輸入が、経済的な影響のみならず、人々の
貿易政策や経済政策への姿勢に大きな影響を与えていることも明らかにされ
てきた。たとえば、イタロ・コラントーンらによれば、イギリスで2016年
におこなわれたブレグジット（イギリスのEU〔欧州連合〕からの離脱）に関する国
民投票において、賛成の割合が高かったのは、中国からの輸入による経済的
ダメージが大きかった地域であった[6]。以上のような既存研究の知見からは、
中国からの輸入が、連邦議員による中国に対抗的とされる経済法案支持を引
き起こすと推測できる。ジョン・サンミン・ククらは、アメリカ議会にお
ける中国関連政策への連邦議員の態度を、第103回から第111回議会 (1993-
2010年) を対象に分析した。その結果、2001年に中国がWTO (世界貿易機構)
に加盟して以降、経済的要因の影響が大きくなり、2003年以降の中国に対
抗的とされる法案への支持は、輸入競争の度合いに大きく影響されるように
なったことを明らかにした[7]。
　では、中国へのいわゆる対抗的な経済政策は、連邦議員の再選という重要
目標にポジティブな影響を与えるのだろうか。既存研究によれば、答えは
イエスとはいい難い。アメリカの関税賦課に対する中国からの報復関税に
よって経済的な不利益を受けた地域では、共和党やドナルド・トランプ大統
領 (当時) に対する支持率が低下したことが明らかにされているからである[8]。

さらに、アメリカの関税に対する中国からの報復関税は、その報復関税により直接経済的な損失を受けた地域だけではなく、アメリカ全体でトランプ大統領に対する支持率を下げ、さらには2018年の中間選挙において共和党候補の得票を下げたことも明らかにされているのである[9]。すなわち、中国からの輸入という経済要因は、必ずしも中国に対抗的とされる経済法案への支持をもたらさないかもしれない。また、海外直接投資規制に対するアメリカ連邦議員の姿勢を分析した杉之原真子の研究など、経済的要因の影響は見られなかったとの分析もある[10]。

　以上のように、中国からの輸入の多さといった経済的にネガティブな影響を与える要因が、連邦議員をしていわゆる対中対抗法案に賛成させるかどうかは一概にはいえないことが分かる。経済的要因がいわゆる対中対抗法案への賛成をもたらすかどうかは他の要因との組合せ次第、といった複雑な背景が存在する可能性が浮かび上がるのである。

◆ 国内的な政治要因（党派性要因）

　党派性やイデオロギーといった原因が連邦議員の政策選好に与える影響に関する分析をおこなう既存研究は数多い。まず、アメリカ連邦議会におけるイデオロギー的な分断は、1970年代末以降拡大していることが示されてきた[11]。さらにこうしたイデオロギー的な分断は、中国からの輸入との競争に晒されている地域ほど大きいことも示されている[12]。対中通商法案に絞った分析でも、同様の分析結果が報告されている。1990年から2001年の中国に対する最恵国待遇をめぐる法案に対して、アメリカ連邦議員の投票行動を分析したタオ・シエは、所属政党やイデオロギー的な要因が左右する一方、経済的な要因は影響を与えないことを明らかにした[13]。

　とはいえ、政党規律が弱く、党議拘束も存在しないアメリカ連邦議会では、国内の政治的分断があったとしても、外交上の重要問題には超党派で臨む傾向にあるとされてきた[14]。この通説をめぐっては、一大論争になっているといえる。1991年から2017年までのアメリカ連邦議会での投票行動を分析したジェイムズ・ブライアンらは、冷戦終焉後、対外政策では（国内

政策とは異なり）党派対立は例外的であったとする[15]。また、アメリカ連邦議員の議会での投票行動やソーシャルメディアでの発言の変遷を分析したクリストファー・カロザースらは、中国に対する脅威認識の高まりを背景に、2017~2018年頃を境に、アメリカ連邦議会の対中姿勢は超党派の様相を呈すようになったと論じる[16]。

　他方、党派性の影響を示してきた研究も少なくない。1945年から2010年までの上院議員の対外政策選好を分析したギュンホ・ジョンらによれば、外交政策でも党派対立の程度が高まっていることを示した[17]。またその背景には、全般的なイデオロギー対立の高まりがあることも示した。さらに藤田将史らは、貿易法案に対するアメリカ連邦議員の投票行動に与える要因としては、経済的要因よりもイデオロギー的な要因の方が重要になってきたとの分析結果を示した[18]。

　このように、党派性やイデオロギー要因が、アメリカ連邦議員にどのような影響を与えるのかの論争には決着がついていない。さらには、たとえ決着がついていたとしても、党派性やイデオロギー要因がどのように影響を与えるのかについて、別の理解の仕方も考慮する意義があると本章では考える。たとえば、民主党に所属する議員の方がいわゆる中国対抗法案に賛成する傾向にあるとしよう。この分析結果は、民主党の議員であれば誰もが賛成し、共和党の議員であれば誰もが反対するということを意味しない。そうであれば、民主党のどのような議員が賛成／反対するのだろうか。このような一歩踏み込んだ理解を得るためには、他の要因との組合せといった複雑な関係を探る必要がある。民主党議員がどのような条件を満たすときに賛成票を投じるのか、を問うことになるからである。

◆ 既存研究の問題点──複数原因による組合せ効果とプロセスの看過

　ここまで概観してきた既存研究の知見には、2つの問題点があることを確認できた。第一に、各原因単独での影響ばかりが主張・検証されてきたことである。そして、どの原因が重要なのかが争われてきた。だが、対中姿勢をめぐる現象は、もっと多面的である可能性がある。上述のように、既存研究

の間での各原因における論争が続いていることは、この現象の背景の複雑さ
を示唆している。指摘されてきたいずれの原因も影響は与えるものの、その
影響のあり方は他の原因との組合せによって異なるという可能性も考えられ
るのである。そして既存研究が探ってこなかったこうした複数要因の組合せ
効果を分析するには、既存研究とは異なる方法が有効な手段の1つとなりう
る。

　第二に、既存研究は、いわゆる対中対抗法案に対するアメリカ連邦議員の
対応を左右する原因を探ることに専念する一方、そのようなアメリカ連邦議
員の対応がどのような中国からの反応を招いたのかという点まではアプロー
チしてこなかった。もちろん、同時に扱う問いを増やすことは、議論を散漫
にしかねず、注意が必要である。とはいえ、安全保障のジレンマなどの国家
間対立は2国間で生じる現象であり、一方の国の動きをスナップ・ショット
で捉えるだけでは、掴めないことがある。プロセスとして理解する必要もあ
るのではないか。

　したがって本章は、この2つの点で既存研究とは異なるアプローチを採用
する。この点を次節で説明しよう。

3▶　本章のアプローチ──質的比較分析とプロセスの叙述

　本章では、米中対立のスパイラルの原因を探るべく、2つの問いに取り組
む。1つは、米中経済紛争で重要な位置を占める法案での点呼投票における、
上院議員の投票行動を左右する原因は何か、である。もう1つは、成立した
法案は中国のどのような反応をもたらしたのか、である。1つめの問いに取
り組むに際して、どの法案を分析対象とするのか、当該法案に対する上院議
員の投票行動をどのように分析するのか、そして2つめの問いにどのように
アプローチするのかを、本節では簡潔に説明していく。

◆分析対象
　連邦上院議会を対象とした分析で具体的に取り上げる法案は、「合衆国

第10章 ◆ 米中対立スパイラルの背景　｜　237

イノベーション・競争法案（USICA法案）」および「CHIPS関連法案（後に
CHIPS・科学法に結実、本稿では以下CHIPS法案と表記）」の2つである。これらの
法案は、各々、2021年6月と2022年7月に、上院で可決された。

　USICA法案は、中国に対するアメリカの経済および技術革新の優位性を
確保することを目的とするものであり、約2500億ドル規模の予算が計上さ
れた。アメリカの半導体および通信システムの開発・生産・研究に対する約
2000億ドルの資金提供などが含まれた。特に半導体は、アメリカ経済およ
び国家安全保障の重要な要素として注目されたからである。この法案には、
中国の経済外交に関連する懸念や、台湾・チベット関連の懸念を反映した追
加がなされたことから、中国への対抗を目的としたものと広く受け止められ
た。

　他方、CHIPS法案は、合計2800億ドルの予算を計上したものであり、そ
のうち520億ドルがアメリカ国内で半導体を生産する企業への財政支援に
用いられ、半導体生産分野への投資を促すための税制優遇策が盛り込まれ
た。さらに2000億ドルを投じて、AI（人工知能）やロボット工学、量子コン
ピューティング、その他の先端分野での科学研究を支援する。この法案が対
中対抗法案であるとされる所以は、この法に基づいて半導体企業が国から支
援を受けるためには、向こう10年間中国国内で最先端半導体の増産や、生
産能力の増強をおこなわないなどの条件（いわゆる「ガードレール条項」）が課さ
れているためである。CHIPS法を念頭に、アメリカのテキサス・インスツ
ルメンツ、インテル、マイクロン、韓国のサムスン電子などの企業は、相次
いでアメリカで新たに先端半導体工場の設立を表明しており、さらに台湾の
TSMC（台湾セミコンダクター・マニファクチャリング・カンパニー〔台湾積体電路製
造〕）はすでにアリゾナ州でアップル向けなどに先端半導体工場を建設中で、
各社ともアメリカ政府の資金援助に期待を寄せている。

　以上のように、両法案は経済と安全保障両面を踏まえて、中国に対抗する
ための法案と広く受け止められた大型法案である。アメリカ連邦議会の対中
姿勢を分析するにあたっては、この2つの法案（「対中対抗法案」）に対する議員
の行動は極めて重要な分析対象だといえる。

◆「対中対抗法案」の原因──質的比較分析(QCA)による分析

　中国に対するアメリカ上院議員の姿勢を左右する原因を探るにあたり、前節で述べたように、既存研究とは異なるアプローチを本章は採用する。原則として各原因は他の原因とは独立に結果に影響を与えるとの想定のもと、既存研究はどの原因がより大きな影響を結果に与えるかを探ってきた。さらには、共変関係をベースとする因果関係(例えば、原因の数値が大きくなるほど、結果の数値も大きくなるような関係)を想定してきた。これに対して本章では、アメリカ上院議員の対中姿勢をめぐる因果関係は、もう少し複雑な可能性があると考える。本章の想定する複雑な因果とは集合論的な関係である。ある原因が結果に影響するとしても、「その原因があれば大抵結果が起こる、あるいは結果が起きやすくなる」というわけではないという因果である。

　このような因果には、少なくとも2つのタイプがありうる。1つは、必要条件である。ある原因がある結果の必要条件である場合、その原因があれば必ず結果が起こるわけではない。しかし、その原因なしには結果は起こらない、という関係である。たとえば、銃を保持していることは、銃撃事件の犯人であることの必要条件である。銃を保持していなければ、銃撃事件を起こすことはない。だが、銃を保持していても、銃撃事件を起こすとは限らないからである。

　もう1つのタイプは、ある原因が十分条件の一部を構成している場合である。十分条件とは、ある原因があれば必ず結果が起こるが、その原因がなくても結果が起こりうる、という関係である。そして、この十分条件が複数の原因の組合せで構成されているような場合を想定するのである。たとえば、しっかりした安全対策は、事故による怪我の頻度の低さにとっての十分条件だと考えられる。安全対策をとっていれば、事故による怪我の頻度は低いからである[20]。そして、この安全対策はスピードの制御とシートベルトの組合せで構成される。この安全対策の双方を厳守していれば、事故による怪我の頻度は低い。しかし、たとえシートベルトをしていてもスピードオーバーを繰り返していると、事故による怪我の頻度は高くなってしまう。ここでのス

ピード制御やシートベルトのような原因条件[19]が、本章の想定するもう1つのタイプの因果である。

　本章の想定する以上のような複雑な関係は、回帰分析をはじめとする計量的な手法を用いる既存研究では看過されてしまうことになる。そこで本章では、質的比較分析（QCA）[21]という分析手法を用いる。QCAとは、このような複雑な関係を捉えるための方法だからである。

◆「対中対抗法案」の帰結──質的叙述

　では、アメリカ連邦議会の「対中対抗法案」は、中国によるどのような反応を引き起こしたのだろうか。大国間の対立の様相を捉えようとするのであれば、アメリカの動きにとどまらず、その反作用も捉えられれば望ましい。だが、本章が着目するのは2つの法案であるため、どのような反応を引き起こしたかをシステマティックに捉えることは容易ではない。そこで、本章の着目する法案可決直後の動向を、叙述的に概観することにしたい。

4 ▸ 「対中対抗法案」の背景
──QCAによる連邦上院議員の投票行動の分析

　QCAにはいくつか種類がある。扱う集合（変数）の種類による分類では、結果や原因条件を2値の集合（crisp set）を用いるcsQCAと、程度で測るファジィ集合（fuzzy set）を用いるfsQCAがある。本章で分析する結果は、賛成票を投じたか否かの2値集合になる。そのため、本章はcsQCAによる分析をおこなう。以下では、結果や原因条件をどのように2値に分けるかも含めて説明していこう。

◆結果について

　上述のUSICA法案およびCHIPS法案に関する点呼投票において、「双方の法案に賛成票を投じた」あるいは「いずれか／両方の法案に賛成票を投じなかった」を分けた原因について分析をおこなう。2つの「対中対抗法案」

双方で賛成票を投じていれば、法案の中身に差異はあれ一貫して中国に対抗的とされる法案に賛成したと判断できるからである。なお上院議員は各州に2人で、全体で100人いる。このうち、両法案に賛成票を投じたのは60人で、そうしなかった議員は40人（USICA法案にのみ賛成8人、CHIPS法案にのみ賛成4人、両法案に反対28人）であった。

◆ 原因条件群について

第2節で概観した既存研究の知見も踏まえて、本章では3つのタイプの原因条件の影響を探る。3つのタイプとは、国内政治要因、経済的要因、そして国際的な要因である。各タイプについて2つずつの具体的な原因条件を分析に組み込む。以下、どのような原因条件を分析するのか、そして各原因条件をどのように測るのかを説明していこう。

国内政治要因の1つは、党派性である。政党規律の弱いアメリカ連邦議員であっても、対外政策などにおける所属政党の影響があることを示す既存研究の蓄積については、第2節で紹介した通りである。特に、所属政党が与党であり、法案を提出した主体である場合には、賛成する傾向にある。以下の分析では原因条件「国内要因：共和党」とし、上院議員が共和党議員の場合は「1」、そうでない場合（民主党議員あるいはいずれの政党にも属さない場合[22]）は「0」とする。

国内政治要因のもう1つは、議員の政治基盤の弱さである。いかなる国であれ、現職議員にとっての最重要目標は再選である。そして中国への対立姿勢は、再選に向けた政治的なアピールになりうる。したがって、政治基盤が強い場合と弱い場合とでは、政治的アピールとなりうる「対中対抗法案」に対する態度は変わりうる。政治的支持基盤の弱い議員は様々な点でアピールが求められることから、「対中対抗法案」に賛成すると考えられる。本章では原因条件「国内政治：前回選挙で辛勝」とし、前回選挙で辛勝だった場合に当該議員は政治基盤が弱いとする。辛勝か否かの区切りは、次点候補者との獲得票の割合の差が10ポイント以下の接戦だったかどうかで判断する[23]。獲得票割合の差が10ポイント以下ということは、前回選挙での得票率が

55% 未満であったことを意味する。

　次に、経済的要因である。経済的要因の1つは、当該議員が選出された州において、中国からの輸入が全輸入に占める割合の大きさである。第2節で紹介したように、中国からの輸入の多さがアメリカやイギリスの一般市民の政治的態度に影響を与えてきたことを、既存研究は示してきた。同様に、中国からの輸入との競争に苦しむ州の議員は、中国に対立的とされる法案に賛成すると考えられる。本章では原因条件「経済：対中輸入」とする。中国からの輸入が多い州か否かは、2021年時点での輸入割合の多さで上位7州と下位43州で分けた。上位7番目のワシントン州と8番目のヴァージニア州の間には、(他の順位間の差とは異なり) 2.6ポイント以上の大きな差があり、最も適切な境目だと判断できるからである[24]。

　もう1つの経済的要因は、当該議員が選出された州において、中国への輸出が全輸出に占める割合の大きさである。中国への輸出に対する州経済の依存度が大きい場合には、中国に対立的な法案に賛成しないと考えられるからである。本章では原因条件「経済：対中輸出」とする。中国への輸出が多い州か否かは、2021年時点での輸出割合の多さで上位9州と下位41州で分けた。上位9番目のアラバマ州と10番目のノースカロライナ州の間には (他の順位間の差とは異なり) 2.7ポイント以上の大きな差があり、最も適切な境目だと判断できるからである。

　最後に、国際的な要因である。上院議員の投票行動を左右する原因は国内要因ではなく、国外要因かもしれない。本節での分析対象である2つの法案は中国への対抗が目的の1つだとされている以上、中国からの脅威が原因である可能性は十分ある。脅威の種類は2つ想定できる。1つは、大国間の覇権競争を強調する既存研究などが重視する安全保障上の脅威である。もう1つは、経済的な脅威である。これは、上で考慮した、州単位での経済的な影響とは異なる。ここで着目するのは州単位ではなく国単位での現象であり、さらにすでに受けている影響ではなく、今後における脅威の認識である。議員自身の選出された州がすでに経済的な影響を受けているかどうかと、アメリカ全体が脅威を感じているかどうかは別問題だからである。USICA法案

242　　第Ⅳ部・米中対立の理論的分析

やCHIPS法案は、まさしく半導体などの国家の競争力の今後に関わる問題である。たとえ自身の州経済に対する影響は小さかったとしても、国全体の今後の経済を憂慮することで、賛成票を投じることは十分考えられる。上院議員が中国の脅威を感じているかどうかについて、本章では、議員が所属する常設委員会で間接的に測ることとする。上院議員がどの委員会に所属するかは、各議員の希望と政党指導部の意向で決まることから、議員の思考を間接的に測ることができるといえる。さらに、所属する委員会に関連する事象に対する知識や関心を強くもつと推測できる。通商委員会に所属する議員は、中国からの経済面での脅威に対抗することに積極的だと考えられる。本章では原因条件「国際経済」とする。また、軍事委員会あるいは外交委員会のいずれか（あるいは双方）に所属する議員は、中国からの政治安全保障面での脅威に対抗することに積極的だと考えられる。本章では原因条件「国際安保」とする。

◆分析結果──「対中対抗法案」への態度を左右する必要条件と十分条件

　では、QCAによって2つのタイプの因果を分析していこう。1つは必要条件であり、もう1つは（複数の原因で構成される）十分条件である。

　まず、必要条件の分析である。ある原因が必要条件であると判断できるかどうかは、2つの基準で判断する。1つは、必要条件が存在しないにもかかわらず結果が起きた、という事例がないかである。必要条件が存在しないにもかかわらず結果が起きている場合には、その原因は必要条件とは言い難い。この基準を測る指標が「整合度」であり[25]、この整合度が0.9以上であることが必要条件であることの基準となる。もう1つの基準は、必要条件が存在した場合にどの程度の割合で結果が生じているか、である。この基準が重要なのは、どんな事例にも存在するような原因条件は、必要条件とはいい難いからである。たとえば、酸素の存在は、火事という結果の発生にとって必要条件ではあるが、些末な必要条件である。確かに酸素がなければ火事は起きない。しかし、酸素は地球上いつでもどこでも存在するものであり、酸素の有無が火事を左右しているとはいい難いからである。この基準を測る指

表10-1　必要条件の分析

| | 結果:「対中対抗法案」に賛成票 | | | |
| | 原因条件あり | | 原因条件なし | |
原因条件	整合度	被覆度	整合度	被覆度
国内政治:共和党	0.217	0.260	0.783	0.940
国内政治:共和党	0.333	0.667	0.667	0.571
国内経済:対中輸入	0.167	0.714	0.833	0.581
国内経済:対中輸出	0.167	0.556	0.833	0.61
国内経済	0.300	0.643	0.7	0.583
国内安保	0.433	0.578	0.567	0.618

| | 結果:「対中対抗法案」に非賛成票 | | | |
| | 原因条件あり | | 原因条件なし | |
原因条件	整合度	被覆度	整合度	被覆度
国内政治:共和党	0.925	0.740	0.075	0.060
国内政治:共和党	0.250	0.333	0.750	0.060
国内経済:対中輸入	0.100	0.286	0.900	0.419
国内経済:対中輸出	0.200	0.444	0.800	0.390
国内経済	0.250	0.357	0.750	0.417
国内安保	0.475	0.422	0.525	0.382

標の1つが被覆度である[26]。この値が0.5を下回る場合、その必要条件は些末な必要条件とされ、必要条件とはみなされない。

では、整合度と被覆度に沿って、分析結果（表10-1）を確認しよう。同表の上半分は、2つの「対中対抗法案」に賛成票を投じた議員の必要条件に関する分析結果である。下半分は、いずれかあるいは両方の法案に反対票を投じた議員の必要条件の分析結果である。

「整合度が0.9以上で、かつ被覆度が0.5以上」という基準で確認すると、「対中対抗法案」に賛成票の必要条件は存在しないことが分かる（表10-1上半分）。他方、表10-1下半分によれば、いずれかあるいは双方で賛成票を投じない条件については、共和党であることが必要条件である。共和党員でな

ければ、賛成票を投じ「ない」ことは (ほぼ) ないことが分かる。また、対中輸入が多く「ない」ことも、整合度の点からは必要条件であることが分かる。とはいえ、被覆度が0.5を少し下回っており、些末な必要条件と判断できる。

　以上の分析結果から、党派性が「対中対抗法案」への姿勢を左右していることが示された。とはいえ、これは必要条件であることに注意が必要である。共和党であれば賛成票を投じない、というわけではない。

　次に、十分条件の分析に移ろう。まず真理表 (表10-2) というものを作成する。真理表は、原因条件の組合せごとに行を構成する。本章の分析では、前節で説明した6つの原因条件の組合せの分析をおこなうことから、真理表は論理的には2^6で64通りの組合せで構成される。だが、実際に起こらなかった組合せは真理表から除外される。さらに、1例しか存在しなかった行についても除外した。1つだけの事例で結果を起こす／起こさない組合せと判断するのは無理があるからである。論理的には64行ありうるが、表2は19行しか存在しないことから、45通りの組合せが実際には (2例以上) 起きていないことを意味する。このような (真理表から除外される) 行のことを、論理的にはありうる原因条件の組合せであるにもかかわらず、現実に観察できないとして、論理残余 (logical remainder) と呼ぶ。

　同表の一番右の列にある十分条件の「整合度」とは、ある原因条件が存在した時に、結果がどの程度起きているかを測る指標である[27]。この整合度が0.8を下回る場合には、原因条件が存在するにもかかわらず結果が起きない事例が多すぎると判断され、その原因条件は十分条件とはみなされない。これを踏まえて、整合度が0.8を下回る行においては、表2の右から3番目の列「結果」で「0」として、その原因条件の組合せは十分条件ではないとみなしている。

　QCAでは、この真理表の「結果」で1をもたらすのがどのような組合せ (行) かを分析することになる。ここでポイントになるのが、先ほどの論理残余をどのように分析に組み込むかである。この論理残余をどう扱うか次第で、分析結果は異なってくるからである。もし、現実に起こっていない条件

表10-2　真理表

原因条件						結果		
国内政治 共和党	国内政治 前回辛勝	国内経済 対中輸入	国内経済 対中輸出	国際経済	国際安保	対中対抗 法案に賛成	事例数	整合度
0	0	0	0	0	1	1	12	1
0	1	0	0	0	0	1	6	1
0	1	0	0	1	0	1	4	1
0	0	1	0	0	0	1	3	1
0	0	0	0	1	1	1	3	1
0	0	0	1	0	0	1	2	1
0	0	1	1	0	0	1	2	1
0	0	0	0	1	0	1	2	1
0	0	0	1	0	1	1	2	1
0	0	0	0	0	0	0	6	0.667
1	0	0	0	1	1	0	2	0.5
1	1	0	0	0	0	0	5	0.4
1	0	0	0	0	0	0	9	0.333
1	0	0	0	0	1	0	8	0.25
1	1	0	0	0	1	0	4	0.25
1	1	0	0	1	1	0	4	0.25
1	0	0	1	0	0	0	6	0.167
1	0	0	0	1	0	0	4	0
1	0	1	0	0	1	0	2	0

組合せが (現実とは異なり) 実際に生じていた場合には、どのような結果がもたらされていたのか。この分析を反実仮想分析という。

　この反実仮想分析における論理残余の扱い方は、大きくいって3つある[28]。どのような原因組合せ (解と呼ぶ) を十分条件とみなすか、3通りの扱い方があるのである。1つは、事例が存在しない行では結果が起こらないものと仮定する方法で、これにより得られる解を「複雑解」と呼ぶ。複雑解は、事例が存在しない行について何の仮定もおかないことになる。もう1つは、分析結果に現れる原因条件の数や解の数が最も少なくなるように反実仮

246　｜　第Ⅳ部・米中対立の理論的分析

想を駆使して得られる解で、「節約解」と呼ぶ。そして3つめに、複雑解の間と節約解の間の解として「中間解」がある。以上3種類の解のどれが望ましいのかについてはコンセンサスがない。複雑解は、事例が存在しない行について何の仮定もおかず、その原因条件組合せがあれば必ず結果が起こるという意味で望ましい。だが、結論に含まれる解が多すぎたり長すぎたりするため解釈が困難なことが少なくない。また、その複雑な原因条件組合せの一部は存在しなかったとしても、結果は起きたかもしれない。他方、節約解は、その原因条件は存在しなくても結果は起きたのではないかという問題は避けられる。だが、結果が起こるのに必要な原因条件までも削ぎ落としてしまっているリスクがある。そして中間解は、この両者のデメリットを克服しうるものともいえるが、両者のデメリットを中途半端にしか解決できていないともいえる。

　「対中対抗法案」賛成への十分条件の分析では、複雑解どころか中間解でも、解釈が困難であった。そこで、節約解に焦点をあてる。上述したように節約解に示された解があれば、必ず結果が生じるわけではない（文字通りの十分条件ではない）かもしれない。とはいえ、中間解や複雑解には、節約解が必ず含まれるため、意味のある分析結果だといえる。

　それでは、「対中対抗法案」賛成の十分条件に関する分析結果（表10-3）をみていこう。「対中対抗法案」への賛成票をもたらす十分条件の解（原因組合せ）は5つある。いずれにおいても、共和党「ではない」ことが条件に含まれている。これに加えて、他の5つの原因条件のいずれかを同時に満たしていることで、「対中対抗法案」への賛成票が投じられる。すなわち、6つの原因条件は、いずれも（3節2項で述べた）INUS条件なのである。6つの原因条件各々が単独で存在しても、結果は生じない。しかし、共和党以外の原因条件は、共和党という原因条件と組み合わさった時にのみ、結果が生じる。すなわち、党派性以外の国内政治要因、経済要因、および国際要因は、党派性要因との組み合わせによって「対中対抗法案」への賛成をもたらすことになる。表10-3の一番下にある解被覆度が0.717であることは、すべての双方の法案への賛成票の71.7%がこの5つの解（原因組合せ）のいずれかによって生

表10-3 「対中強硬姿勢」の原因条件群

	因果経路				
	1	2	3	4	5
国内政治：共和党	◆	◆	◆	◆	◆
国内政治：前回辛勝	○				
国内経済：対中輸入		○			
国内経済：対中輸出			○		
国際経済				○	
国際安保					○
整合度	0.938	1	0.889	1	0.955
素被覆度	0.25	0.167	0.133	0.233	0.35
固有被覆度	0.1	0.05	0.033	0.033	0.2
解整合度	0.977				
解被覆度	0.717				

○ 原因条件あり　◆ 原因条件なし

じていることを示している。すなわち、「対中対抗法案」へのポジティブな姿勢は、国内政治や経済的要因などとの組合せというさまざまな背景の下で生じている現象であり、米中覇権競争といったシンプルな国際要因の構図で議論するに適した対象ではないことを示唆する。

　次に、いずれかあるいは双方の「対中対抗法案」に賛成票を投じなかった議員の分析については[29]、紙幅の関係もあり、簡潔に述べることにしよう（表も省略）。第一に、複雑解と中間解は同一である一方、節約解では解整合度が低いため (0.75)、複雑解に焦点をあてることになる。第二に、複雑解の解被覆度は0.275と非常に低い。すなわち、これらの解でカバーされない事例が全体の72.5％も存在することを意味する。第三に、解は3つ存在するが、解釈が難しい複雑な分析結果となった。得られた解は非常に複雑な組合せであること、そうした解でカバーされる事例の範囲は極めて限られている

248　　第Ⅳ部 • 米中対立の理論的分析

ことから、2つの「対中対抗法案」双方あるいはいずれかに反対票を投じる
因果の複雑さや多様さが示唆されたといえる。

5 ▶ 米中経済紛争が安全保障面に拡張したプロセス
—— 質的叙述

前節でのQCAによる分析結果は、「対中対抗法案」賛成の背景はさまざ
まであり、国内政治要因や (州レベル) 経済要因、そして国際要因の組合せ
が、上院議員の対中姿勢を左右していることを明らかにした。すなわち、米
中間の覇権競争といったシンプルな構造的要因のみによって対中姿勢が左右
されているとはいい難い。

さらに、「対中対抗法案」に賛成票を投じたアメリカ上院議員が中国敵対
一辺倒なのかといえば、必ずしもそうではない。スコット・ケネディによれ
ば、長らく議員を務める上院議員の対中姿勢はニュアンスを含むものだと
いう。ケネディは、2000年の連邦上院議会での中国の最恵国待遇に関する
法案と、2021年上院でのUSICA法案の双方で投票をおこなった13名の上
院議員を分析した[30]。13名のうち11名が双方の法案に賛成票を投じている。
だが、この11名の上院議員は、極端な親中派から極端な反中派へと姿勢を
変えたわけではない。2020年の最恵国待遇に関する法案に賛成票を投じた
上院議員たちは、ナイーブな理想主義に基づいていたわけではない。最恵国
待遇を与えた場合と与えなかった場合のどちらが総合的にポジティブな結果
をもたらすかを勘案したのであり、最恵国待遇やWTO加盟は中国の行動を
改善させる蓋然性を上げるだけで保証するものではないと強調してもいた。
逆に、2021年のUSICA法案に際しては、中国との長期的な競争に力点が置
かれており、米中関係が安定する可能性を閉ざすつもりはなかった。

すなわち、「対中対抗法案」の主な背景は中国に対する脅威認識に限らな
いことに加えて、当該法案に賛成した上院議員は中国との関係悪化を求めて
いたわけではないことが分かる。だが、だからといって当該法案が大国間対
立を悪化させないとは限らない。実際、「中国政府はアメリカ連邦議会での

議論を聞いているし、議会での中国をめぐる論争のトーンは中国の政治指導者の懐疑、誤認、そして対立のエスカレーションに寄与しうる」との指摘もある[31]。したがって、当該法案について上院でどのような発言がなされ、中国側にどのように認識されているかを探ることにしよう。

◆ アメリカ上院議員の「対中対抗法案」に対する発言

　USICA法案の点呼投票がおこなわれる直前の議場、法案の重要性を訴える最後の機会において、上院議員は何を訴えたのだろうか。経済分野に限らない中国からの脅威をアピールしていたことは明らかである。たとえば、ジョン・コーニン上院議員（共和党／テキサス州）は「近年、中国は世界秩序にとって最大の競争相手の1つとして台頭」[32]と主張した。また、トッド・ヤング上院議員（共和党／インディアナ州）も「この法案は、中国共産党のこの国に対する脅威に対抗するものだ」[33]と強調していたのである。

　CHIPS法案の点呼投票の直前の議場でも、上院議員たちは中国からの脅威を強調していた。前述のヤングは「我々は、北京の権威主義体制との大国間競争の只中におり、その中国は世界における優位をめざすとともに、民主主義を否定している」とするとともに、21世紀の経済や軍事を支配するだろうテクノロジーで進歩を遂げていると危機感を露わにした[34]。またロジャー・ウィッカー上院議員（共和党／ミシシッピ州）は、「米中間の技術的優位をめぐる競争以上に重要な競争はない。この競争の結果は、今後数十年にわたるグローバルな力関係を形作るし、すべてのアメリカ人の安全保障と繁栄に影響する」と訴えたのである[35]。

◆ 中国はどう認識・反応したか

　では、アメリカ連邦議会で「対中対抗法案」が可決されたことを、中国がどのように認識し反応したのだろうか。この点を概観しよう。

　2021年6月8日にUSICA法案が上院議会で可決された直後の6月10日、中国商務部による定例記者会見が開かれた。同法案が可決されたことに対するコメントを求められた高峰報道官は「他国を押さえつけることで自国の経

済発展を図ること、経済問題を政治化すること、ゼロサム・ゲームをおこなうことに反対する」と回答した。そして中国の全国人民代表大会外事委員会は、USICA法案を「冷戦時代の考え方とイデオロギー的偏見に満ちたもの」であり、「中国の内政に干渉し、中国の発展を封じ込めようとするものだ」と非難した。同法案は、アメリカのグローバルな覇権を維持するために「中国の脅威」をでっちあげており、技術的・経済的「デカップリング（切り離し）」を通じて中国の正当な発展の権利を奪おうとするものだと、強い不満と反対を表明した[36]。ここには、通商分野に限らない範囲でのアメリカからの脅威を認識していることが窺われる。

　さらに同日開催の第13期全国人民代表大会常務委員会第29回会議において、「中華人民共和国反外国制裁法」が可決された。同法は、中国政府幹部や中国企業に対するアメリカ等による制裁措置を受けて、中国政府が対抗措置の根拠法として制定したものである。この法案に基づき、アメリカの企業や個人に対する制裁が科されている[37]。

　そして、2022年7月27日にCHIPS法案が上院で可決した後には、中国商務部は、同法がグローバルな半導体サプライチェーンに歪みをもたらし、国際貿易を混乱させるものだとして、強く非難した。そして「冷戦時代の考え方」を思い起こさせるものだとし、もし同法が施行された場合には、自国の権利を守るための対抗措置をとるとした[38]。

　同年8月9日にバイデン大統領が署名してCHIPS・科学法が成立した後、8月18日に開かれた中国商務部による定例記者会見で、同法案可決に対するコメントを求められた束珏婷報道官は、以下のように述べた。同法は市場のルールや国際貿易のルールに反するものであり、グローバルな半導体サプライチェーンに歪みをもたらし、国際貿易を混乱させるものでもあり、強く反対する。アメリカはWTOのルールや自由で透明で無差別の原理を守るべきだ、と主張したのである。

　大橋英夫によれば、2022年10月の中国共産党第20回党大会における習近平総書記の活動報告には、従来とは異なる側面が観察されるという。従来の党大会では、改革開放を中心とする経済問題が活動報告の基調をなしてい

第10章 • 米中対立スパイラルの背景　　251

た。これに対して第20回党大会報告では、「国家安全」に対する比重が格段に高まり、「総体的安全保障の貫徹」が強調されたという。ここには、アメリカを名指しこそしていないものの、対米関係を意識したものと論じている[39]。

　そしてその後も、中国側の批判のトーンは上がった[40]。商務部の束珏婷報道官は「アメリカは国家安全保障の概念を拡大し続け、輸出規制を乱用している」とアメリカを非難し、江西省于都県政府はCHIPS・科学法を「経済的テロリズム」とさえ呼んだ。そしてCHIPS・科学法に対する具体的な対抗策として、中国政府は同年12月、中国の半導体企業などを支援するための1480億ドル規模の政策を発表した[41]。さらに2023年3月23日、中国政府は重要なインフラプロジェクトにおいてアメリカのマイクロン社の半導体を使用することを禁止した。同社の半導体は「ネットワーク上の大きなセキュリティリスク」であり、「国家安全保障」に影響しうるとした。この政策はアメリカ政府による半導体産業支援策に対する明らかなしっぺ返し政策であり、国家安全保障上の懸念に触れた稀な例であることから、CHIPS・科学法などのアメリカ政府の対中対抗的とされる通商政策への中国政府の対応の変化を示唆するとの指摘がなされている[42]。

　「対中対抗法案」への賛成票を投じた上院議員には多様な背景があり、賛成票を投じた上院議員には中国との敵対関係を強めたい意向があったわけではない。だが、法案をめぐる議論では、上院議員によっては経済のみならず安全保障や政治体制における中国の脅威を強調する議論も展開された。こうしたアメリカ議会のトーンを踏まえて、中国側もアメリカ側からの脅威を認識して、対抗策をとってきた。このようにして、「対中対抗経済法案」を切り口に、米中対立のエスカレートの一端が垣間みられた。

6 ▶ 「安全保障のジレンマ」の背景からみえてきたこと

　本章は、米中対立のスパイラルがなぜ生じたのかを探ることを目的に、2つの問いに取り組んだ。1つは、どのような上院議員が「対中対抗経済法案」

に賛成したのかである。もう1つは、当該法案は中国からどのような反応を引き起こしたのかである。既存研究の論争を踏まえて複雑な因果関係を想定した本章では、前者の問いに答えるためにQCAという新たなアプローチを採用した。後者の問いに対しては、質的にプロセスを捉えることを試みた。

QCAによる分析の結果、アメリカ上院議員が「対中対抗法案」に賛成する背景は、覇権競争といった国際レベルでの対立でシンプルに理解できるようなものではないことが明らかになった。すなわち、「中国台頭に対する恐れや中国の意図に対する不安が、アメリカ上院の対中対抗姿勢を引き起こしている」という単純な理解では不十分である。少なくともその背景には、国内政治や経済的要因といった国内要因との組合せという文脈が横たわっているのである。

だが、当該法案の成立後に中国側が示してきた認識や反応は、こうした国内要因を含む様々な背景から起因したアメリカの姿勢が米中対立を高めたことを示唆した。アメリカ国内に起因するから報復を考える必要はない、と中国側が考えるわけではない。

すなわち、米中対立は「安全保障のジレンマ」の様相を呈しているようにみえるが、その契機はいわゆる安全保障のジレンマが想定するような他国の国力や意図に対する不安（だけ）ではない。それにもかかわらず、安全保障のジレンマの想定するメカニズムは駆動し始めている。米中対立の今後を考えるには、国内要因を含めた多様な側面と質的なプロセスの両面をにらみ続ける必要があるといえるだろう。

注

1 —— Chad P. Bown, "The US–China trade war and Phase One agreement," *Journal of Policy Modeling*, Vol. 43, No. 4, 2021.

2 —— アメリカのトランプおよびジョー・バイデン政権の対中半導体政策を多様な主体に着目しながら分析したものとして、以下を参照のこと。大矢根聡「トランプ・バイデン政権の対中半導体紛争——相互依存の武器化と粘着性」『国際政治』213号、2024年。

3 —— John H. Herz, "Idealist Internationalism and the Security Dilemma," *World Politics*, Vol.

2, No. 2, 1950; Robert Jervis, "Cooperation under the Security Dilemma," *World Politics*, Vol. 30, No. 2, 1978.

4 ── Graham Allison, *Destined for War: Can America and China escape Thucydides' Trap?* Houghton Mifflin Harcourt, 2017; Hal Brands and Michael Beckley, *Danger Zone: The Coming Conflict with China*, W. W. Norton & Company, 2022.

5 ── David H. Autor, David Dorn, and Gordon H. Hanson, "The China Syndrome: Local Labor Market Effects of Import Competition in the United States," *American Economic Review*, Vol. 103, No. 6, 2013.

6 ── Italo Colantone and Piero Stanig, "Global Competition and Brexit," *American Political Science Review*, Vol. 112, No. 2, 2018.

7 ── John Seungmin Kuk, Deborah Seligsohn and Jiakun Jack Zhang, "From Tiananmen to Outsourcing: the Effect of Rising Import Competition on Congressional Voting Towards China," *Journal of Contemporary China*, Vol. 27, No. 109, 2018.

8 ── Emily J. Blanchard, Chad P. Bown, and Davin Chor, "Did Trump's trade war impact the 2018 election?" *NBER Working Paper* No. 26434, National Bureau of Economic Research, 2019; Sung Eun Kim and Yotam Margalit, "Tariffs as electoral weapons: the political geography of the US–China trade war," *International Organization*, Vol. 75, No.1, 2021.

9 ── Edward D. Mansfield and Omer Solodoch, "Political Costs of Trade War Tariffs," *Journal of Politics*, Vol. 86, No. 3, 2024. ここで示されたのは、一般市民の貿易選好を左右する原因を探ってきた多くの既存研究の知見に沿うものでもある。既存研究によれば、人々の貿易選好を左右する経済的な原因としては、個人にとっての善し悪しを重視する個人志向的（egotropic）なもの以上に、社会全体にとっての善し悪しを重視する社会志向的（sociotropic）なものの方が大きいことが示されている。主な研究として、Edward D. Mansfield and Diana C. Mutz, "Support for Free Trade: Self-Interest, Sociotropic Politics, and Out-Group Anxiety," *International Organization*, Vol. 63, No. 3, 2009; Xiaobo Lü, Kenneth Scheve, and Matthew J. Slaughter, "Inequity Aversion and the International Distribution of Trade Protection," *American Journal of Political Science*, Vol. 56, No. 3, 2012; 大矢根聡・大西裕編著『FTA・TPPの政治学──貿易自由化と安全保障・社会保障』有斐閣、2016年。

10 ── 杉之原真子「海外直接投資規制と米中対立──米議会の動向を中心に」『RIETI Discussion Paper Series』23-J-024、2023年。

11 ── Adam Bonica, "Ideology and Interests in the Political Marketplace," *American Journal of Political Science*, Vol. 57, No. 2 2013; Nolan McCarty, Keith T. Poole, and Howard Rosenthal, *Polarized America: The Dance of Ideology and Unequal Riches*, MIT Press, 2016.

12 ── David Autor, David Dorn, Gordon Hanson, and Kaveh Majlesi, "Importing Political Polarization? The Electoral Consequences of Rising Trade Exposure," *American Economic Review*, Vol. 110, No. 10, 2020.

13 ── Tao Xie, "Congressional Roll Call Voting on China Trade Policy," *American Politics*

Research, Vol. 34, No. 6, 2006.

14——西山隆行「アメリカの対外政策の変容と国際秩序」『国際政治』213号、2024年；Robert Lieber, "Politics stops at the water's edge? Not recently," in Daniel J. Hopkins and John Sides, eds., *Political Polarization in American Politics*, Bloomsbury Publishing, 2015.

15——James D. Bryan and Jordan Tama, "The prevalence of bipartisanship in U.S. foreign policy: an analysis of important congressional votes," *International Politics*, Vol. 59, No. 5, 2022.

16——Christopher Carothers and Taiyi Sun, "Bipartisanship on China in a polarized America," *International Relations*, forthcoming.

17——Gyung-Ho Jeong and Paul J. Quirk, "Division at the Water's Edge: The Polarization of Foreign Policy," *American Politics Research*, Vol. 47, No. 1, 2019.

18——Masafumi Fujita and Terumasa Tomita, "Money Isn't Everything: The Impact of Ideology on Congressional Trade Policy Making,"『東京大学アメリカ太平洋研究』第22号、2022年。ただし、当該論文の分析対象は2000年と2015年との比較であるため、近年の傾向を反映していない可能性もある。

19——INUSは Insufficient but Necessary part of a condition which is itself Unnecessary but Sufficient for the result の略である。

20——だが、安全対策に手抜かりがあっても（たとえば運転技術の高さがあれば）事故による怪我の頻度は低い場合も考えられる。

21——邦語でも入手できるQCAの代表的な教科書として、2冊を挙げておく。Benoît Rihoux and Charles C. Ragin, *Configurational Comparative Methods: Qualitative Comparative Analysis (QCA) and Related Techniques*, Sage, 2009（石田淳・齋藤圭介監訳『質的比較分析(QCA)と関連手法入門』晃洋書房、2016年）；Patrick A. Mello, *Qualitative Comparative Analysis*, Georgetown University Press, 2020（東伸一・横山斉理訳『質的比較分析（QCA）——リサーチ・デザインと実践』千倉書房、2023年).

22——数多くの既存研究で利用されてきた政治的イデオロギーの指標「nominate_dim1」において、すべての共和党上院議員はプラスの値であるのに対して、共和党に属さないすべての上院議員はマイナスの値である。

23——この基準で政治的基盤の弱い議員は、100人中30人である。

24——この区切りをどこに置くかの基準としてもっとも単純なのは、平均値や中央値であろう。たがここで重要なのは、原因条件を分ける区切りの前後で意味のある差異が存在することである。（本章の分析例のように）平均値や中央値の前後で分けた場合にその前後の差が微々たるものであるならば、その間に意味のある差はないものと考えられる。

25——必要条件の整合度は「必要条件が存在して、かつ結果が生じている事例」の数を、「結果が生じているすべての事例」の数で割って算出される。

26——必要条件の被覆度は、「必要条件が存在し、かつ結果が起きた事例」の数を、「必要条件が存在するすべての事例」の数で割って算出される。

27——十分条件の整合度は「十分条件が存在して、かつ結果が生じている事例」の数を、「十分条件が存在するすべての事例」の数で割って算出される。

28——この辺りの考え方を概説したものとして、たとえば以下を参照のこと。藤田泰昌「多様で複雑な因果をどう捉えるか——質的比較分析（QCA）の方法論的発展は何をもたらしたのか」『経営行動科学』34巻3号、2023年。

29——集合論の分析をおこなうQCAでは、「結果あり」の原因の裏返しが、「結果なし」の原因とはならない。そのため、別途分析をおこなう必要がある。

30——Scott Kennedy, "Congress on China: Then and Now," Center for Strategic and International Studies, 2021 <https://www.csis.org/blogs/trustee-china-hand/congress-china-then-and-now>.

31——Christopher S. Chivvis and Hannah Miller, "The Role of Congress in U.S.-China Relations," *The Carnegie Endowment for International Peace Working Paper*, 2023 <https://carnegie-production-assets.s3.amazonaws.com/static/files/Chivvis_Congress_and_China.pdf>.

32——アメリカ連邦上院議会議事録（June 8, 2021）S3973.

33——アメリカ連邦上院議会議事録（June 8, 2021）S3979.

34——アメリカ連邦上院議会議事録（July 27, 2022）S3710.

35——アメリカ連邦上院議会議事録（July 27, 2022）S3712.

36——"China's NPC says US innovation and competition act is doomed to fail," Jun 09, 2021, *Global Times*. <https://www.globaltimes.cn/page/202106/1225798.shtml>. なお、2022年2月に下院で米国競争法案が可決された際にも、全国人民代表大会外事委員会はUSICA法案可決の際と同様の反発を示した。"Top legislature slams U.S. bill with negative China content," Feb. 9, 2022, *Xinhua*. <https://subsites.chinadaily.com.cn/npc/2022-02/09/c_785304.htm>.

37——河野円洋「中国が「ウイグル問題」に関する措置に対抗、アメリカの企業1社、個人2人に制裁」『ジェトロ・ビジネス短信』、2024年 <https://www.jetro.go.jp/biznews/2024/01/9e0bc2db2a57b834.html>.

38——"China Says US Chip Act Will Harm Supply Chain, Global Trade," July 29, 2022, *Asia Financial*, <https://www.asiafinancial.com/china-says-us-chip-act-will-harm-supply-chain-global-trade>.

39——大橋英夫「米国の対中戦略と中国の対応」馬田啓一・浦田秀次郎・木村福成編著『変質するグローバル化と世界経済秩序の行方——米中対立とウクライナ危機による新たな構図』文眞堂、2024年。

40——SZ Tan and Peter W. Singer, "How China Is Trying to Turn the US CHIPS Act to Its Favor: A strategic messaging campaign portrays the new law as a counterproductive and lawless act," *DEFENSE ONE*, November 16, 2022 <https://www.defenseone.com/ideas/2022/11/how-china-trying-turn-us-chips-act-its-favor/379828/>.

41——Stanley Chao, "For the CHIPS Act to work, stop bashing China: New provisions restrict with 'foreign countries of concern'," *Supply Chain Management Review*, Mar. 17, 2023 <https://www.scmr.com/article/for_the_chips_act_to_work_stop_bashing_china>.

42—— Poornima Weerasekara and Luna Lin, "Analysis: China Steps Up Response to US Chip Moves but Economic Reality Limits How Far," *Barrons/ Agence France-Presse*, May 25, 2023 <https://www.voanews.com/a/analysis-china-steps-up-response-to-us-chip-moves-but-economic-reality-limits-how-far/7108445.html>.

終_章

共振する不安の間
――米中の対策と錯誤の連鎖

大矢根聡 OYANE Satoshi

1 ▸ 国際構造の変化、国内社会の不安

　本書が描きだした米中対立は、単に衰退する主要国と台頭する新興国の衝突、あるいは覇権争いではなかった。両国は自国のパワーの盛衰状況を客観的に計測し、合理的、戦略的に対峙していたとはいいがたい。また、本書の示した米中対立は、両国首脳が個性的な信条、ひいては野心をぶつけあった現象でもなかった。一見対照的なドナルド・トランプとジョー・バイデンも、意外なほど共通する対中政策を展開していた。また習近平は、個人的信条に基づいて新機軸を打ち出したというより、既定路線の延長上で政策を展開していた。

　本書の各章は、先入観にとらわれず、米中の政治過程を実態的に分析した。それぞれの分析は、緻密で実証的なものである。そこに浮かび上がったのは、両国が冷戦後の国際協調と繁栄を推進し、その成果を享受しながらも、負の影響を被り、国内の社会不安に対応しあぐねる姿であった。その国内問題に対応するため、両政府は自国産業の強化や自立化を企図した。しかし相手国は、それを自国に対する牽制や対抗だと受け取り、互いに警戒感や脅威感を抱いた。それが連鎖反応を起こし、両国は対立のスパイラルに陥ったのである。

　すなわち、冷戦後の国際的趨勢、特に経済的グローバル化のもとで、両国

終章◆共振する不安の間 | 259

はともに経済成長に顕著な成果をあげた。またアメリカは、世界的な自由化・民主化に期待を寄せ、その趨勢を享受し、中国も一定の自由化を受け入れた。そのような両国が、回帰的に国際的趨勢を協調して支える、という好循環が成立した。

しかし同時に、アメリカは中国の急速な台頭に直面し、その中国も、期待する国際的地位を獲得するには至らなかった。それにもまして、両国が深刻に受けとめたのは、グローバル化に対する国内経済の脆弱性であり、それは経済格差の拡大、雇用の減退、生活水準の低下などに表れた。それらは、程度の差はあれ、両国の社会不安を広げ、政治的な不満や分断にもつながった。両国の多くの人々が、自国の国内社会や国際的な立場が揺らぎ、良からぬ異変が生じつつあると感じるに至っている。

それを指摘した研究も現れている。例えばダイアナ・C・マッツは、貿易政策に関する投票行動に関して、人々が個人的利害を優先する自己中心的 (egocentric) な動機ではなく、社会全体のあり方に関する社会志向的 (sociotropic) な動機によって行動していると論じている。また彼女らは、人々がナショナリズムに基づいて対外的な評価と、それに基づく道徳的な (対外的) 排除を示す傾向をも論証している[1]。

こうした社会不安に対処すべく、米中政府は産業の支援、研究開発の補助、対外経済交流の制限などを進めた。また中国では、そのために政府の権限強化、社会統制の厳格化も進めた。両国は元来、グローバル化の負の作用から自国経済を防御することを主目的としていたが、他方の国は、自らに対する挑戦的、対抗的な動機を秘めたものと受け取りがちであった。この受け止め方もまた、社会不安とそれによる政治状況に影響されていた。両国の政府首脳や政治家は、しばしば過激な言説を口にし、強硬な措置を唱えて、相手国の懸念を煽ったのである。こうした懸念や脅威認識に基づいて、両国は対応策を加速し、追加し、それらがまた相手国に懸念や脅威を与える、という悪循環が展開した。

すなわち、国際構造の変化と連動して、両国国内の社会不安が互いに共振し、その狭間で「安全保障のジレンマ」が発生したのである。そうであるが

ゆえに、両国の対立は、各分野におけるパワー盛衰の実態とは必ずしも合致せず、より早く、より厳しい形で現出している。

本章の各章は、こうした米中対立像を裏づける知見を提示している。以下の第2節では、その各章の要旨を簡潔に再確認する。その上で、第3節において、このような米中対立を適切に捉える分析枠組みを論じて、本書を閉じたい。

2▶ 各章の議論

本書の第Ⅰ・Ⅱ部では、米中の政策やその政治過程を実態的に解明するため、まず中長期的な歴史的文脈に今日の局面を位置づけた。また、対立の焦点となっている政策や、その背景の政治状況を分析した。第Ⅲ部は、その対立が波及効果をもち、日本やアメリカ自身が国際的課題に対応する際に現れた、複雑な状況を描きだした。続く第Ⅳ部は理論的な分析であるが、結果的にやはり各章の実態的分析と整合する議論を提起している。

各章を振り返り、その要旨を再確認したい。本書の序章「米中対立をどう捉えるか──覇権競合・体制異質論か錯誤連鎖論か」（大矢根聡）は、各章に先立って分析の枠組みを検討した。まず、アメリカや日本における有力説の理論的前提を吟味し、そこにみられる覇権競合論と体制異質論の論理構成と限界を確認した。その上で、その限界を乗り越えるアプローチとして安全保障のジレンマ論を取り上げ、米中対立の分析に援用する意義を論じた。この理論は元来、その名が示すように経済問題の分析を想定していないが、それが可能になっている今日的状況も指摘した。そして、このアプローチの妥当性を確認するため、米中半導体紛争を具体的事例として取り上げ、分析してみた。

その結果、米中対立の奇妙な姿が浮き彫りになった。その対立は、両国の直接的衝突というよりも、双方の単独行動の応酬過程だったのである。中国の行動にアメリカが脅威を覚え、それに対抗すると、さらなる中国の対抗を呼び起こしていった。こうして半導体分野では、中国産業の規模や競争力が

アメリカに匹敵していない段階において、すなわち覇権競争が本格化する前の段階で、米中対立が表面化したのである。

◆ アメリカの対中政策とその文脈

　第1章は「バイデン政権の中国政策とその歴史的位相」(佐々木卓也)と題し、特にジョー・バイデン政権の対中政策を検討し、戦後アメリカ外交の歴史的文脈に位置づけた。そのために各政権の対中政策を辿り、それに影響を及ぼした連邦議会の動きにも着目している。執筆者の佐々木によると、アメリカの対中政策はある種のサイクルを示しており、一旦は協調に期待するものの、その失望から厳しい政策へと転換する、という展開を反復していた。今日の状況は、この後者の局面にあたる。このサイクルのなかで、議会は政府と異なる立場をとり、政府と対中強硬姿勢を競いあっていた。

　すなわち、冷戦初期のアメリカ政府は、議会に発したマッカーシズムを背景に、中国の国内体制やイデオロギーを批判した。しかも政府は、中国に精通した専門家を欠き、朝鮮戦争やベトナム戦争などでは中国の膨張を過度に警戒した。しかし1972年、リチャード・ニクソン大統領が舵を切り、訪中を断行して新たな関係を築く。それは、中国の国内体制を問題視せず、国際関係のパワー・ポリティクス的発想に依拠した判断であった。しかし、それに伴う台湾との断交をめぐって、議会が反発し、独自の対中対応に踏み出す契機となった。天安門事件の後も、ジョージ・W・ブッシュ政権を始め、政府は穏健な対応を維持したが、議会は強い態度を要求した。議員は反共から対中貿易による雇用不安まで、多様な関心を抱きつつも、強硬姿勢では共通性を示したのである。

　2000年代には中国が経済的・軍事的に台頭し、アメリカで苛立ちが強まった。バラク・オバマ政権は対抗措置をとりつつも穏健姿勢を維持したが、第1次ドナルド・トランプ政権が分岐点になった。この政権は『国家安全保障戦略』で中国を現状変更勢力に位置づけ、また中国製通信機器をアメリカ市場から締め出したのである。バイデン政権も厳しい対中政策を踏襲し、対中エンゲージメント(関与)政策の幕を引いたが、前トランプ政権とは

違い、同盟国や友好国と協調して対処した。同時に議会が対中警戒感を一層強め、対中世論も厳しさを増していた。それを背景にして、バイデン政権は前政権と同じく自由貿易に背を向け、国内産業の保護措置を打ち出していると、本章は論じている。

こうした強硬な議会に関して、政党政治をクローズアップし、その社会的背景を論じたのが**第2章「アメリカにおける対中強硬論と自由貿易不信——その社会的背景と政党政治」**（西山隆行）である。本章は、政党の異なるトランプ政権とバイデン政権が貿易政策・対中政策で収斂し、議会の左右両派も共通した対中態度をとるのはなぜか、問うた。その際に執筆者の西山は、社会や政治の分断が顕著な点、それを反映して議会で民主党と共和党の勢力が拮抗し、また両党内部で対立が顕在化している点に着目した。

両党の勢力が拮抗しているため、投票において議員は党の方針に応じているという。同時に、党の合意を形成する際には、極端派や外交に無関心の層の意向も踏まえざるをえなくなっている。その結果、対中強硬論が表面化しやすいのである。

また本章によれば、両党は貿易政策において、白人労働者層の動向の影響を受けている。この白人労働者層は、グローバル化によって中間層の所得が伸び悩む中で、特に打撃を被った。トランプ大統領（候補）はこの層の認識に則して、対中貿易の影響を誇張し、厳しい対中政策によってアメリカに製造業を取り戻すと主張した。この白人労働者の対中認識は根強く、両党とも自由貿易を主張できず、対中強硬策を示す他ない状況だという。自由貿易は元来、富を拡大し、その恩恵を受けた層も存在する。しかしそれは一部の資産家であり、自由貿易政策の基盤たりえないと、西山は指摘している。

第3章「アメリカの産業政策——米中対立下の政策決定と連邦議会」（杉之原真子）は、そのような議会において、対中対抗法案とされる半導体産業の支援法案（後のCHIPS・科学法）が審議された過程を分析し、法案の成立要因を解明した。その結果、対中対抗のみが要因ではない点が明らかになった。

冷戦期のアメリカ政府は、ソ連との競争のため、半導体産業を積極的に支援していた。しかし1980年代に入ると、新自由主義の影響もあって市場介

入が控えられ、1990年代以降は民間主導で産業が発展した。それがトランプ政権の時期になると、ハイテクの安全保障上の重要性、中国の産業政策『中国製造2025』などが作用し、変化が生じた。それが、議会における半導体産業の支援法案に結実した。

　議会で法案が浮上した際、超党派の対中警戒感が広がっていた。にもかかわらず、法案の審議は難航する。杉之原によると、第一に、対中強硬派の共和党議員も、対中対抗よりも民主党との党派対立を優先し、両党間の調整に抵抗したのである。特に議会下院の法案は民主党左派の影響を受けており、共和党議員に抵抗感があった。第二に、法案の審議過程において、各議員は選挙区の科学技術振興プログラムに資金を回そうとし、法案の修正を図った。対中対抗を隠れ蓑にした利益誘導であった。法案を推進したのは、半導体工場の新設計画のある州の選出議員だったという。工場新設による地元利益を期待したのであり、議員の行動は選挙戦略に影響されていたのである。

◆中国の対アメリカ政策とその文脈

　アメリカ側が懸念を抱いた中国の産業政策は、第4〜6章が異なる観点と方法で扱っている。まず、**第4章「中国のグローバル化——経済発展と党の指導との葛藤」**（青山瑠妙）は、中国がグローバル化の最大の受益者であり、その影響で政治的民主化に向かう兆しを垣間見せながらも、結局は政治的引き締めを図った要因を考察している。

　グローバル化は経済成長を促すと同時に、打撃も及ぼした。中国ではグローバル化の政治や文化、イデオロギーへの影響、ひいては国内体制への深刻な影響が論争になったと、青山は指摘している。とはいえ中国政府は、グローバル化を不可避的な趨勢として受け入れ、国内で十分なコンセンサスが成立しないままWTO（世界貿易機関）に加入した。しかし、経済格差と社会の不平等感が広がり、世論も分裂した。そこで中国政府は、グローバル化に基づく市場メカニズムを維持しながらも、自国経済の自主、自力更生の方針を重視し、公有制経済の確保を図ろうとした。

　他方で、グローバル化の延長線上で2008年に世界金融危機が発生すると、

中国政府は景気刺激策をとり、その影響で国有企業が膨張した。この頃、戦略的な新興産業の育成が課題になり、その観点から国有企業を支援する方針が定まった。この方針は習近平政権の誕生以前に決定しており、習政権も踏襲した。ただし、経済格差が拡大するなかで国営企業を支援すると、社会的に不均衡が生じかねず、また公的支援は官僚・企業幹部間の癒着を生んだ。このような中で社会不安が増し、習政権を悩ませる問題となったという。

　そこで習近平政権は2014年4月、総体安全保障観という概念を提起した。それは国民の安全、政治や経済の安全を掲げ、また国有企業の国際競争力強化を目標としていた。習近平政権が一見、改革開放に逆行する統制的政策をとったのも、グローバル化によって政権の正当性や統治能力が脅かされ、危機感を抱いて対応したためであった。

　そのような産業政策に照準を合わせたのが第5章であり、「日米摩擦と米中摩擦──産業政策の経済分析から評価する」（渡邉真理子）と題している。本章は中国の産業政策を日本のそれと比較し、意外なほど類似していると指摘している。両国とも開発主義的な政策を採用し、その結果として過剰生産、ダンピングなどを伴い、対米摩擦に発展した。中国は日本と同様の問題に直面し、日本の産業政策分析から導かれた処方箋に従って動いていると、渡邉は論じた。

　産業政策の前提にある開発主義は、経済全体としての収穫逓増を国家が意識的に利用し、産業構造の転換を通じて経済厚生を引き上げる思想を指す。そのための産業政策は一概に否定できず、小国の場合は世界貿易・投資に影響をほぼ与えないため、経済学上も許容されているという。しかし大国が産業政策を推進し、規模の経済を有する新技術の利益を独占すれば、競合国がともに輸出増加を競うエスカレーションに陥る。その影響は国境を越え、他国の社会に緊張を及ぼしかねない。

　日本の産業政策も社会的緊張を及ぼし、それが日米摩擦に帰結した。その際、国際制度としてのGATT（関税と貿易に関する一般協定）が公平な市場参入や投資のルールを備えていなかったため、日米は交渉によって政治的妥結を図るしかなかった。これに対して中国はWTOを利用でき、その交渉コスト

を負担せずにすんだという。

米中摩擦において、アメリカは中国の産業政策がアメリカの社会経済に打撃を与えると批判した。しかし中国は、経済厚生のために産業政策を実施しており、研究開発には市場の失敗があるため、自国産業を育成する権利があると主張した。これに関連して渡邉は、中国が新興国でありながら大国であり、その対外的な社会的緊張を規律する国際ルールが存在しない点を問題視している。中国自身もアメリカの対応に危機感を抱いており、国際ルールの構築が必要であると、本章は論じている。

中国の産業政策は、対外政策としても展開した。**第6章「『一帯一路』におけるインフラ輸出と米中関係──産業政策の視点から読み解く」**(李彦銘)は、一帯一路構想を外交政策・秩序構想としてではなく、産業政策として検討した。

李によると、一帯一路構想による投資はインフラを中核とし、鉄鋼・重化学工業などの製造装備業に重点を置いていた。それに関連する産業構造調整指導目録はWTOに則しており、直接的な補助金や行政指導ではなく、政策的な誘導に基づいていたという。

2000年代初期、中国ではWTO加入に伴って外資が流入し、自国の工業基盤がコントロールされかねないと、ラテンアメリカ化が懸念されていた。それもあって、装備製造業は産業高度化や経済的安全のために重視され、一帯一路はその観点からも期待されたのである。

ただし、アメリカは一帯一路について、経済性を度外視し、地政学的な影響力拡大を企図していると受けとめた。これに対して中国国内では、アメリカの一帯一路参加を歓迎すべきだという提言がなされ、実際にアメリカは、一帯一路サミットに参加することになる。また、中国は第三国支援について、他の先進国と協力した。他方で発展途上国は、民主化を融資条件にしない点など、一帯一路をより平等な南南協力として受けとめて歓迎した。

本章は、こうした一帯一路の延長線上で『中国製造2025』も捉えている。2008年からのグローバルな金融危機を受けて、各国が製造業の振興策を打ち出す中で、中国も国内経済に関する危機意識から対応したという。ただし

執筆者の李は、中国でも産業政策の効果について明確な認識が成立しておらず、その曖昧さがアメリカの疑念を喚起したと論じている。

◆米中対立の波及

米中間の対立は国際的な波及効果を伴い、各国に複雑な影を投げかけた。また米中自身が課題に対応する場合も、回帰的に作用した。それを扱ったのが第7・8章である。第7章「日本のミャンマー政策と米中対立──『自由で開かれたインド太平洋』の同床異夢」（服部龍二）は、日本外交における逆説的な動きについて、情報公開請求で得た外務省文書を駆使しつつ明確化した。

米中が対立すると、日本は安全保障の点で対米協調を、経済の点で対中関係も重視せざるをえず、ジレンマに陥る。本章を執筆した服部が着目したのは、民主主義や人権など価値をめぐる外交である。この点で日本はアメリカに近いため、中国が権威主義的体制を強化し、途上国の軍事政権と関係を保持している点に批判の目を向けて不思議ではなかった。しかしミャンマー外交をめぐって、日本はこれに反する立場をとった。2021年に軍事クーデタを起こし、人権蹂躙を続ける国軍に対して、欧米諸国は厳しい経済制裁を科した。しかし日本は制裁を実施せず、国軍との「太いパイプ」を維持したのである。

外務省はODA（政府開発援助）の停止にも慎重で、むしろ国軍との関係を活かそうとした。民間の日本財団や日本ミャンマー協会も国軍と交流を続けた。その際に日本政府は、ミャンマー国軍との交流を中断すれば、国軍が中国と関係を強め、ミャンマーが民主主義諸国から遠ざかると、独自の論理を展開した。また日本ミャンマー協会も、アメリカはミャンマーに直接的利害をもたないが、中国はアメリカに対抗する政治力・経済力を有しており、日本は独自の選択をすべきだと判断していた。

服部は、日本が独自の選択をした要因を3点指摘している。第一に、日本は対中経済関係を見直し、企業を中国から他国に分散するために、ミャンマーをアジア最後のフロンティアに位置づけた。第二に、官僚政治の慣性や

終章●共振する不安の間　267

セクショナリズムが作用し、外務省がODAを継続した。第三には、日本財団や日本ミャンマー協会など、人権や民主主義を重視せず、国軍と太いパイプをもつ民間主体が関与した。こうして日本は、対中牽制を念頭に置いた「自由で開かれたインド太平洋」構想をアメリカと共有しつつも、同床異夢に陥ったのである。

第8章「気候変動問題をめぐる米中協力と米中経済摩擦——脱炭素化のジレンマに直面するアメリカ」（小尾美千代）は、対中対立によって、アメリカ自身が地球環境問題に対応しあぐねた様相を描いている。米中は温室効果ガス排出量が世界第1・第2であり、気候変動問題をめぐって多国間・2国間の協調を進めていた。しかしアメリカ国内では、中国の研究開発能力に警戒感が高まり、議会が米中間の協力協定の破棄を求めた。またアメリカ政府は、米中対立が激化する中で対中貿易規制を拡大し、太陽光発電パネルやEV（電気自動車）も反ダンピング税、相殺関税などの対象にした。

とはいえ、中国企業はアジア各地に事業をシフトして対米輸出を続けたため、その輸入規制が課題になった。他方でバイデン政権は、気候変動対策を経済成長に活かすため、国内産業を支援し、雇用の拡大、エネルギー安全保障の強化などを企図していた。しかし、アメリカ産業は中国製品を十分に代替できず、太陽光発電製品の供給の必要から、アメリカ政府は一時的な対中輸入を認めざるをえなくなる。にもかかわらず議会は、政治的分断を背景にして、それを否定した。その結果、太陽光発電製品の価格が上昇し、バイデン政権の推進する脱炭素化が阻害されるというジレンマに陥ったのである。

◆米中対立の理論的分析

残る2章は、具体的な現象と一定の距離をとり、理論的、方法論的に対立要因を模索した。第9章「自由主義的相互依存の蹉跌——米中対立の構成的側面に着目して」（和田洋典）は、既存の理論的パラダイムに基づく分析である。リベラリズム（自由主義）の理論によれば、米中は緊密な相互依存関係にあるため、対立が抑制されるはずであった。しかし今日、リアリズム（現実主義）に基づく説明が一般化し、米中の覇権競合、あるいは中国の対米戦略

を重視する大戦略論が目立つという。前者はジョン・ミアシャイマーやグレアム・アリソンなどの議論であり、和田はそれが勢いを得ている背景を検討した。また後者の大戦略論は、中国が長期的にアメリカを凌駕する目標を定めているとし、中国共産党の異質性や敵対性を強調していた。

本章は、中国におけるアメリカ研究者の議論も概観した。それらは、アメリカが国内格差や排他的ナショナリズムを制御できず、また覇権の更新に取り組まざるをえず、対中強硬姿勢をとっていると論じていた。

こうした米中の議論は、政策決定者の見解や世論の動向と整合しているとし、和田は、そこに米中間の共有認識空間の成立を見出している。双方が、覇権や勢力移行などの観点から現実を捉え、行動する状況になっているためである。両国において、敵対を当然視する認識が定着しており、具体的な案件や分野毎に調整するのは難しい状況だという。和田は対立緩和の方策として、相互依存を調整して両国間に一定の距離を確保する方法、また両国の共有認識を逆手に取り、その共通性を軸に敵対視の修正を模索する方法などを提起している。

同章に対して、**第10章「米中対立スパイラルの背景──質的比較分析（QCA）からのアプローチ」**（藤田泰昌）の分析はミクロ的であり、対立要因として覇権競争、対中輸入の拡大のような経済的要因、議会の分断のような国内政治要因を検討した。その際に藤田は、最大の要因を特定するのでなく、3要因の複合的作用の把握を試みた。その手法として、本章はQCAを用い、分析対象には、対中対抗法案に関するアメリカ上院議員の姿勢を選んでいる。

分析の結果、対中対抗法案に対する上院議員の賛成は、国内政治や経済要因の組み合わせで成立しており、覇権競争のようなシンプルな要因を想定した議論は適していないという。逆に、議員が法案に賛成しなかった要因は、さらに解釈し難い複雑な要因の結果であり、やはり議員の行動は対中敵対のみでは説明できないという。このQCAによる分析結果は、第2章のCHIPS・科学法に関する叙述的分析とも整合的である。

本章は、この議会の動きを米中対立プロセスの一局面に位置づけ、法案に

終章◆共振する不安の間　269

対する中国の反応も補完的に検証している。それによると、アメリカにおける法案推進の要因は対中対抗に限られなかったが、中国側は対中対抗の動きと受けとめ、脅威と認識した。しかも、その認識が具体的行動に表われ、中国のインフラ・プロジェクトにおいてアメリカのマイクロン製半導体の使用を禁じるなど、対抗的措置をとるに及んだ。こうして、米中間で対立のスパイラルが発生していると、本章は指摘している。

分析の方法
3▶ ——「安全保障のジレンマ」の重層的構成、アメリカと日本のIR

◆「安全保障のジレンマ」の重層的構成

　本書の多くの章は、米中対立の分析を通じて、両国間で安全保障のジレンマ、もしくはそれに類する現象が生じているという理解に至った。とはいえ、安全保障のジレンマ論は元来、軍事的な安全保障をめぐる2国間関係を対象としていた。またそれは、脅威認識の要因について、兵器や行動の攻撃性と防御性に照準をあわせていた[2]。しかし本書の分析によれば、国際構造とそれが米中の国内社会に及ぼした影響を考慮せずには、米中対立の実像は捉えられそうにない。

　すなわち米中対立は、以下の3つの要素が作用して発生し、激化していた。第一は、国際構造の変化である。冷戦後に自由化や民主化が広がり、特に経済的グローバル化が急速に進んだ。米中のパワーの相対的盛衰と覇権競争も、その部分的な表われであるが、国際構造の変化はそれ以上のものである。それを視野に入れずして、米中対立の様相を説明するのは難しい。

　本章の歴史的考察によれば、米中の相手国に対する政策は、中長期的な趨勢の中で今日ちょうど交錯し、対立を招きやすい局面にあった（特に第1・4章）。その中長期的趨勢は、冷戦後のグローバル化とその米中への影響、それらも作用したアメリカの対中認識の変化などに左右されていた。

　第二は、国内社会の変化である。上に述べた国際構造の変化は、米中両国に影響を及ぼしていたが、社会不安を惹起した点が特に大きな意味をもっ

た。経済的グローバル化によって、米中両国で失業や企業の経営悪化、さらには一部の地域社会の衰退も生じた。それによって経済格差が拡大し、政治的な不安定性や分断も拡大したのである[3]。

　本書の各章は、国際関係を扱った書には珍しいほど、国内の社会的変化とその政治的影響に言及している。それに触れずに米中対立を捉えるのは難しいと、執筆者が判断したためにほかならない。また、こうした社会的不安を背景にして、相手国の動向に必要以上に敏感になり、強硬な主張が浮上しやすくなった様相も、本書の幾つかの章が指摘している（特に第2・4・10章）。もちろん、アメリカにおける白人労働者層の不満とその保護貿易志向、あるいは議会における党派対立は、直接的にはグローバル化や米中経済関係を原因とするものではない。にもかかわらず、白人労働者層も議員の多くも、中国を批判の標的にしがちになった（第1・2章）。他方で中国の産業政策は、経済的グローバル化に打撃を受けた中国経済の補強策であり、国内社会の安定化を主眼としていた。しかし、中国自身がその含意や影響を十分に自覚せず、また準拠すべき国際ルールも不明確なままに推進した（第4・5・6章）。そのため、おそらくは中国政府の想定を相当に越えて、その産業政策はアメリカで注目と懸念を集め、批判を被った。

　第三には、こうした国際構造と国内社会の変化を背景として、米中の2国間で安全保障のジレンマが発生した。両国が経済分野で産業支援や自立化などを進めると、自己利益の増強や対抗のためだとみなされ、互いの懸念や脅威感を刺激した。こうして両国は、経済分野の行動について市場メカニズムによる相互利益ではなく、安全保障に関わる攻撃的で不利益をもたらす動きと受け取り、対立を深めたのである。

　このように、米中間の安全保障のジレンマは2国間の現象にとどまらず、国際構造の変化とそれによる国内社会の不安を伴い、その社会不安が米中間で共振する中においてこそ発生したといえる。本書は、こうした力学とその構図を提示し、それをめぐる具体的な現象を捉えた。米中対立や今日の他の国家間対立について、さらに分析を重ねてゆけば、その力学の発生条件やパターンをより適切に、かつ明確に抽出できよう。

終章◆共振する不安の間　｜　271

◆ アメリカIR、日本IRの可能性

　本書の序章において、米中対立に関する有力説を扱い、それらが過度の単純化と他国に対する異端視を伴っているとし、その視野の歪みを指摘した。それは、アメリカ発の国際関係理論（通称、アメリカIR）に内在する限界であり、その説得力と魅力の裏側に付きまとう問題でもあった。

　すなわち、アメリカの主流IRの多く、とりわけネオ・リアリズム（新・現実主義）後の理論は、分析の対象を各国に絞り、またその国際関係上の機能が同質的であると想定しがちであった。ただし、国家のパワーが突出して大規模であれば、国際秩序を創出して維持するなど、他の国々とは異なる独自の機能を果たすと想定していた。このような主体の同質性とその機能の単純化を基礎に据えたからこそ、国際関係のあり方を体系的で簡潔なパターンとして提示できていた。同時に、こうした前提で説明できかねる国家行動については、理論に国内体制の要素を追加し、それが同質的な機能に変化をもたらし、逸脱的行動を導くと説明しがちであった[4]。米中対立をめぐる覇権競合論と体制異質論は、その典型的な表われであった。

　これに対して本書の分析は、基本的に日本の国際関係研究の特徴を反映している（ただし第5章は経済学に基づく分析）。もちろん、日本の国際関係研究もアメリカIRを受容しているが、そのまま踏襲するのではなく、独自の修正を加えてきた[5]。本書の各章も、程度の差はあれ、基本的に同様である。日本の国際関係研究はアメリカIRとは異なり、歴史研究と地域研究を2大構成要素とし、その基礎の上にアメリカ発の理論を導入しているのである。したがって日本の研究者の多くは、各国の国際関係上の機能に同質性を想定せず、過度の単純化にも違和感を抱きがちであった。

　すなわち日本の歴史研究は、現象の時間的な推移と政策決定者の思想や行動を木目細かく、確かな史料・資料に基づいて実態的に描き出す傾向をもっている。また地域研究は、各国や複数の国が構成する地域について、特有の社会的・文化的背景と、それに裏づけられた政治的特性を実態的に解明する。それらの研究は、他国を異質視するのでなく、日本なり欧米諸国なりと

の相違についても、そこに存在する独自の合理性を検出し、それを個性として尊重してきた[6]。それらは、アメリカIRがしばしば軽視し、その視野の外に置きがちな要素であった。

もちろん、本書で援用した安全保障のジレンマもアメリカIRの1つではあるが、その性格上、柔軟に運用し、他の国際的・国内的要素を追加することが可能であろう。それを反映してか、安全保障のジレンマは、より多様な要素を視野に入れるイギリスIR（イギリス学派）においても本格的な研究がなされ、また中国の研究者も米中対立に援用している[7]。

日本の国際関係研究は、米中両国に関する分析を豊富に蓄積しており、特に歴史・地域研究は充実している（もっとも、アメリカに関する歴史・地域研究と中国に関するそれらは、方法論的にも性格においても相違がある）[8]。その蓄積を、米中対立の分析に活かすことができよう。ただし、米中の2国間関係自体を分析対象とする研究者は稀であり、多くの研究者は両国のいずれかを研究対象とし、もう一方の国は付随的に分析している場合が少なくない。そのため米中対立を分析していながらも、いわば2チームが対峙しているサッカーやラグビーの試合を、一方のチームのみをカメラで追い、観戦するような場合も多い。今後は米中双方を同等に、またその相互関係を正面から捉える必要があろう。

この点で参考になるのは、かつて細谷千博が日本とアメリカという異なる政策決定システムをもつ国が対峙し、両国間で想定外の錯誤や軋轢が生じる様相を分析した例であろう[9]。そのような2国間関係においても、その軋轢や摩擦を軽減するような慣行や調整メカニズムとして、「2国間バッファー（緩衝）システム」が成立しうる[10]。ニクソン訪中後の米中関係も、当初の大統領とその側近のパワー・ポリティクス観だけでなく、その後に一定の政府間・産業間の人的ネットワークや2国間の関係性が成立し、その安定性を支えていた。それらを、今日の対立を緩衝するメカニズムの前例として再検討することも、無意味ではないだろう。

また今後、すでにのべた安全保障のジレンマの重層的構成について、一層の理論化を図る必要があろう。どのような要素が相互に結びつき、そのジレ

終章●共振する不安の間　　273

ンマを成立させ、そこにどのようなパターンがみられるのか。この点に関しては、歴史・地域研究に基づく分析を踏まえつつ、既存の安全保障のジレンマの理論的成果と照らし合わせ、対立発生・展開の条件とメカニズムを構成するエッセンスを抽出し、それらを体系的に組み立てる必要があろう。それは、アメリカIRをはじめ、既存の多様なIRを念頭に置きつつ、日本における地域・歴史研究と理論研究を架橋する試みでもある[11]。その作業は、日本独自の国際関係研究に基づく理論、すなわちまだその姿のみえない日本IRへの1つの手がかりになるのではないだろうか。その成果は、米中対立を分析する上で、現象の複雑性を踏まえつつも、妥当な簡潔性と明確性を備えた枠組みに結実しよう。

注

1 ── Diana C. Mutz, *Winners and Losers: The Psychology of Foreign Trade*, Princeton University Press, 2021; Diana C. Mutz, Edward Mansfield, and Eunji Kim, "The Racialization of International Trade," *Political Psychology,* Vol. 42, No. 4, 2020.

2 ── Robert Jervis, "Cooperation under the Security Dilemma," *World Politics*, Vol. 30, No. 2, 1978.

3 ── 国際関係の理論上は「逆第2イメージ」論に該当しよう。Peter A. Gourevitch, "The Second Image Reversed: The International Sources of Domestic Politics," *International Organization*, Vol. 32, 1978.

4 ── 本書・序章を参照。アメリカIRとその相対化に関しては、以下も参照。Stanly Hoffmann, "An American Social Sciences," *Daedalus,* Vol. 106, No. 3, 1977; Steve Smith, "The Discipline of International Relations: Still an American Social Studies ?," *British Journal of International Relations,* Vol. 2, No. 3, 2000; Amitav Acharya and Barry Buzan, *The Making of Global International Relations: Origins and Evolution of IR at its Centenary*, Cambridge University Press, 2019.

5 ── 大矢根聡編『日本の国際関係論 ── 理論の輸入と独創の間』勁草書房、2016年。

6 ── 国分良成「地域研究と国際政治学の間」国分良成・酒井啓子・遠藤貢責任編集・日本国際政治学会編『日本の国際政治学（3）── 地域から見た国際政治学』有斐閣、2009年。李鍾元「歴史から見た国際政治学」李鍾元・田中孝彦・細谷雄一編・日本国際政治学会編『日本の国際政治学（4）── 歴史の中の国際政治』有斐閣、2009年。

7 ── Ken Boothe and Nicholas J. Wheeler, eds., *The Security Dilemma: Fear, Cooperation and Trust in World Politics*, Palgrave, 2007. 中国では「安全保障のジレンマ」にもまし

て、「地位のジレンマ」の視点に基づく米中対立の分析が散見される。例えば以下を参照。Wiliam Ziyuan Wang, "Destined for Misperception?: Status Dilemma and the Early Origin of US-China Antagonism," *Journal of Chinese Political Science*, Vol. 24, 2019; Ning Liao, "Identity, Role Conception, and Status Dilemma: A Socio-Psychological Account of China-U.S. Relations," *China Quarterly of International Strategic Studies*, Vol. 5, No. 3, 2019.

8——植村直樹「日本におけるアメリカ政治外交研究と『国際政治』」『国際政治』199号、2020年。青山瑠妙「『中国とアジア』研究の特徴——『国際政治』誌の視点から」『国際政治』204号、2021年。

9——Chihiro Hosoya, "Miscalculations in Deterrence Policy: Japanese-U.S. Relations, 1938-1941," *Journal of Peace Research*, Vol. 5, No. 2, 1968; 細谷千博編『対外政策決定過程の日米比較』東京大学出版会、1977年。細谷千博編『日米欧の経済摩擦をめぐる政治過程』総合研究開発機構、1989年。類似した観点からの対米経済紛争の分析として、以下も参照。Mari Anchordoguy, "Japanese - American Trade Conflict and Supercomputers," *Political Science Quarterly*, Vol. 109, 1994.

10——「2国間バッファー・システム」については、大矢根聡・大西裕編『FTA・TPPの政治学——貿易自由化と安全保障・社会保障』有斐閣、2016年、30～31頁・第III部参照。

11——日本の国際関係論における理論研究と歴史・地域研究の齟齬、および架橋の可能性については、Satoshi Oyane, "Relationships Based on Heterogeneity: IR Studies in Japan," IR Studies in Japan, JAIR (The Japan Association of International Relations) website, <https://jair.or.jp/en/about.html>. 大矢根聡編『国際関係理論と日本外交史——「分断」を乗り越えられるか』勁草書房、2020年。また以下も参照。Colin Elman and Miriam Fendius Elman, *Bridges and Boundaries: Historians, Political Scientists, and the Study of International Relations*, The MIT Press, 2001.

主要事項索引

ア行

アメリカ競争法（案）　084, 086

アメリカ国際関係理論〔IR〕　272-274

アメリカ・グローバル・リーダーシップ関与
　強化法〔EAGLE法〕　084-085

アメリカ半導体産業協会〔SIA〕　013, 021-022,
　080-083

アメリカ・ファースト　042, 058-059

安全保障のジレンマ　vi, 009-013, 015, 018-
　020, 023-024, 218, 232, 237, 253, 260-261,
　270-271, 273-274

一帯一路（一帯一路構想）　111, 145-150, 155-
　158, 160-161, 215, 225, 266

イブン・ハルドゥーンの罠　220

インテル　047, 081-083, 087-088, 238

インド太平洋経済枠組み〔IPEF〕　048, 051,
　055, 215, 225

エンゲージメント（関与）政策　002, 097-098,
　113, 216-217, 262

エンティティ・リスト〔EL〕　017-021

オフェンシヴ・リアリズム（攻撃的リアリズム）
　005-006, 216, 227

カ行

改革開放　097, 102, 104-105, 109, 111, 113-
　114, 132, 148, 155, 161, 251, 265

開発主義　121, 123-124, 128-130, 132, 134,
　139, 265

合衆国イノベーション・競争法案〔USICA〕
　084, 086-088, 237-238, 240-242, 249-251

合衆国通商代表（部）〔USTR〕　015, 017, 048,
　057, 159

過剰生産　108, 125, 127-129, 139, 204, 265

環太平洋パートナシップ（協定）〔TPP〕　041-
　042, 048, 051, 055, 215, 225

環太平洋パートナシップに関する包括的および先進
　的な協定〔CPTPP〕　111, 141

気候変動に関する米中共同声明　193

規模の経済　121-124, 140, 151, 265

共有認識空間　215, 223-224, 226-228, 269

グローバル化（経済的グローバル化）　v, 067,
　069, 076, 097-101, 104-105, 111-114, 125,
　259-260, 263-264, 265, 270-271

グローバル・サプライチェーン　020, 075,
　082, 091, 251

経済制裁　iv-vi, 001-002, 017, 038, 065, 267

後発国　119

五カ年計画　107, 129, 131-132

『国家安全保障戦略』　016, 021, 040-042, 044,
　262

国家計画委員会　151

国家経済安全　152, 154, 156

国家資本主義　218, 226

国進民退　107-109, 112

国連気候変動枠組み条約　191-193

サ行

債務の罠　149, 156

産業政策　iv-v, vii, 011-017, 023, 075-080,
　082-083, 090-091, 103, 108, 120-122, 124-
　125, 127-131, 135, 138, 140, 145-146, 151,
　158-162, 225, 263-267, 271

質的比較分析〔QCA〕　232, 240, 243, 245,
　249, 253, 269

自由で開かれたインド太平洋〔FOIP〕　043-046,
　171, 173, 175-176, 180, 182-184, 268

スモールヤード・ハイフェンス（small yard high
　fence）　138

政府開発援助〔ODA〕　148, 172-173, 175-178,

182, 267-268

世界貿易機関〔WTO〕 002, 011-012, 014, 016, 024, 039, 048, 055, 098-099, 101, 103-105, 112-113, 124-125, 129-130, 136-141, 152, 158-160, 201, 213, 217, 234, 249, 251, 264-266

相互依存（経済的相互依存） 002, 016, 076, 081, 213-218, 224-226, 268-269

タ行

体制異質論 003-004, 006, 261, 272

大戦略 218-219, 222-223, 269

台湾セミコンダクター・マニュファクチャリング・カンパニー〔TSMC〕 047, 077, 081-083, 087-088, 238

チャイメリカ 214

中間層外交 058-059

『中国製造2025』 iv, 013-015

帝国 226

デカップリング（切り離し） iii-iv, 002, 111, 126-127, 200, 206, 251

トゥキディデスの罠 007, 216, 220-221, 223

党派性 232, 235-236, 241, 245, 247

投票行動 231-232, 235-237, 242, 260

ナ行

南南協力 148, 157, 266

2国間バッファー（緩衝）システム 273

日米豪印（協力枠組み）〔QUAD〕 045

日米摩擦（日米経済摩擦） iv, 001-002, 012-013, 019, 119-121, 125, 130, 132, 134, 141, 159, 225, 265

日本的国際関係理論〔IR〕 272, 274

日本財団 176, 178, 183, 267-268

日本ミャンマー協会 176, 178-179, 181, 267-268

人間の安全保障 171-175, 177-178, 182-184

ネオ・リアリズム（新現実主義） 005-007

ネオ・クラシカル・リアリズム（新古典的現実主義） 005-008

ハ行

白人労働者 059, 066-069, 263, 271

覇権安定論 iii

覇権交替論 007, 216-217, 222

パリ協定 191, 193-195, 205

反ダンピング税 201-204, 268

半導体製造を支援するインセンティヴの創出・科学法〔CHIPS・科学法〕 022, 075, 079, 083, 088-091, 238, 240-241, 243, 250-252, 263, 269

ファーウェイ（華為技術） 018, 021, 023, 042, 138

封じ込め（政策） 002, 019, 050, 251

不安（社会不安） v-vii, 009, 011-012, 109, 113, 216, 224-225, 232, 253, 259-260, 262, 265, 270-271

米英豪（安全保障枠組み）〔AUKUS〕 045, 225

米中摩擦 iv, 001-002, 120, 125, 127-128, 131-132, 134, 137, 140, 192, 195-197, 205-206, 213, 265-266, 268

マ行

門戸開放 034, 038

ラ行

ラテンアメリカ化 152-153, 217, 266

両用技術 011-013, 021, 024

連邦議会 021-022, 024, 033, 037, 039, 043, 050, 059-062, 064-065, 080, 231-232, 235-236, 238, 240, 249-250, 262-263

労働組合 iv, 063, 066, 068

主要人名索引

ア行

アウンサンスーチー　172, 175
安倍晋三　157, 171, 175
アリソン, グレアム　003, 005-007, 216, 220-221, 222-223, 269
オーター, デヴィッド　123-124, 217, 234
王緝思　220-222
オバマ, バラク　014, 033, 041, 055, 119, 138-139, 191, 193, 197, 199, 201, 225, 262

カ行

カーシュナー, ジョナサン　227
岸田文雄　172, 180-181, 184
ケリー, ジョン　194-195
江沢民　039, 104-105
小宮隆太郎　120, 127-128, 130, 140

サ行

サリバン, ジェイク　020, 033, 056-057, 138
ジャーヴィス, ロバート　009-010
習近平　097-098, 107, 109-113, 125, 128, 133, 146, 191, 193-195, 218, 221-222, 224, 251, 259, 265
周小川　156
朱鎔基　101-105, 112-113

タ行

趙明昊　221-222
ドーシ, ラッシュ　219, 222
トランプ, ドナルド　vi , 012, 015-018, 020-021, 033, 042-043, 045-049, 055-056, 058, 061-064, 068-069, 079, 113, 119, 123, 137-138, 157-159, 171, 192, 194-195, 197, 202, 217, 221, 224-225, 231, 234-235, 259, 262-263

ナ行

ナヴァロ, ピーター　015

バ行

バイデン, ジョー　019-022, 033, 044-048, 050-051, 055-059, 062, 066, 068, 080, 086-087, 119, 138, 171, 179-180, 192, 194, 197-200, 203-206, 214, 219, 224-225, 251, 259, 262-263, 268
ビルズベリー, マイケル　218-219
フリードバーグ, アーロン・L　003, 005-006, 098
細谷千博　273

マ行

マコネル, ミッチ　084, 087
ミアシャイマー, ジョン　003, 005-007, 216-217, 227, 269
村上泰亮　120-121, 123, 128-129, 132
茂木敏充　175-176

ヤ行

尹錫悦　171

ラ行

李克強　131, 146, 156, 224
李鵬　104
レモンド, ジーナ　087
ロドリック, ダニ　069, 124

編著者略歴

▶**大矢根 聡**（おおやね・さとし）：編者、はじめに、序章、終章執筆

同志社大学法学部教授、博士（政治学）
神戸大学大学院法学研究科博士課程単位取得。単著に
『国際レジームと日米の外交構想——WTO・APEC・
FTAの転換局面』（有斐閣）、『日米韓半導体摩擦——通商
交渉の政治経済学』（有信堂高文社）、編著に『日本の国際
関係論——理論の輸入と独創の間』（勁草書房）などがあ
る。

▶**佐々木 卓也**（ささき・たくや）：第1章執筆

立教大学法学部特別専任教授、博士（法学）
一橋大学大学院法学研究科博士課程単位修得。単著に
『冷戦——アメリカの民主主義的生活様式を守る戦い』
（有斐閣）、編著に『戦後アメリカ外交史（第三版）』（有斐
閣）、論文に「アメリカ外交の長期的展開・変容と国際
秩序」（『国際政治』第213号）などがある。

▶**西山 隆行**（にしやま・たかゆき）：第2章執筆

成蹊大学法学部教授、博士（法学）
東京大学大学院法学政治学研究科博士課程修了。単著に
『アメリカ型福祉国家と都市政治——ニューヨーク市に
おけるアーバン・リベラリズムの展開』（東京大学出版会）、
『アメリカ政治入門』（東京大学出版会）、『〈犯罪大国アメ
リカ〉のいま——分断する社会と銃・薬物・移民』（弘文
堂）などがある。

▶**杉之原 真子**（すぎのはら・まさこ）：第3章執筆

フェリス女学院大学グローバル教養学部教授、Ph.D（政
治学）
コロンビア大学政治学部博士課程修了。論文に「アメリ
カの通商政策——中間層の縮小と米中対立の影響」（『海

外事情』2024年9・10月号）、「対米直接投資規制の決定過程からみるエコノミック・ステイトクラフト」（『国際政治』205号）、「対内直接投資の政治学──日米の事例から」（『年報政治学 2017-I』）などがある

▶ **青山 瑠妙**（あおやま・るみ）：第4章執筆

早稲田大学大学院アジア太平洋研究科教授、博士（法学）
慶應義塾大学大学院法学研究科博士課程修了。単著に『現代中国の外交』（慶應義塾大学出版会）、『中国のアジア外交』（東京大学出版会）、編著に *Decoding the Rise of China: Taiwanese and Japanese Perspectives* (Tse-Kang Leng, Rumi Aoyama, eds., Palgrave Macmillan) などがある。

▶ **渡邉 真理子**（わたなべ・まりこ）：第5章執筆

学習院大学経済学部教授、博士（経済学）
東京大学大学院経済学研究科博士課程修了。共著に『21世紀の中国 経済篇──国家資本主義の光と影』（加藤弘之・渡邉真理子・大橋英夫著、朝日新聞出版）、『中国は「力」をどのように使うのか』（加茂具樹編、一藝社）、編著に *The Disintegration of Production Firm Strategy and Industrial Development in China* (Mariko Watanabe, ed., Edward Elger) などがある。

▶ **李 彦銘**（り・いぇんみん）：第6章執筆

東京大学教養学部特任講師、博士（法学）
慶應義塾大学大学院法学研究科博士課程単位取得。単著に『日中関係と日本経済界──国交正常化から「政冷経熱」まで』（勁草書房）、共著に『中国対外行動の源泉』（加茂具樹編、慶應義塾大学出版会）、『東アジアのなかの日本と中国──規範・外交・地域秩序』（兪敏浩・今野茂充編、晃洋書房）などがある。

▶ 服部 龍二（はっとり・りゅうじ）：第7章執筆

中央大学総合政策学部教授、MA（国際関係学）
ジョンズ・ホプキンス大学高等国際問題研究大学院
修了。単著に *Japan at War and Peace: Shidehara Kijūrō and the Making of Modern Diplomacy*（Australian National University Press）、*China-Japan Rapprochement and the United States: In the Wake of Nixon's Visit to Beijing*（Routledge）、*After Terrorism: The U.S.-Japan Alliance in the Post-9/11 Security Dilemma*（仮）（State University of New York Press, 近刊）などがある。

▶ 小尾 美千代（おび・みちよ）：第8章執筆

南山大学総合政策学部教授、博士（国際政治経済学）
筑波大学大学院国際政治経済学研究科博士課程単位取得。単著に『日米自動車摩擦の国際政治経済学』（国際書院）、共著に *Environmental Risk Mitigation: Coaxing a Market in the Battery and Energy Supply and Storage Industry*（Barbara Weiss and Michiyo Obi, eds., Palgrave Macmillan）、論文に「分極化するアメリカにおける脱炭素化とグローバル気候ガバナンス」（『グローバル・ガバナンス』第10号）などがある。

▶ 和田 洋典（わだ・ひろのり）：第9章執筆

青山学院大学国際政治経済学部教授、博士（法学）
一橋大学大学院法学研究科博士課程修了。単著に『制度改革の政治経済学——なぜ情報通信セクターと金融セクターは異なる道をたどったのか』（有信堂高文社）、共著に『日本の経済外交——新たな対外関係構築の軌跡』（大矢根聡編、勁草書房）、論文に「対外経済上の『攻勢』のもつ潜在性—— AIIB は多角主義と地域主義に何をもたらすか」（『国際問題』第649号）などがある。

▶ 藤田 泰昌（ふじた・たいすけ）：第10章執筆

長崎大学経済学部准教授、博士（国際関係論）
上智大学大学院外国語学研究科博士課程修了。共著に
『グローバル・ガヴァナンス論』（吉川元・首藤もと子・六
鹿茂夫・望月康恵編、法律文化社）、『帝国の遺産と現代国
際関係』（納家政嗣・永野隆行編、勁草書房）、*State, Society and Covid - 19 in East Asia*（Routledge）などがある。

共振する不安、連鎖する米中対立

2025 年 3 月 9 日 初版第 1 刷発行

編著者　　　大矢根聡

発行者　　　千倉成示

発行所　　　株式会社 千倉書房
　　　　　　〒104-0031 東京都中央区京橋3-7-1
　　　　　　電話 03-5286-6901（代表）
　　　　　　https://www.chikura.co.jp/

印刷・製本　精文堂印刷株式会社
造本装丁　　米谷豪

©OYANE Satoshi 2025
Printed in Japan〈検印省略〉
ISBN: 978-4-8051-1343-1 C3031

乱丁・落丁本はお取り替えいたします

JCOPY ＜（一社）出版者著作権管理機構 委託出版物＞
本書のコピー、スキャン、デジタル化など無断複写は著作権法上での例外を除き禁じられています。複写される場合は、そのつど事前に（一社）出版者著作権管理機構（電話03-5244-5088、FAX 03-5244-5089、e-mail: info@jcopy.or.jp）の許諾を得てください。また、本書を代行業者などの第三者に依頼してスキャンやデジタル化することは、たとえ個人や家庭内での利用であっても一切認められておりません。